Musik in der Filmkomödie

FilmMusik

Herausgegeben von Guido Heldt, Tarek Krohn,
Peter Moormann und Willem Strank

Musik in der Filmkomödie

et+k

edition text + kritik

FilmMusik
Herausgegeben von Guido Heldt, Tarek Krohn,
Peter Moormann und Willem Strank

Musik in der Filmkomödie

ISBN 978-3-86916-505-9

Umschlaggestaltung: Thomas Scheer
Umschlagabbildung: Screenshot aus LES VACANCES DE MONSIEUR HULOT
(F 1953, Regie: Jacques Tati), Quelle: DVD.

Bibliografische Information der Deutschen Nationalbibliothek
Die Deutsche Nationalbibliothek verzeichnet diese Publikation in der Deutschen
Nationalbibliografie; detaillierte bibliografische Daten sind im Internet über
www.dnb.de abrufbar.

© edition text + kritik im Richard Boorberg Verlag GmbH & Co KG, München 2017
Levelingstraße 6a, 81673 München
www.etk-muenchen.de

Satz: Claudia Wild, Konstanz
Druck und Buchbinder: Laupp & Göbel GmbH, Robert-Bosch-Straße 42, 72810 Gomaringen

Inhaltsverzeichnis

Vorwort   7

Tarek Krohn
Überlegungen zum filmmusikalischen Gag   *11*

Lindsay Carter
Das Leben ist freudiger geworden
Musik und Komödie im stalinistischen Kino   *43*

Konstantin Jahn
»Who put the wit in syncopation?«
Jazz als Signum von Satire, Parodie und Humor
in Vaudeville-Film, Cartoon und TV-Comedy   *73*

Jörg Heuser
Frank Zappa, 200 Motels: Weltenkollision   *109*

Guido Heldt
Furchtbar lustig
Musik in Horrorkomödien   *130*

Gesamtbibliografie   *176*

Autorinnen und Autoren   *186*

Herausgeber   *188*

Register   *190*

Vorwort

Humor ist eine schwierige Sache. Nicht im Alltag, wo er uns fast immer umgibt – im Gespräch mit anderen, seien es Freunde oder Fremde, lachen wir im Schnitt alle 103 Sekunden.[1] Aber in der Wissenschaft, wo der Humor es lange Zeit nicht leicht gehabt hat, selbst in Disziplinen wie der Psychologie oder Linguistik, die einen großen Teil der grundlegenden Forschung geleistet haben. Erst im letzten halben Jahrhundert ist er so ernst genommen worden, wie es nötig ist, wenn wir ihn verstehen wollen.[2]

Das gilt kaum irgendwo so sehr wie in der Musik und Musikwissenschaft, die beide nicht für ihren Sinn für Humor bekannt sind. Wenn es um Filmmusik geht, kommt man jedoch um Humor nicht herum: Zu allgegenwärtig ist er auf der Leinwand, zu wichtig sind die mannigfachen Formen von Komödie für die Geschichte und Genrelandschaft von Film. Zwar ist die Komödie fester Bestandteil filmwissenschaftlicher Forschung (und hat ein weites Hinterland in Theater- und Literaturwissenschaft). Aber zur Rolle von Musik in den komischen Formen ist sie bislang stumm geblieben (selbst in Bezug auf ein Genre wie den Slapstick-Film, der ohne Musik schlechterdings nicht zu denken ist). Und die Filmmusikforschung ist kaum weniger wortkarg. Die Explosion an filmmusikologischer Literatur seit der Jahrtausendwende hat auch die musikalischen Signaturen zahlreicher Genres einbegriffen – ob Western, Horror, Science-Fiction, Melodrama oder Musical –, die Komödie aber hat sie weitgehend ausgespart, ob aus Mangel an Interesse

---

[1]   So jedenfalls das Resultat einer empirischen Studie von Julia Vettin und Dietmar Todt, die 48 Stunden von Gesprächen zwischen Paaren von Freunden oder Fremden in Alltagssituationen aufnahmen und herausfanden, dass die Gesprächsteilnehmer im Schnitt 5,8 Mal pro 10-Minuten-Zeiteinheit lachten, mit einer Bandbreite von 0 bis 15 Lachern pro Einheit. Siehe Julia Vettin / Dietmar Todt: »Laughter in conversation: Features of occurrence and acoustic structure«, in: *Journal of Nonverbal Behavior* 28 (2004) 2, S. 93–115.

[2]   Die einzige allgemeine Fachzeitschrift zum Thema, *Humor. International Journal for Humor Research*, gibt es sogar erst seit 1988.

oder aus Angst vor dem schwierigen Leichten. Es gibt, und auch das erst seit einigen Monaten, eine einzige Aufsatzsammlung zu Ton und Musik in der Filmkomödie[3]; es gibt weniger als eine Handvoll von Artikeln zu grundlegenden Aspekten von Humor in der Filmmusik[4]; und es gibt einzelne Beiträge zu Filmen, Regisseuren, Komponisten, Subgenres oder Aspekten, die sich jedoch nicht zu einem Forschungsfeld zusammenschließen.

Daran kann der vorliegende Band der Reihe »FilmMusik« nicht viel ändern. Aber er kann auf den großen weißen Fleck auf der Landkarte hinweisen, und er kann versuchen, eine Ahnung von einigen der vielen Perspektiven zu geben, aus denen man an das Thema »Musik in der Filmkomödie« herangehen kann. Der Beitrag von Tarek Krohn legt Grundlagen und lässt dafür die Geschichte von Humortheorien Revue passieren, bevor er daraus entwickelte Ideen über das Funktionieren von Humor auf typische Formen filmmusikalischer Gags anwendet. Der Text von Lindsay Carter beschäftigt sich mit einem historisch-politischen Kontext, der uns nicht zuerst an Humor denken lässt, und untersucht, wie der sowjetische Filmregisseur Grigori Alexandrow in den 1930er Jahren versuchte, die musikalischen Möglichkeiten des damals noch jungen Mediums Tonfilm in einer Reihe von Komödien zu erproben und dabei zugleich seinen Weg durch das Minenfeld der wechselnden politischen Ansprüche an die Filmkomödie zu finden. Konstantin Jahn begibt sich auf eine Reise vom frühen Stummfilm bis zur Gegenwart und sucht dabei nach den Formen der Verwendung von Jazz als Mittel und Signatur des Komischen. Jörg Heuser dagegen wählt die Naheinstellung und fokussiert auf die ersten zehn Minuten von Frank Zappas Film 200 MOTELS (GB/USA 1971, Frank Zappa und Tony Palmer) mit seinem Kaleidoskop rasch wechselnder musikalischer Stile und Stilparodien.

---

3   Mark Evans/Philip Hayward (Hrsg.): *Sounding Funny. Sound and Comedy in Cinema*, London – Oakville 2016.

4   Miguel Mera hat vor einigen Jahren einen Überblick auf der Grundlage moderner Humortheorie versucht; vgl. Miguel Mera: »Is Funny Music Funny? Contexts and Case Studies of Film Music Humor«, in: *Journal of Popular Music Studies* 14 (2002), S. 91–113. Larson Powell hat dagegen Sigmund Freuds Verständnis des Witzes auf Filmmusik angewandt; Larson Powell: »Der Witz und seine Beziehung zur Filmmusik«, in: *Filmmusik: Beiträge zu ihrer Theorie und Vermittlung*, hrsg. von Victoria Piel, Knut Holtsträter und Oliver Huck, Hildesheim 2008, S. 73–102.

Und der Text von Guido Heldt untersucht den Beitrag von Musik zur drastischsten der vielen Mischformen der Komödie mit anderen Genres, der Horrorkomödie, und bringt dabei neben genretheoretischen Überlegungen noch einmal Grundlagen der Humortheorie ins Spiel.

Es ist jedoch kein Ende mit Schrecken und ohnehin kein Ende. Beim Thema »Musik in der Filmkomödie« ist man einstweilen unvermeidlich (fast) ganz am Anfang. Aber die weitere Forschungsreise verspricht unterhaltsam zu werden.

Die Herausgeber, im Herbst 2016

Vorwort

Tarek Krohn

Überlegungen zum filmmusikalischen Gag*

»Humor ist eine ernste Sache.«
Loriot

I   Einleitung

Das vorliegende Essay beschäftigt sich nicht, wie soll es auch anders sein, mit der Gesamtheit der musikalischen Einsatzmöglichkeiten im komischen Film. Vielmehr geht es um einen Sonderfall, der zwar nicht häufig, aber doch regelmäßig im Spielfilm auffindbar ist. Gemeint sind jene speziellen Fälle, in denen eine komische Pointe erst durch das Wechselspiel von Filmischem und Musikalischem seine Wirkung entfaltet. Es geht also um jene Fälle, in denen der Witz ohne den spezifischen filmmusikalischen Einsatz nicht funktionieren kann.

Als Beispiel hierfür mag eine Szene der Zeichentrickserie THE SIMPSONS (DIE SIMPSONS, USA 1989 ff., James L. Brooks / Matt Groening / Sam Simon) dienen[1], in der Homer Simpson, eine der gelben Hauptfiguren, unweit eines Waldes umherirrt. Begleitet wird seine panische Flucht vom immer lauter werdenden, dissonanten Streicher-Akkord, der durch die Dusch-Szene in Alfred Hitchcocks PSYCHO (USA 1960) Berühmtheit erlangt hat. Doch noch während Homer, von seinen Ängsten getrieben, durch Springfield irrt, sieht der Zuschauer einen Bus mit der Aufschrift »Springfield Philharmonic Orchestra« an ihm vorbeifahren. Eine Violinistin steigt aus und spielt ihren Akkordton nach Hause spazierend weiter. Während der Rest des Orchesters

---

*   Für Sisi, sie hatte viel Humor
1   Episode THE SPRINGFIELD FILES (Staffel 8, Episode 10), Erstausstrahlung: 12.1.1997 (Fox Network).

im Bus davonbraust, hört der Zuschauer weiterhin den Psycho-Akkord in der Ferne entschwinden.

Ganz offenbar ist der Zuschauer hier den Machern der Sendung auf den Leim gegangen. Das Spiel mit den filmischen Konventionen hat seine Erwartungshaltung geweckt und sie dann auf absurde Weise aufgelöst. Das Ergebnis ist ein Gag, der, und das macht ihn für unsere Untersuchung interessant, nur durch die Mittel und Konventionen der Musikbehandlung im Film seine Wirkung entfalten konnte. Mit eben dieser Art von Filmmusikeinsätzen wollen wir uns auf den kommenden Seiten beschäftigen. Dabei soll zunächst die Frage geklärt werden, was überhaupt einen Witz ausmacht und wie er beschaffen sein muss, um seine Wirkung zu erzielen, um diese Erkenntnis dann auf den entsprechenden Einsatz der Musik im Film zu übertragen. Neben der Klärung der unterschiedlichen Techniken solcher filmmusikalischen Witze erhoffen wir uns von der Untersuchung der besagten Fälle auch ein tieferes Verständnis eben jener Konventionen, deren Bruch zu den Fehlleistungen führt, die der Zuschauer wiederum mit einem Lachen erwidert.

II   Vom Witz und den drei Theorien des Humors

In den zahlreichen Betrachtungen, die im Laufe der vergangenen Jahrhunderte über die Natur des Humors angestellt wurden, lassen sich drei grundsätzliche Tendenzen ausmachen. Sie lassen sich am besten zusammenfassen als (1) Überlegenheits- oder Superioritätstheorien, (2) Inkongruenztheorien und (3) Entspannungstheorien.

Erstere bestimmten bereits in der Antike die Haltung der Philosophen in platonischer Tradition zum Thema. Sie beschreiben den Humor als Widerhall einer selbstgefälligen Überheblichkeit, die im Verspotten des Unterlegenen die Vorzüge des Überlegenen zur Schau stellt. Glaubt man einigen Anthropologen, so lässt sich hierin sogar der Ursprung des Lachens vermuten; denn im Lachen sollen sich die Erleichterung und der Siegesrausch unserer Urahnen Ausdruck verschafft haben, wenn die gejagte Beute endlich erlegt wurde. Hierin wäre dann auch die Erklärung für die unterschiedlichen Wirkungen des Lachens als Gruppenphänomen zu suchen.[2] Widmen wir uns aber zuerst den Theoretikern der Superioritätstheorie.

Platos Schüler Aristoteles fasste in seiner *Poetik* die Natur des Lächerlichen bereits in einem berühmt gewordenen Zitat zusammen:

> *Die Komödie ist, wie wir sagten, Nachahmung von schlechteren Menschen, aber nicht im Hinblick auf jede Art von Schlechtigkeit, sondern nur insoweit, als das Lächerliche am Häßlichen teilhat. Das Lächerliche ist nämlich ein mit Häßlichkeit verbundener Fehler, der indes keinen Schmerz und kein Verderben verursacht [...].*[3]

Aristoteles stellt bestenfalls die Spitze einer Entwicklung der Überlegenheitstheorie des Humors unter den griechischen Philosophen dar. So lachte bereits Demokrit immerzu über die Torheit seiner Mitmenschen, die ihm wiederum eine obskure Geisteskrankheit nachsagten und ihn belächelten. Daran knüpfte Plato in seinem Dialog *Philebos* an, in welchem er die Selbstgefälligkeit mancher Mitbürger als lächerlich bezeichnet, nämlich jener Mitbürger, die sich für vollkommen hielten. Das Lächerliche (*geloia*) betritt hier erstmals die Bühne der Philosophie als selbstständige Idee. Dem Vorwurf des Lächerlichen sah Platon sich bald jedoch selbst ausgesetzt. Diogenes war es, der dem Meister den Spiegel der Selbstüberschätzung vorhalten sollte, zum Preis der eigenen Überheblichkeit. Aristoteles stützte sich im Wesentlichen also auf die Vorstellung Platos, gelacht würde über das Schlechtere, jedoch erweitert um den Gedanken, dass dieses Lächerliche uns keinen Schmerz zufügen kann.[4]

Ende des 16. Jahrhunderts greift Michel de Montaigne diesen Gedanken wieder auf, bezieht sich bewusst auf Demokrit und Diogenes und ruft dabei zur Verachtung der gesamten Menschheit auf. Auch René Descartes sieht die Ursache des Lachens in seinem Traktat *Leidenschaften der Seele* (1649) in

---

2   Eike Christian Hirsch: *Der Witzableiter oder Schule des Lachens*, München 2001, S. 9. Zum Lachen als Ausdruck von Aggression vgl. auch: Peter L. Berger: *Erlösendes Lachen. Das Komische in der menschlichen Erfahrung*, Berlin – New York 1998, S. 61 f.

3   Aristoteles: *Vom Himmel – Von der Seele – Von der Dichtkunst*, hrsg. von Olof Gigon, München 1983, S. 397.

4   Zu einer umfangreichen Geschichte der Humortheorien, auf die sich auch weite Teile dieser Darstellung stützen, siehe: Manfred Geier: *Worüber kluge Menschen lachen. Kleine Philosophie des Humors*, Reinbek bei Hamburg 2006.

einem Fehler des Ausgelachten, allerdings muss es sich dabei um einen klei-
nen Fehler handeln. Das Lachen ist dabei Produkt einer Freude, die mit
»Haß gemischt ist, was daher kommt, daß man einen kleinen Fehler an einer
Person bemerkt und denkt, daß sie das verdient«.[5]

Wäre der Fehler des anderen ein großer und man würde trotzdem noch
darüber lachen, so Descartes, dann spräche das allerdings für ein schlechtes
Naturell des Lachenden oder aber für einen großen Hass des Lachenden dem
Ausgelachten gegenüber. Descartes erkennt aber auch eine andere, galantere
Art des Humors: Er stellt der spöttischen Verhöhnung (*moquerie*) ein fröhliches Scherzen (*raillerie*) gegenüber und beschreibt dieses als Eigenschaft eines
Ehrenmannes, der »seinen fröhlichen Humor erkennen läßt und seine See-
lenruhe, das beides Anzeichen der Tugend sind und oft auch als Gewandt-
heit des Geistes, durch die er einer Angelegenheit, über die er spöttelt, ein
angenehmes Aussehen gibt«.[6]

Diese grundlegend kritische Einstellung zum Humor dominiert die
abendländische Philosophie also bis ins späte 17. Jahrhundert. Als spätester
Vertreter mag Thomas Hobbes gelten, der in seiner 1658 erschienenen
Schrift *De homine* (*Vom Menschen*) die Komik als Ausdruck von Machtver-
hältnissen beschreibt:

> *Wer glaubt, durch Wort oder Tat sich vor anderen ausgezeichnet zu haben, neigt*
> *zum Lachen. Und ebenso enthält man sich schwer des Lachens, wenn durch einen*
> *Vergleich mit fremdem, unschönen Wort oder Tun die eigene Vortrefflichkeit um so*
> *heller hervortritt. Allgemein ist das Lachen das plötzliche Gefühl der eigenen Über-*
> *legenheit angesichts fremder Fehler. Hierbei ist die Plötzlichkeit wohl erforderlich;*
> *denn man lacht über dieselben Scherze nicht wiederholt. Fehler bei Freunden und*
> *Verwandten reizen nicht zum Lachen, da hier die Fehler nicht als fremde empfunden*
> *werden. Zur Entstehung des Lachens ist also dreierlei erforderlich: daß überhaupt ein*
> *Fehler empfunden wird, dieser ein fremder ist und die Empfindung plötzlich eintritt.*[7]

---

5   René Descartes: *Die Leidenschaften der Seele*, Hamburg 1996, S. 277f.
6   Ebenda, S. 277.
7   Thomas Hobbes: *Vom Menschen. Vom Bürger*, hrsg. von Günter Gawlick, Hamburg 1959,
     S. 33 f.; zit. nach Helmut Bachmeier (Hrsg.): *Texte zur Theorie der Komik*, Stuttgart 2005,
     S. 16f.

In diesem Zitat Hobbes' tritt bereits ein Aspekt des Komischen hervor, der für die folgenden Betrachtungen von Wichtigkeit sein wird: Der Effekt des Komischen ist immer Folge des plötzlichen Gewahrwerdens einer wie auch immer gearteten Fehlleistung.

Erst 1709 erscheint in England die Schrift *Essay on the Freedom of Wit and Humour* Anthony Ashley Coopers, Graf von Shaftesbury. In ihr bestärkt der Graf die Gentlemen unter seinen Lesern darin, den »feinsten Witz« zu kultivieren. Erst jetzt war Lachen nicht mehr ausschließlich als Auslachen möglich. In einem angeblichen Brief an den (bereits verstorbenen) Lord Protector Oliver Cromwell schrieb der englische Dichter Alexander Pope am 30. Dezember 1710: »To conclude, those are my friends I *laugh with*, and those that are not I *laugh at*« – und richtete sich damit gleichsam gegen Hobbes' einseitige Betrachtung des Phänomens.

Diese Entwicklung kennzeichnete nicht nur den Beginn des Siegeszuges einer neuen Theorie zur Wirkungsweise des Humors, es war vielmehr auch die Geburtsstunde des Witzes in der uns heute geläufigen Form. »Witz« als ein Stammwort der germanischen Sprache meinte ursprünglich Denkkraft, Klugheit, Urteilsvermögen oder gesunden Menschenverstand. Es war also keine Verbindung zum Komischen vorhanden. Das Wort beschrieb vielmehr eine »gewitzte« Person. Der abfällige Begriff *Humor*, dem lateinischen *humores* (der Bezeichnung für allerlei Körpersäfte) entlehnt, und das vom indogermanischem *ueid* (sehen, wissen) abstammende Wort *Witz* waren nun beide dem Reich des Komischen einverleibt, wobei dem Witz weiterhin ein intellektuelles Moment anhaftete, der Humor jedoch einen fröhlichen Gemütszustand umschrieb. Mit der Wandlung des Humors nach den Kriterien der Aufklärung ging auch ein Wandel der ästhetischen Interpretation des Komischen einher. Das neue Erklärungsmodell komischer Phänomene stellte nun den bereits bei Hobbes angedeuteten Aspekt der Fehlleistung in den Fokus seines Deutungsversuches.

Der englische Philosoph John Locke war der Erste, der dem Begriff »wit« die erweiterte Bedeutung verlieh, die wir ihm heute zugestehen: das Zusammenfügen von disparaten Ideen, die auf überraschende Weise kongruieren und so erfreuliche Bilder und angenehme Vorstellungen heraufbeschwören

(»pleasant pictures and agreeable visions in the fancy«).[8] John Locke erzog den späteren Third Earl of Shaftesbury (Anthony Ashley Cooper), der sich diesem Verständnis des Witzes anschließen und die Grundlage für die Inkongruenztheorien des Humors legen sollte.

Es war wohl der schottische Gelehrte und spätere Mentor Adam Smiths Francis Hutcheson (1694–1746), auf den alle Inkongruenztheorien zurückgehen. Er war ein entschiedener Gegner des Hobbes'schen Menschenbildes. Dieser Uneinigkeit verlieh er auch konkret in einer am 5. Juni 1725 im *Dublin Weekly Journal* veröffentlichten Kritik an Hobbes' Superioritätstheorie Ausdruck[9] und veröffentlichte eine Woche später ein alternatives Modell zur Ursache des Lachens: Seiner Meinung nach ist es ein Kontrast oder Widerspruch im wahrgenommenen Objekt oder Ereignis, das unser Lachen verursacht. Dabei kommt er auch auf ein weiteres Element zu sprechen, das bis heute seinen festen Platz in der Humor-Theorie hat: die Überraschung!

---

8   Geier: *Worüber kluge Menschen lachen* (Anm. 4), S. 193 f.
9   Dort heißt es: »If Mr. Hobbes's Notion be just, then first, There can be no *Laughter* on any Occasion where we make no Comparison of our selves to others, or of our present State to a worse State, or where we do not observe some *Superiority* of our selves above some other Thing: And again, it must follow, that every sudden Appearance of *Superiority* over another, must excite *Laughter*, when we attend to it. If both these Conclusions are false, the Notion from where they are drawn must be so too. […] Nay, farther, this is so far from Truth, that imagined Superiority moves our *Laughter*, that one would imagine from some Instances the very contrary: For if *Laughter* arose from our imagined *Superiority*, then, the more that any Object appear'd *inferior* to us, the greater would be the Jest; and the nearer any one came to an Equality with us, or Resemblance of our Actions, the less we should be moved with *Laughter*. But we see, on the contrary, that some Ingenuity in *Dogs* and *Monkeys*, which comes near to some of our own Arts, very often makes us merry; whereas their duller Actions, in which they are much below us, are no matter of Jest at all. […] It must be a very merry State in which a fine Gentleman is, when well dressed, in his Coach, he passes our Streets, where he will see so many ragged Beggers, and Porters and Chairmen sweating at their Labour, on every side of him. It is a great pity that we had not an Infirmary or Lazar-house to retire to in cloudy Weather, to get an Afternoon of *Laughter* at these inferior Objects: Strange, that none of our *Hobbists* banish all *Canary Birds* and *Squirrels*, and *Lap-Dogs*, and *Puggs*, and *Cats* out of their Houses, and substitute in their places Affes, and Owls, and Snails, and Oysters to be merry upon. From these they might have higher Joys of Superiority, than from those with whom we now please ourselves.«

What we call grave Wit, consists in bringing [...] resembling Ideas together, as one could scarce have imagined had so exact a Relation to each other; or when the Resemblance is carry'd on thro' many more Particulars than we could have at first expected: And this therefore gives the Pleasure of Surprize.[10]

Konkret ist es nach Hutcheson die direkte Gegenüberstellung etwa von Heiligem und Profanem, von Ehrfurchteinflößendem und Banalem auf eine Weise, die dem Zuhörer eine verborgene Gleichartigkeit offenbart, die den (gehobenen) Witz ausmacht:

THAT then which seems generally the Cause of Laughter, is The bringing together of Images which have contrary additional Ideas, as well as some Resemblance in the principal idea: This Contrast between Ideas of Grandeur, Dignity, Sanctity, Perfection, and Ideas of Meanness, Baseness, Profanity, seems to be the very Spirit of Burlesque; and the greatest Part of our Reality and Jest are founded upon it.[11]

Auch Kant schätzte Francis Hutcheson und den Grafen Shaftesbury. Auch er sah in der Inkongruenz, die bei ihm unter dem Begriff der »Ungereimtheit« geführt wird, die Ursache des Lachens, und zwar in einer humanen Weise. »Man hat gesehen, daß beim Lachen ein Widerspruch seyn muss, und man hat ihn Ungereimtheit genannt, wenn er plötzlich kommt und ein Lachen verursacht hat.«[12]

Jean Paul (Friedrich Richter) arbeitete diese Idee dann 1804 in seiner *Vorschule der Ästhetik* als Erster aus und löste damit eine Lawine von Inkongruenztheorien aus. Seine Auffassung, Humor sei das umgekehrte Erhabene, sollte auf lange Zeit die Humor-Debatte bestimmen.

Auch Schopenhauers Erklärung des Humors ist tief in der Tradition der Inkongruenztheorien verwurzelt. So heißt es im ersten Band seines Hauptwerks *Die Welt als Wille und Vorstellung*:

---

10   Francis Hutcheson: *Hibernicus' Letters*, London 1734, S. 89.
11   Ebenda, S. 90.
12   Reinhard Brandt / Werner Stark (Hrsg.): *Kants gesammelte Schriften*, hrsg. von der Berlin-Brandenburgischen Akademie der Wissenschaft, Bd. XXV, Berlin 1997, S. 143.

Das Lachen entsteht jedesmal aus nichts Anderem, als aus der plötzlich wahrgenom-
menen Inkongruenz zwischen einem Begriff und den realen Objekten, die durch ihn,
in irgend einer Beziehung, gedacht waren, und es ist selbst eben nur Ausdruck dieser
Inkongruenz.[13]

Im zweiten Band der *Welt als Wille und Vorstellung* geht Schopenhauer erneut
auf die *Theorie des Lächerlichen* ein und widmet sich diesmal in einer Einzel-
betrachtung dem Phänomen des Witzes. Die Pointe, so Schopenhauer, vereint zunächst heterogene Vorstellungen unter einem homogenen Begriff,
der aber nicht zu ihnen passt. Die Pointe läuft also immer auf eine Gemeinsamkeit hinaus, die dem Zuhörer anfangs nicht bewusst war.

Nur wenige Jahre später, im Jahr 1846, veröffentlicht Søren Aabye Kierkegaard (1813–1855) seine *Abschließende unwissenschaftliche Nachschrift zu den*
Philosophischen Brocken. Mimisch-pathetisch-dialektische Sammelschrift. Existenti-
elle Einsprache von Johannes Climacus. In ihr knüpfte er an Schopenhauers
Überlegungen an und übertrug sie von der Abstraktheit eines Gedankens
auf die Abstraktion an sich:

Der Anblick eines Denkers wirkt komisch, der trotz aller Bravour persönlich wie ein
armer Schlucker existiert, der sich wohl persönlich verheiratet, aber die Macht des
Verliebens weder kennt noch fühlt, dessen Ehe daher ebenso unpersönlich wie sein
Denken ist, dessen persönliches Leben ohne Pathos und ohne pathologische Kämpfe
verläuft und sich philisterhaft nur damit beschäftigt, welche Universität das beste
Einkommen biete

schreibt Kierkegaard und will damit auf einen besonderen Fall der Inkongruenz zwischen geistigem Anspruch und gelebter Wirklichkeit hindeuten.[14]
»Das Gesetz für das Komische ist ganz einfach«, schreibt er an anderer Stelle:

es ist überall, wo Widerspruch da ist, und wo der Widerspruch dadurch schmerzlos ist,
daß er als aufgehoben gesehen wird; denn zwar beseitigt das Komische den Wider-

---

13   Arthur Schopenhauer: *Die Welt als Wille und Vorstellung*, 3. Auflage, Buch 1, § 13, Berlin
      o. J., S. 97.
14   Zit. nach Geier: *Worüber kluge Menschen lachen* (Anm. 4), S. 164.

spruch nicht (macht ihn im Gegenteil offenbar), aber das berechtigte Komische kann es, andernfalls ist es nicht berechtigt.[15]

Im Gegensatz zur Romantik spielte in den philosophischen Schulen des 20. Jahrhunderts der Humor keine bedeutende Rolle. Das Problem des Humors wurde vielmehr eine Spezialität der (philosophischen) Anthropologie. Diese von Kant beeinflusste Disziplin suchte nach den Möglichkeiten des Menschen als biologischem Wesen, das sich eigenständig weiterentwickeln kann. Max Scheler definierte in diesem Zusammenhang den Menschen als Tier, das sowohl ein Körper ist als auch einen Körper hat. Alle anderen Tiere hingegen seien nur ein Körper, der Mensch aber sei fähig, seinen Körper zu objektivieren, den er für unterschiedliche Zwecke gebraucht.

Helmut Plessner knüpfte an Schelers Definition an und konkretisierte diese am Beispiel *Lachen und Weinen*. Die These, die seine 1941 veröffentlichte Schrift durchzieht, ist die Schelers, dass nämlich der Mensch eine *Doppelrolle* zu spielen hat, die aus der Tatsache entsteht, einerseits ein Körper zu sein, andererseits einen Körper zu haben. In manchen Extremsituationen verliere der Mensch das Gleichgewicht zwischen beiden Anschauungsformen. Sein und Haben des Körpers stehen nicht mehr im Einklang. Auf diese Extremsituationen reagiert der Mensch mit Lachen und Weinen, den beiden Ausdrucksformen, die nur dem Menschen zu eigen sind. Die Situationen, die solche Krisen auslösen, sind durch Paradoxien bzw. Widersprüche gekennzeichnet. Im Angesicht unauflösbarer Widersprüche gibt der Geist gewissermaßen die Kontrolle über den Körper auf. Mit dem Unverständlichen konfrontiert kapituliert zwar der Verstand, aber nicht die Person, denn der Körper übernimmt die Reaktion auf das Geschehen, nun allerdings nicht mehr »als Instrument von Handlung, Sprache, Geste, Gebärde, sondern als Körper«.[16]

Obwohl der Grundgedanke bereits seit der Antike formuliert war, dauerte es bis zum Beginn des 20. Jahrhunderts bis sich eine neue Betrachtungs-

---

15   Zit. nach Helmut Bachmeier (Hrsg.): *Texte zur Theorie der Komik*, Stuttgart 2005, S. 64.
16   Geier: *Worüber kluge Menschen lachen* (Anm. 4), S. 174. Vgl auch Berger: *Erlösendes Lachen* (Anm. 2), S. 55–58.

weise durchsetzen konnte, die heute allgemein unter dem Begriff der Entspannungstheorien des Humors subsumiert wird. In seiner *Kritik der Urteilskraft* umschreibt Immanuel Kant diese pointiert wie folgt:»Das Lachen ist ein Affekt aus der plötzlichen Verwandlung einer gespannten Erwartung in nichts.«[17] Das Phänomen dient ihm dabei der Veranschaulichung der wohltuenden psychosomatischen Wirkung des Scherzes. Gerade die mentale Fehlleistung, die den Affekt verursacht und eigentlich eine enttäuschende sein müsste, verursache durch die wiederholte An- und Entspannung des Zwerchfells den vergnüglichen und gesundheitsfördernden Effekt. Aristoteles formulierte bereits den Gedanken, Lachen sei die Folge eines Ereignisses, das unserer angespannten Erwartung widerspricht. Bei Cicero findet sich die Erklärung, wir lachten, weil wir uns gleichsam in unserer Erwartung getäuscht sähen. In seinem Aufsatz *The Physiology of Laughter* unternimmt Herbert Spencer (1820–1903) den Versuch, diesen Spannungsabbau als Abfuhr nervöser Energien zu erklären. Er gibt ihr den Namen »Efflux«. Den Sachverhalt, der den Efflux auslöst, definiert Spencer als »absteigende Inkongruenz« (»descending incongruity«).[18] Gemeint ist damit ein unvermutetes Herunterstimmen des Bewusstseins von großen zu kleinen Dingen. Diese Anschauung wiederum übernahm Sigmund Freud für seine Überlegungen in *Der Witz und seine Beziehung zum Unbewußten*: 1897 begann Freud einen Selbstversuch, der die Analyse seiner eigenen Träume beinhaltete. Bei diesem Versuch, seiner eigenen Psyche auf die Schliche zu kommen, waren ihm besonders seine Träume eine große Hilfe. In seiner Vorbemerkung zu *Die Traumdeutung* fasst Freud die Misere, in der er sich wiederfand, in folgende Worte:

> *Eigentümlichkeiten des Materials, an dem ich die Traumdeutung erläuterte, haben mir auch diese Veröffentlichung schwer gemacht. Es wird sich aus der Arbeit selbst ergeben, warum alle in der Literatur erzählten oder von Unbekannten zu sammeln-*

---

17   Immanuel Kant: *Kritik der Urteilskraft* (1790), Stuttgart 1963, Kap. 64, § 54 *Anmerkung*, online unter: http://gutenberg.spiegel.de/buch/kritik-der-urteilskraft-3507/64 [letzter Zugriff: 12.10.2016].

18   Sigmund Freud: *Der Witz und seine Beziehung zum Unbewußten*, Frankfurt/M. 2009, S. 159.

den Träume für meine Zwecke unbrauchbar sein mußten; ich hatte nur die Wahl zwischen den eigenen Träumen und denen meiner, in psychoanalytischer Behandlung stehenden Patienten. Die Verwendung des letzteren Materials wurde mir durch den Umstand verwehrt, daß hier die Traumvorgänge einer unerwünschten Komplikation durch die Einmengung neurotischer Charaktere unterlagen. Mit der Mitteilung meiner eigenen Träume aber erwies sich als untrennbar verbunden, daß ich in den Intimitäten meines psychischen Lebens fremden Einblicken mehr eröffnete, als mir lieb sein konnte und als sonst einem Autor, der nicht Poet, sondern Naturforscher ist, zur Aufgabe fällt. Das war peinlich, aber unvermeidlich; ich habe mich also darein gefügt, um nicht auf die Beweisführung für meine psychologischen Ergebnisse überhaupt verzichten zu müssen.[19]

Schon bei der Analyse der Witze seiner Patienten war ihm die Vielzahl witziger Wortspiele und Situationen aufgefallen, die sich darin tummelten. Wie die Methoden der Psychotherapie, so Freud, offenbare der Witz also Zusammenhänge, die zunächst verborgen sind. Freud selbst schrieb dazu in *Der Witz und seine Beziehung zum Unbewußten*:

Sind ähnliche Vorgänge, wie wir sie hier als Technik des Witzes beschrieben haben, auf irgendeinem anderen Gebiet des seelischen Geschehens schon bekannt geworden? Allerdings, auf einem einzigen und scheinbar recht weit abliegenden. Im Jahre 1900 habe ich ein Buch veröffentlicht, welches, wie sein Titel (»Die Traumdeutung«) besagt, den Versuch macht, das rätselhafte Phänomen des Traumes aufzuklären und ihn als Abkömmling normaler seelischer Leistung hinzustellen. Ich finde dort Anlaß, den manifesten, oft sonderbaren, Trauminhalt in Gegensatz zu bringen zu den latenten, aber völlig korrekten Traumgedanken, von denen er abstammt, und gehe auf die Untersuchung der Vorgänge ein, welche aus den latenten Traumgedanken den Traum machen, sowie der psychischen Kräfte, die bei dieser Umwandlung beteiligt sind. Die Gesamtheit der umwandelnden Vorgänge nenne ich die Traumarbeit, und als ein Stück dieser Traumarbeit habe ich einen Verdichtungsvorgang beschrieben, der mit dem der Witztechnik die größte Ähnlichkeit zeigt, wie dieser zur Verkürzung führt und Ersatzbildungen von gleichem Charakter schafft. […] Wir können nicht bezweifeln, daß wir hier wie dort den nämlichen psychischen Prozeß vor uns haben, den wir an den identischen Leistungen erkennen dürfen. Eine so weitgehende Analo-

---

19   Sigmund Freud: *Die Traumdeutung*, Frankfurt/M. 1961, S. 7.

> *gie der Witztechnik mit der Traumarbeit wird gewiß unser Interesse für die erstere steigern und die Erwartung in uns rege machen, aus einem Vergleich von Witz und Traum manches zur Aufklärung des Witzes zu ziehen.*[20]

Auch Henri Bergson sah eine Beziehung zwischen der Natur des Humors und der des Traumes. In seinem fast zeitgleich mit Freuds *Der Witz und seine Beziehung zum Unbewußten* erschienenen Werk *Le Rire* (*Das Lachen*) veranschaulichte er diese Diskrepanz der Wahrnehmungsebenen wie folgt:

> *»[M]eine Kleider sind ein Teil meines Körpers«, ist in den Augen der Vernunft absurd. Trotzdem gilt er [der Satz] der Phantasie für wahr. [...] Es gibt also eine Logik der Phantasie, die nicht die Logik des Verstandes ist, die sich sogar dieser bisweilen entgegensetzt, mit der die Philosophie aber wird rechnen müssen, nicht allein für das Studium des Komischen, sondern in allen Untersuchungen der gleichen Art. Sie ähnelt der Logik des Traumes, bloß daß das ein Traum ist, der nicht von der phantastischen Laune einzelner abhängt, den vielmehr die gesamte Gesellschaft träumt.*[21]

Doch worin besteht nun, nach Freud, das Besondere eines Witzes? Was geschieht mit dem Hörer, und warum lacht er (im Gegensatz zum Witzeerzähler)? In Freuds Theorien ist Lust immer die Wirkung eines Abfuhrmechanismus (eine »Abfuhrempfindung«). Die Idee, dies auch für das Lachen anzunehmen, fand er, wie oben bereits angedeutet, in Herbert Spencers Werk bestätigt.

Die größte Inspiration zu diesem Thema bot ihm allerdings Theodor Lipps' 1898 veröffentlichtes Werk *Komik und Humor.* Lipps' Erklärung für das Phänomen des Lachens bezog sich auf den intellektuellen Prozess des Verstehens, nämlich die Pointe! Das Verstehen des Witzes als intellektueller Akt (die »Witzarbeit«, wie Freud sie nannte) steht bei Lipps also im Vordergrund, und eben dieses Verstehen der Machart des Witzes löst die angespannte Erwartung »in nichts« auf.

Freuds Ansatz geht noch etwas tiefer ins Detail, indem er die Rollen der beteiligten Personen, also den Witzeerzähler und den Witzehörer zueinander in Beziehung setzt. Der intellektuelle Aufwand beim Witzemacher ist

---

20   Freud: *Der Witz und seine Beziehung zum Unbewußten* (Anm. 18), S. 44 f.
21   Henri Bergson: *Das Lachen*, Wiesbaden 2014, S. 36

verhältnismäßig groß, denn er ist es, der dasjenige, was es zu verschleiern gilt, in die Form bringt, die wir einen Witz nennen. So wird »die Lust des Witzes vom Witzehörer mit sehr geringem eigenen Aufwand erkauft. Sie wird ihm sozusagen geschenkt.«[22] Der Witzeerzähler, der also den größten intellektuellen Aufwand hat, lacht in der Regel nicht über seinen Witz, und auch der Witzehörer verliert die Lust am Lachen, wenn der intellektuelle Aufwand zur Entschlüsselung der Pointe für ihn zu groß wird. Der Hörer muss die Spannung also nicht selbst aufbauen, er lässt sich vielmehr passiv auf die Spannung ein.

Nun stellt sich noch die Frage, worin diese Spannung genau besteht, was genau der Witz zu verschleiern sucht? Der Witz dringt, wie der Traum, immer ins Unbewusste, um dort das Verdrängte zur Geltung zu bringen! Deshalb handeln viele Witze von Wünschen und Ängsten, die erst durch den Witz verarbeitet (und deshalb auch schnell wieder vergessen) werden. Der Witz bringt also Verdrängtes ans Tageslicht und bescheinigt damit die Harmlosigkeit und Zumutbarkeit des verdrängten Inhalts.

Karl Groos erkannte die Rolle des Unbewussten für den Witz bereits 1892 – und somit rund 13 Jahre vor Freud. Er führte dabei an, dass das Verdrängte nur dann zum Vorschein kommen kann, wenn das Bewusstsein, der Kerkermeister, abgelenkt würde wie bei der Befreiung eines Gefangenen. Freud ging davon aus, dass es zwei unterschiedliche Ursachen für die Lust am Witz geben kann: seine Technik und seine Tendenz. Die Lust entstehe beim tendenziösen Witz daraus, »daß eine Tendenz befriedigt wird, deren Befriedigung sonst unterblieben wäre.«[23] Der tendenziöse Witz habe dabei eine viel größere Wirkung als der tendenzlose:

> Fast niemals erzielt der tendenzlose Witz jene plötzlichen Ausbrüche von Gelächter, die den tendenziösen so unwiderstehlich machen. Da die Technik bei beiden die nämliche sein kann, darf in uns die Vermutung rege werden, daß der tendenziöse Witz nicht Selbstzweck, d. h. harmlos ist, stellt er sich in den Dienst von nur zwei Tendenzen, die selbst eine Vereinigung unter einem Gesichtspunkt zulassen; er ist entweder feindseliger Witz (der zur Aggression, Satire, Abwehr dient) oder obszöner

---

22   Freud: *Der Witz und seine Beziehung zum Unbewußten* (Anm. 18), S. 61 f.
23   Ebenda, S. 131.

Witz (welcher der Entblößung dient). Von vornherein ist wieder zu bemerken, daß die technische Art des Witzes – ob Wort- oder Gedankenwitz – keine Relation zu diesen beiden Tendenzen hat.[24]

Freud war der Überzeugung, dass das Wesen des tendenziösen Witzes in der Überwindung von Hindernissen bestünde. Dabei können die Hindernisse entweder in der Erzählstruktur des Witzes selbst liegen, also im Inhalt, der von einer geschickten Überwindung eines Hindernisses handelt, oder aber in der Überwindung eines mentalen Hindernisses des Hörers. Er beschreibt diese zwei Arten als »äußerliche« und »innere Hindernisse«.

Die Fälle des äußerlichen und des inneren Hindernisses unterscheiden sich nur darin, daß hier eine bereits bestehende Hemmung aufgehoben, dort die Herstellung einer neuen vermieden wird. Wir nehmen dann die Spekulation nicht zu sehr in Anspruch, wenn wir behaupten, daß zur Herstellung wie zur Erhaltung einer psychischen Hemmung ein »psychischer Aufwand« erfordert wird. Ergibt sich nun, daß in beiden Fällen der Verwendung des tendenziösen Witzes Lust erzielt wird, so liegt es nahe, daß solcher Lustgewinn dem ersparten psychischen Aufwand entspreche.[25]

Wenn der Lustgewinn beim tendenziösen Witz auf die Ersparnis psychischen Aufwands zurückzuführen sei, so argumentiert Freud hier, dann müsse auch die Lust am harmlosen Witz einem ähnlichen Mechanismus entwachsen. Zuvor hatte er angenommen, dass die Lust am harmlosen Witz aus der Technik desselben selbst hervorgeht. Beim Wortspiel, der Technik, bei der ähnlich klingende Worte zueinander in Verbindung gesetzt werden, scheint in der Tat die Ersparnis eines Denkaufwands vorzuliegen, der auch vergleichbar ist mit kindlichen Assoziationen. Kinder vermuten hinter der Bedeutung gleichklingender Begriffe auch Ähnliches. Auch gewisse Geisteskrankheiten führen bei den Betroffenen zu sprachlichen Fehlleistungen dieser Art. Freud erklärt in der Fußnote hierzu auch pointiert den Unterschied zwischen einem guten und einem schlechten Witz:

---

24   Ebenda, S. 110f.
25   Ebenda, S. 132.

> *Wenn ich mittels eines doppelsinnigen oder wenig modifizierten Wortes auf kurzem*
> *Wege aus einem Vorstellungskreis in einen anderen geraten bin, während sich zwi-*
> *schen den beiden Vorstellungskreisen nicht auch gleichzeitig eine sinnvolle Verknüp-*
> *fung ergibt, dann habe ich einen »schlechten« Witz gemacht. In diesem schlechten*
> *Witz ist das eine Wort, die »Pointe«, die einzig vorhandene Verknüpfung zwischen*
> *diesen beiden disparaten Vorstellungen. [...] Ein »guter Witz« kommt aber zustande,*
> *wenn die Kindererwartung recht behält und mit der Ähnlichkeit der Worte wirklich*
> *gleichzeitig eine andere wesentliche Ähnlichkeit des Sinnes angezeigt wird, wie im*
> *Beispiel: Traduttore-Traditore [Übersetzer-Verräter] [...] Der »Übersetzer« heißt*
> *nicht nur ähnlich wie der »Verräter«; er ist auch eine Art von Verräter, er führt*
> *gleichsam mit Recht seinen Namen.* [26]

Des Weiteren führt Freud die Freude am Wiedererkannten an, die sich, wie
schon Groos anmerkte, in der Freude am Spiel wiederfinden lässt. Es ist die
Freude am Überwinden eines bekannten Hindernisses, das hier maßgeblich
sei, so Freud.

Als dritte Gruppe von Witz-Techniken nennt Freud die Kategorie der
meist als Gedankenwitze auftretenden Denkfehler, Verschiebungen, Wider-
sinn oder der Darstellung durch das Gegenteil. Ursprung des Lustgewinns
sei hier,

> [daß] *es leichter und bequemer ist, von einem eingeschlagenen Gedankenweg abzu-*
> *weichen als ihn festzuhalten, Unterschiedenes zusammenzuwerfen als es in Gegen-*
> *satz zu bringen, und gar besonders bequem, von der Logik verworfene Schlußweisen*
> *gelten zu lassen, endlich bei der Zusammenfügung von Worten oder Gedanken von*
> *der Bedingung abzusehen, daß sie auch einen Sinn ergeben sollen [...] Die »Lust am*
> *Unsinn«, wie wir abkürzend sagen können, ist im ernsthaften Leben allerdings bis*
> *zum Verschwinden verdeckt. Um sie nachzuweisen, müssen wir auf zwei Fälle ein-*
> *gehen, in denen sie noch sichtbar ist und wieder sichtbar wird, auf das Verhalten des*
> *lernenden Kindes und das des Erwachsenen in toxisch veränderter Stimmung.* [27]

---

26   Ebenda, S. 134.
27   Ebenda, S. 139.

Das Kind verspürt beim Erlernen der Sprache einen sichtlichen Lustgewinn durch das freie Experimentieren mit ihrer Klanglichkeit. Diese Lust findet auch oft in den frühen Jugendjahren seinen Ausdruck in der Erfindung von Geheimsprachen oder der Wiedergabe von Kinderreimen. Mit der zwangsläufigen »Zivilisierung« mit fortschreitendem Alter muss der Mensch auf diese »unvernünftige« Lustquelle verzichten. Hier bietet nun der Genuss von Alkohol (oder anderen toxischen Mitteln) eine letzte Möglichkeit, so Freuds Argument, sich dem Zwang der Vernunft zu entziehen: »Unter dem Einfluß von Alkohol wird der Erwachsene wieder zum Kinde, dem die freie Verfügung über seinen Gedankenablauf ohne Einhaltung des logischen Zwangs Lust bereitet.«[28] Diese Flucht vor der Rationalität spiegelt sich demnach auch in den Witzen der besagten Kategorie wider und erzeugt somit den Lustgewinn beim Hörer des Witzes.

> *Erleichterung des schon bestehenden und Ersparung an erst aufzubietendem psychischen Aufwand, auf diese beiden Prinzipien führt sich also alle Technik des Witzes und somit alle Lust aus diesen Techniken zurück.*[29]

Freud weist auch darauf hin, dass beide Arten der Technik und des Lustgewinns (Wort und Geisteswitz) weitestgehend zusammenfallen. Die Flucht in den Witz bildet demnach den einzigen Ausweg für den intellektuell erzogenen Menschen aus dem entstandenen Dilemma. Indem der Witz sich einer absurden Logik bedient, erlaubt er es dem zivilisierten Menschen, für einen Augenblick aus seiner anerzogenen rationalen Sichtweise der Dinge zu flüchten ohne die Regeln der Vernunft grundsätzlich zu verletzen! Dies unterscheidet bei Freud auch den Witz vom Scherz:

> *Was den Scherz vom Witz unterscheidet, ist, daß der Sinn des der Kritik entzogenen Satzes kein wertvoller, kein neuer oder auch nur guter zu sein braucht [...]. Beim Scherz steht die Befriedigung, das von der Kritik verbotene ermöglicht zu haben, im Vordergrund.*[30]

---

28   Ebenda, S. 141.
29   Ebenda
30   Ebenda, S. 143.

Genau in dem Aufwand, dem Sinnlosen einen wie auch immer gearteten Sinn zu geben, sieht Freud den Aufwand der Witzarbeit.

In der letzten Fußnote des Kapitels geht Freud nochmals ausführlicher auf den »Unsinnswitz« ein. Gemeint sind Witze, die an sich paradox sind (und somit große Parallelen zu filmmusikalischen Gags aufweisen, die meist ebenfalls eine gewisse Sinnlosigkeit aufweisen und um die es im nächsten Abschnitt gehen soll). Freud führt folgenden Witz als Beispiel an: Ein Mann sitzt zu Tisch und als ihm Fisch serviert wird, greift er zwei Mal in die Schüssel mit Mayonnaise und streicht sie sich dann durch die Haare. Als der Mann neben ihm ihn verblüfft anschaut, scheint er seinen Irrtum zu bemerken und sagt: »Pardon, ich glaubte es wäre Spinat!«

> *Diese extremen Beispiele wirken dadurch, daß sie die Erwartung des Witzes erwecken, so daß man hinter dem Unsinn den verborgenen Sinn zu finden sich bemüht. Man findet aber keinen, sie sind wirklich Unsinn. Unter jener Vorspiegelung ist es für einen Augenblick ermöglicht worden, die Lust am Unsinn frei zu machen. Diese Witze sind nicht ganz ohne Tendenz; es sind ›Aufsitzer‹, sie bereiten dem Erzähler eine gewisse Lust, indem sie den Hörer irreführen und ärgern. Letzterer dämpft dann diesen Ärger durch den Vorsatz, selbst zum Erzähler zu werden.[31]*

Auch modernere Ansätze zur Erklärung des Lachens legen ihren Fokus auf genau diese Verschiebung des »Bedeutungskreises«. So liegt die Besonderheit der Textsorte »Witz« nach R. S. Fouts darin, dass zuerst die linke Gehirnhälfte das Gesagte logisch und chronologisch analysiert. Wenn die Pointe erscheint, muss die rechte Gehirnhälfte schnell intuitiv erfassen, wo der Bruch mit der Logik der linken Gehirnhälfte stattfand und wie dieser Widerspruch assoziativ aufzulösen sei. Beide Gehirnhälften seien also nach Fouts am Witzverstehen beteiligt. Es ist die rechte Gehirnhälfte, die den Witz entschlüsselt. Doch auch diese ist mit der Situation überfordert, weil das Verstandene in gewisser Hinsicht widersinnig ist! Die Pointe hat zwar ihre eigene Logik, diese ist aber mit den allgemeinen Alltagserfahrungen nicht vereinbar. So konkurrieren beide Gehirnhälften und somit beide Interpretationsmöglichkeiten des Witzes im Witzhörer. Das Absurde und das Vernünf-

---

31   Ebenda, S. 151 f.

tige verdrängen sich dadurch immerzu. Der Hörer ist in einer Art mentaler Rückkopplung gefangen, die ihm aber auch Erleichterung bereitet, weil er nicht gezwungen ist, sich für eine richtige Version zu entscheiden.

Emil Kraeplin beschrieb die Pointe als eine plötzliche paradoxe Lösung eines psychischen Spannungszustandes. Gregory Bateson wiederum behauptete, das Paradoxe sei das prototypische Paradigma des Humors. In seinem kommunikationstheoretischen Ansatz entspricht der Witz einer Kommunikationsform, die eine Nachricht auf der Oberfläche vermittelt, im Hintergrund jedoch eine oder mehrere andere Informationen beinhaltet. Erst mit der Pointe wird die andere Ebene salient und mit ihr eine Art von Paradoxon. Der unsichtbare Informationsgehalt bleibt somit unbewusst, ist aber vorhanden. Bateson erklärt sich so auch die Superioritätstheorien, die im Lachen ein Zeichen von Schadenfreude sehen; die Schadenfreude ist eine in allen Kulturen tabuisierte Geisteshaltung, gerade solche Emotionen würden also erfolgreich unterdrückt und träten dann umso überraschender hervor, wenn die Pointe entsprechend konstruiert sei.[32]

Diesen Aspekt des Paradoxen erkannte auch Henri Bergson als ein wesentliches Element des Humors, wie oben bereits angedeutet, und kommt dabei in seinen Gedankengängen denen Freuds sehr nahe:

> *Nun gibt es einen normalen Geisteszustand, der Punkt für Punkt dem Wahnsinn ähnlich ist, wo man dieselben Ideenassoziationen wie bei Geistesabwesenden und dieselbe sonderbare Logik wie bei Leuten mit fixen Ideen wiederfindet. Das ist der Traum. Entweder also ist unsere Analyse unrichtig, oder sie muß in folgende These münden: Die komische Absurdität ist von der selben Natur wie die des Traumes. [...] Wenn aber die Fiktionen des Komischen den Fiktionen des Traumes und die Logik des Komischen der Träume gleichzusetzen ist, so kann man erwarten, alle Einzelheiten der Logik des Traumes in der Logik des Komischen wiederzufinden.[33]*

Auch Bergson blieb die Verbindung zwischen Träumen und Witzen also nicht verborgen. Unabhängig von unserer Vernunft, so Bergson, habe un-

---

32 Gregory Bateson: »Humor in Human Communication«, in: *Cybernetics*, Ninth Conference, hrsg. von Heinz v. Foerster, New York 1953, S. 3 f.
33 Bergson: *Das Lachen* (Anm. 21), S. 119.

sere Fantasie ihre eigene Logik, nach der sie Assoziationen weitreichender Art vollführt. Sie ähnelt dabei der Logik des Traumes, »bloß, dass das ein Traum ist, der nicht von der phantastischen Laune einzelner abhängt, den vielmehr die gesamte Gesellschaft träumt«.[34] Auch die Assoziation des Rauschzustandes zur Logik des Humors findet sich in *Le Rire:* »Es ist dasselbe, scheint mir, das der Trinker erlebt, wenn er sich angenehm in einen Zustand hinübergleiten fühlt, wo ihn nichts mehr kümmert, keine Logik, keine Anstandsgesetze.«[35] Dabei war Bergsons theoretischer Ansatz ein vollkommen anderer als der Freuds.

Bergson erklärt das Lachen als einen gesellschaftlichen Mechanismus, der jegliche Art von Trägheit zu strafen weiß. Dabei scheint es gleich, ob diese Trägheit als eine Trägheit des Geistes, im Handeln oder auch als Charakterzug in Erscheinung tritt. Schlussendlich wirkt all das, was einen Zug von Mechanisierung in sich trägt, einen Automatismus über das Lebendige wirft, lächerlich. Auch das Komische der Gebärden und Bewegungen führt Bergson auf eine Dominanz der Materie über den Geist zurück. Das kann sich in der Wiederholung gewisser Gesten äußern, die nach einer Weile lächerlich erscheinen, aber auch im plötzlichen Bewusstwerden des Materiellen inmitten einer hochgeistigen Tätigkeit (beispielsweise ein Redner, der auf dem Höhepunkt seiner Rede niesen muss).

Sicherlich konnten hier nur die wesentlichsten Gedanken und wichtigsten Entwicklungen in der Philosophie des Humors, und diese nicht einmal in ihrer ganzen Tragweite, vorgestellt werden. Dabei konnte lediglich auf jene Aspekte eingegangen werden, die uns zum Verständnis der nun folgenden Betrachtungen zum »filmmusikalischen Gag« dienlich sein werden. Zu diesen zählt noch ein letzter Gedanke Bergsons, der in seinen eigenen Worten angeführt werden soll:

> *Die Zerstreutheit als solche wieder kann auf uns verschieden stark wirken. Es gibt ein allgemeines Gesetz, von dem wir eben eine erste Anwendung gemacht haben und das wir so formulieren werden: ein beliebiger komischer Effekt, der aus einer beliebigen Ursache herrührt, ist für uns um so komischer, je natürlicher uns dieser sein Ursprung*

---

34 Ebenda, S. 36.
35 Ebenda, S. 121.

erscheint. Wir lachen schon über einen Fall von Zerstreutheit, den man uns als bloße Tatsache erzählt. Weit lächerlicher erscheint er uns, wenn wir ihn mit eigenen Augen haben entstehen und um sich greifen sehen, seinen Ursprung kennen und uns seine Geschichte rekonstruieren können. Denken wir uns, um einen bestimmten Fall zu nehmen, jemand liest mit Passion Liebes- und Ritterromane. Ganz eingenommen von seinen Helden, verliert er nach und nach all sein Denken und Wollen an sie. Wie ein Nachtwandler geht er durch die Welt: seine Handlungen sind Zerstreutheit. Aber alle seine Zerstreutheiten führen auf eine nachweisbare Ursache zurück. Sein Geist ist nicht bloß abwesend, sondern zugleich anwesend in einem sehr bestimmten, wenn auch imaginären Reich. Hinfallen bleibt Hinfallen; aber es ist ein anderes, in einen Teich fallen, weil man nicht aufgepaßt, ein anderes, hineinfallen, weil man nach einem Stern geguckt hat, wie – Don Quijote.[36]

Um einen komischen Effekt zu verstärken, muss seine Ursache also an Plausibilität gewinnen. Dieser wesentliche Gedanke wird auch in der folgenden Untersuchung eine wichtige Rolle spielen.

III Der filmmusikalische Gag

Wenn wir nun die im vorigen Abschnitt erläuterten Voraussetzungen der komischen Pointe in Betracht ziehen, ergeben sich einige Bedingungen, die im Zusammenspiel von filmischem Material und der dazugehörigen Filmmusik erfüllt werden müssen:

1. Die gespannte Erwartungshaltung des Zuschauers muss aufgebaut werden.
2. Die besagte Spannung muss sich plötzlich in nichts auflösen.
3. Diese Auflösung muss einen höchstmöglichen Grad an Plausibilität in sich bergen.

Die erste zu beantwortende Frage wird also die nach den Möglichkeiten des Spannungsaufbaus in einer filmischen Szene sein. Grundsätzlich sind zwei Varianten denkbar:

---

36   Ebenda, S. 20.

1. Die Spannung wird durch die Filmmusik aufgebaut.
2. Die Spannung wird durch die Handlung des Films aufgebaut.

Es wird kaum gelingen, hier alle denkbaren Strategien des Spannungsaufbaus durch Musik und dramaturgische Elemente aufzuzählen. Angemerkt werden sollte hier jedoch, dass der musikalische Spannungsaufbau fast ausschließlich der nondiegetischen Musik, also Musik aus dem Off, zukommt. Ein Spannungsaufbau durch Musik, deren Quelle innerhalb des Filmbildes ersichtlich ist, ist im Filmkontext deutlich aufwendiger und meist nur durch gezieltes Spielen mit den Konventionen des Films realisierbar.[37]

Der zweite Aspekt unserer filmmusikalischen Pointe ist seine Auflösung. Es wird sich anhand der angeführten Beispiele klären müssen, ob die auf einer Ebene aufgebaute Spannung sich ausschließlich, und dies wäre der spontan einleuchtende Sachverhalt, auf der anderen Ebene aufzulösen hat. Somit stellt sich die Frage, ob also eine durch Musik aufgebaute Spannung immer durch eine Uminterpretation auf filmischer Ebene aufgelöst werden muss und umgekehrt eine durch dramaturgische Spannung aufgebaute Erwartung nur durch die unpassende musikalische Begleitung zu einer komischen Pointe führen kann.

Die Natur der hier zu betrachtenden Fälle, also die Voraussetzung, dass der Humor aufgrund des Zusammenspiels von Bild/Handlung und Musik erzeugt wird, lässt für den letzteren Fall keine andere Möglichkeit. Interessant wäre dann also, die Mechanismen zu beobachten, durch die die Musik eine im Film aufgebaute Spannung aufzuheben imstande ist. Offensichtlich wird es Lösungsmöglichkeiten geben, die zwar denkbar, allerdings nicht komisch sind. Wie bereits erläutert, wird der Grad der Komik voraussichtlich von dem Maß an Plausibilität abhängen, mit dem die entsprechende Auflösung ausgeführt wird. So stellt sich also die Frage, inwiefern eine Verbindung von Film und Musik überhaupt als plausibel zu betrachten ist. Wann empfindet der Hörer eine Verbindung der musikalischen Ebene mit der filmischen als zusammengehörig, als plausibel, als sinnvoll?

---

37   Denkbar wäre der narrative Einsatz von Liedern in Musicals.

Einen Hinweis auf die Antwort kann uns die auditive Kognitionsforschung geben. Hier wurde bereits Ende der 1930er Jahre die Tendenz entdeckt, visuelle und auditive Phänomene zu koppeln, selbst wenn die Zusammengehörigkeit der beiden Reize bei genauerer Betrachtung unwahrscheinlich erscheint. So ist es dem menschlichen Wahrnehmungssystem offenbar ein Bedürfnis, auditive Signale visuellen Bewegungsabläufen zuzuordnen. Albert S. Bregmans Beschreibung des Sachverhalts mag uns hier zur Verdeutlichung dienen:

> *Sometimes the interaction of the two senses can create interference. If you create an artificial laboratory setup in which the senses give flatly contradictory information, the decisions of the individual sense are interfered with. Suppose a visual apparent motion oscillates back and forth between a left and a right position, and in synchrony with the visual events, a sound is presented through headphones to either the corresponding ear or the opposite ear; in this case, the sound will affect the apparent movement. When the sound is presented to the opposite, there is an inhibition of apparent movement. Even if the sound is presented to the ear corresponding to the light, if the speed is too slow for the sound to give the sensation of moving back and forth between the ears, the corresponding visual motion can be inhibited even though it would have been experienced at that combination of speed and horizontal separation if the sound had not been there.[38]*

Unsere Sinne sind also weitaus stärker gekoppelt, als uns das im alltäglichen Bewusstsein präsent ist. Wird Probanden jeweils ein visueller Reiz (hier in Form zweier abwechselnd blinkender Lichtquellen) und ein verzögerter Klangimpuls, der mit der Richtung der blinkenden Lichter korrespondiert oder dieser genau entgegengesetzt ist, konfrontiert, so kann die Verzögerung der auditiven Signale im Verhältnis zu den visuellen die Wahrnehmung der blinkenden Lichter sogar manipulieren. Wir passen die visuellen Gegebenheiten einfach den akustischen an.

Dieses kleine Beispiel aus der Fülle faszinierender Entdeckungen aus dem Bereich der Wahrnehmungspsychologie soll uns als Beleg für die spontane Kopplung visueller und auditiver Ereignisse dienen, zumal wenn sie, wie im

---

38   Albert S. Bregman: *Auditory Scene Analysis. The Perceptual Organization of Sound*, Cambridge MA 1990, S. 182f.

Falle des Filmes, höchst synchron zusammenfallen. Es wäre also zu vermuten, dass jede Kopplung von Musik mit einer Bewegung auf dem Bildschirm als zusammengehörig wahrgenommen wird.

Es ließen sich grundsätzlich drei Arten der Bewegung im Film finden, denen der musikalische Einsatz angepasst werden kann. Zunächst die Bewegung auf der Leinwand. Die als »Mickey-Mousing« bekannte Technik wäre somit nur eine extreme Form der Kopplung der Personen- oder Objektbewegung auf der Leinwand mit der Musik. Aber auch andere Bewegungsabläufe auf der Bild-Ebene scheinen für eine Synchronisation mit der Musik anfällig zu sein. So lassen sich viele Beispiele finden, in denen die Bewegung der Kamera mit der Musik synchron verläuft. Des Weiteren ist die Beziehung von Montage und Musik eine offensichtliche. Eine filmmusikalische Sequenz beginnt und endet in der Regel mit einer Szene, ein Schnitt auf der visuellen Ebene geht oft mit einer Änderung der Dynamik der Musik einher.

Ausgehend von dieser Überlegung ließe sich argumentieren, dass eine Filmmusik dann an Plausibilität gewinnt, wenn sie mit einem dieser drei visuellen Elemente des Films korreliert.[39]

Es haben sich jedoch im Laufe der Filmgeschichte auch Kopplungen etabliert, die der dramaturgischen Ebene des Films zuzuordnen sind. Eine davon ist die Kopplung der Musik an die Figuren der Handlung. Ein besonders ausgeprägtes Verfahren, das sich dieser Kopplung bedient, wäre die sogenannte Leitmotivik. Auch hier handelt es sich um eine besonders konsequente Form der Kopplung, nämlich eines musikalischen Themas mit nur einer bestimmten Filmfigur.

Musik findet allerdings auch als Indikator für einen Raum oder eine bestimmte Zeit leitmotivisch in den Film hinein. Die Einsatzmöglichkeiten auf diesen Ebenen der Erzählung sind denkbar vielfältig. Sie reichen von Musiken, die mit Erinnerungen an Orte oder vergangene Zeiten korrelieren, über folkloristische Themen als Korrelat zu exotischen Orten der Handlung oder authentischer Musik aus der Zeit der Filmhandlung bis zur klanglichen

---

39 Einen ähnlichen Ansatz wählen auch Bordwell und Thompson in ihrer Einführung in die Filmanalyse, siehe David Bordwell / Kristin Thompson: *Film Art: An Introduction*, New York 2001, S. 291–325.

Manipulation der Musik als Hinweis auf eine Auflösung von Raum und Zeit, etwa bei der Darstellung halluzinatorischer Rauschzustände oder psychischer Dysfunktionen.

So ergeben sich sechs Möglichkeiten der Kopplung von Musik mit dem Geschehen auf der Leinwand. Entsprechend kommen auch nur diese sechs Zuordnungen infrage, um beim Zuschauer spontan Erwartungen in Bezug auf die erklingende Musik bzw. ihrer Bedeutung im Kontext der Szene zu erzeugen.

Es bleibt nun also dem kommenden Abschnitt vorbehalten, anhand einiger Filmbeispiele die Möglichkeiten einer solchen Kopplung und ihrer verqueren Auflösung zu untersuchen. Dabei wird sich zeigen, dass auch dem filmmusikalischen Humor eine absurde Logik zugrunde liegt.

IV   Beispiele filmmusikalischer Gags

Kehren wir nun also zu unserem anfänglichen Beispiel zurück, um zu schauen, ob uns die bis hierhin gewonnenen Erkenntnisse bei der Entschlüsselung der Szene behilflich sein werden: Es ist offenkundig, dass die bei dieser Szene gewählte Strategie zur Erzeugung des komischen Effektes auf ein Spiel mit den Erwartungen des Zuschauers bezüglich der Zuordnung der Musik als diegetische bzw. nondiegetische Musik abzielt. Die Erwartungshaltung des Zuschauers wird dabei durch eine mit den Konventionen des musikalischen Spannungsaufbaus im Film konformen Musik geschürt, bis sich schließlich zeigt, dass die Musik gar nicht aus dem Off erklingt, sondern einer am Ort der Handlung vorhandenen Schallquelle entspringt. Mag das Auftauchen dieser Schallquelle in der Szene (in diesem Fall der Bus des Springfield Philharmonic Orchestra) noch so absurd sein, vollkommen auszuschließen wäre solch ein Ereignis nicht. Hinzu kommt ein weiterer Kunstgriff, der der Doppeldeutigkeit der Musik in dieser Szene eine größere Logik verleiht: Die Streicher werden mit zunehmender Angst der Hauptfigur immer lauter, eine Konvention, die wir aus unzähligen Horrorfilmen und Thrillern kennen. Nachdem wir als Zuschauer die wahre Herkunft der furchteinflößenden Musik erkannt haben, erscheint dieses Spiel mit der

Dynamik der Musik jedoch keineswegs unpassend, denn der Bus, in dem das Orchester sitzt, kommt aus der Ferne herangefahren. Die Bewegung der Schallquelle in der Szene rechtfertigt also die schrittweise Anhebung der Lautstärke.

Diese erste Technik der Irreführung spielt eine besondere Rolle im Slapstick-Genre und findet sich etwa in Filmen von Mel Brooks (etwa in HIGH ANXIETY [USA 1977] und BLAZING SADDLES [USA 1974]), die wahrscheinlich auch als Vorlage für das angeführte Beispiel dienten. Eine Umkehrung des Effekts wäre zwar denkbar, aber nicht komisch. Dies mag daran liegen, dass eine für den Zuschauer sichtbare Schallquelle einfach als solche hingenommen wird, also nicht zwangsläufig auf die Innerlichkeit einer Filmfigur bezogen wird und dementsprechend keine weiteren Erwartungen beim Zuschauer schürt. Erschwerend kommt hinzu, dass eine plötzliche Verlagerung der Musik aus dem diegetischen Raum ins Off nicht durch die Handlung plausibel gemacht werden kann. Sie wird höchstens als filmisches Stilmittel wahrgenommen, mag auch Assoziationen und Kontinuität innerhalb der Filmhandlung schaffen, nicht aber die plötzliche Uminterpretation der Szene bewirken, wie es die Verlagerung nondiegetischer Musik in die Szene tut.

1.   Kopplungen wider Erwarten auf nondiegetischer Ebene

Die angeführte Szene aus der Animationsserie THE SIMPSONS weckte also durch die zur Szene eingespielte Musik Erwartungen beim Zuschauer, die dann durch ein unerwartetes Geschehen in der Handlung »in nichts« aufgelöst wurden.

Der Aufbau der Erwartung kann natürlich auch aus dem Verlauf der Handlung herrühren und dann auf der Ebene der Filmmusik mit den Erwartungen des Zuschauers brechen. Das nun zu betrachtende Beispiel spielt mit eben dieser durch die Handlung aufgebauten Spannung und ihrer plötzlichen, aber nach den Kriterien des Einsatzes von Musik im Film »plausiblen« Umdeutung durch die dazu erklingende Musik. Es handelt sich um eine Szene aus dem zweiten Teil des Walt-Disney-Blockbusters PIRATES OF THE

CARIBBEAN – DEAD MAN'S CHEST (FLUCH DER KARIBIK II, USA 2006, Gore Verbinski). Die Besatzung der »Black Pearl« ist von Kannibalen gefangen genommen worden und wartet nun in zwei großen, über einer Schlucht hängenden Körben auf die bevorstehende Mahlzeit. In ihrer Verzweiflung unternehmen die Gefangenen einen letzten Versuch, ihrem Schicksal zu entkommen und beginnen, die mächtigen Körbe ins Schaukeln zu bringen, um so den rettenden Berg zu erreichen, über den sie sich die Flucht erhoffen. Anstatt nun der Anspannung der Beteiligten und der Gefahr der Situation, also gleichsam der Innerlichkeit der Figuren, zu folgen, ertönt aus dem Off ein Wiener Walzer, der dem Rhythmus der hin und her schwingenden Körbe Ausdruck verleiht. Diese Kopplung erweist sich als äußerst komisch, nicht nur weil sie sich, mit Freud ausgedrückt, der Technik der Darstellung durch das Gegenteil bedient, indem sie der Bedrohlichkeit der Situation eine Musik gegenüberstellt, die als Inbegriff von Leichtigkeit und Sorglosigkeit verstanden werden kann, sondern weil diese Musik auch durch ihre Synchronisation mit der Bewegung der Körbe ihren Einsatz plausibel macht, nur eben auf einer anderen Ebene, als ursprünglich zu erwarten war. Die Erwartung des Zuschauers, zum Gesehenen eine Musik präsentiert zu bekommen, die die bedrohliche Situation der beteiligten Personen und somit die Empathie des Zuschauers doppelt, wird durch den dem Ernst der Lage vollkommen unangemessenen Walzer konterkariert, der aber trotzdem einer gewissen filmmusikalischen Logik folgt, indem er sich, fast schon in der Manier des Mickey-Mousing, an die Bewegung der Figuren auf der Leinwand koppelt.

Im Falle nondiegetischer Musik wären auch andere Kopplungen denkbar, für die hier keine Beispiele angeführt wurden. Wie bereits erwähnt, scheint es, neben den beteiligten Personen, noch die zwei Möglichkeiten der Kopplung von Musik mit Zeit und die der Kopplung der Musik mit Orten zu geben. Es wäre also möglich, eine durch die Musik geweckte zeitliche Erwartung (sei es die geschichtliche Verortung der Handlung oder der Einsatz von Musik als Zeichen für Erinnerung, also subjektive Zeitverschiebung) durch einen Bruch auf der filmischen Ebene in eine komische Pointe zu verwandeln.

2.   Diegetischer Musikeinsatz

2.1   Auflösung einer durch die Handlung aufgebauten Erwartung

Wie bereits angedeutet, gestaltet sich der Sachverhalt ungleich schwieriger, wenn sich die Quelle der Musik innerhalb der Filmhandlung befindet. Auch hier sind zwei grundsätzliche Möglichkeiten denkbar: 1. dass die Musik dazu dient eine Erwartung aufzubauen, die dann durch den tatsächlichen Handlungsverlauf auf widersprüchliche Weise aufgehoben wird, oder 2. dass eine durch den Verlauf der Handlung aufgebaute Spannung durch unpassende, innerhalb der Szene zu verortende Musik plötzlich ins Gegenteil gekehrt wird. Den problematischen Aspekt scheint dabei der Ort darzustellen, an dem die Musik erklingt. Um eine zur Handlung vollkommen unpassende Musik plausibel einzuführen, kann diese mit einem anderen Ort als dem der Handlung gekoppelt werden. Eine elegante Lösung des Problems findet Woody Allen in der Anfangsszene seines Filmes RADIO DAYS (USA 1987): Zwei Einbrecher hantieren im Dunkeln mit ihren Taschenlampen herum und werden dabei vom Klingeln des Telefons überrascht. Überrumpelt von der Situation und offenbar verängstigt, überflüssige Aufmerksamkeit auf sich zu ziehen, geht einer der beiden Einbrecher an das Telefon. Auf der anderen Seite der Leitung: der Moderator der Radio-Rate-Show *Guess That Tune*, der seinen vermeintlichen Kandidaten nun auffordert, die von einer Big-Band eingespielten Songs zu erraten. Die Widersprüchlichkeit der aufgeführten Musikstücke zur Situation der beiden Einbrecher bewirkt einen äußerst komischen Effekt. Die Auflösung der durch die Handlung aufgebauten Erwartung (schließlich hätte sich ein Verwandter der Wohnungsbesitzer am Telefon melden können) mittels der durch die Musik suggerierten Banalität entspricht genau der erforderten »Verwandlung einer gespannten Erwartung in nichts«.

2.2   Aufladung durch semantische Bedeutungen

In einem anderen Beispiel aus Woody Allens WHATEVER WORKS (LIEBE SICH WER KANN, USA 2009) verliebt sich Boris Yellnikoff, seines Zeichens Professor für Quanten-Mechanik, in die intellektuell eher einfach gestrickte Südstaatenschönheit Melodie Saint Ann Celestine. Sie hat sich, ohne ihren

Eltern ihre Pläne zu offenbaren, aus ihrem Heimatdorf ins große New York aufgemacht. Im Rahmen seiner steten Bemühungen, die deutlich jüngere Dame für die Errungenschaften der gehobenen westlichen Kultur zu begeistern, konfrontiert er sie eines Nachmittags mit dem Kopfsatz der 5. *Sinfonie* Beethovens. Lediglich mit dem Hinweis, die Musik handle vom Schicksal, das an die Türe klopfe, lässt er die Ahnungslose alleine und verschwindet im Badezimmer. Just nachdem die ersten Takte der Sinfonie erklingen, klopft es allerdings tatsächlich an der Tür. Melodie, mit der Situation merklich überfordert, braucht einige Anläufe, bis sie das Klopfen an der Tür und das Kopfmotiv der Sinfonie als zwei kausal voneinander getrennte Ereignisse wahrnimmt, hält die CD an, um sich erneut zu vergewissern, dass das Klopfen an der Tür real sei, und öffnet dann die Tür. Draußen steht ihre Mutter, die nach zahlreichen Umwegen nun endlich den Aufenthaltsort ihrer Tochter in New York ausfindig gemacht hat.

Dieses Beispiel ist interessant, weil es Woody Allen auch hier gelingt, diegetische Musik als Auslöser des Gags zu verwenden. Die diegetische Musik dient hier im Gegensatz zum vorherigen Beispiel als Ursache des Erwartungsaufbaus, während die Handlung des Films die »Auflösung in nichts« vollzieht. Deshalb kann die Schallquelle auch innerhalb der gesehenen Szene verortet sein. Die Erwartung selbst wird durch den historisch gewachsenen semantischen Gehalt der Musik beschworen, die auch noch explizit im Dialog thematisiert wird. Dass just in dem Moment jemand an die Tür klopft, in dem der Kopfsatz der 5. *Sinfonie* erklingt, ist zwar sehr unwahrscheinlich, aber nicht vollständig auszuschließen. Dass das an die Tür klopfende Schicksal sich dann in Form der Mutter offenbart, löst die aufgebaute Spannung augenblicklich auf und lässt ihr trotzdem ihre Rechtfertigung.

2.3   Erwartungsaufbau durch wiederholten Einsatz gleicher Musik

Eine weitere mögliche Strategie, durch den Einsatz von Musik humoristische Effekte zu erzielen, ist der Aufbau einer Bedeutungsebene für ein Musikstück im Verlauf des Films. Hierbei kann es sich sowohl um diegetische als auch nondiegetische Musik handeln, deren semantische Aufladung erst im Verlauf des Filmes selbst aufgebaut wird. Die Erwartung wird dann durch eine Verknüpfung der Musik mit einem ihrer Bedeutung unangemes-

senen Sachverhalt ad absurdum geführt. Ein Beispiel mag dies verdeutlichen: In seinem Film HALBE TREPPE (BRD 2002) lässt Regisseur und Drehbuchautor Andreas Dresen eine Gruppe von Straßenmusikern in regelmäßi-
gen Abständen vor der Imbissbude seines Protagonisten auftreten. Musiziert
wird dabei das immer gleiche Stück. Die Besonderheit besteht darin, dass die
Anzahl der Musiker von anfangs einer Person bis zur Mitte des Filmes kon-
tinuierlich anwächst, gewissermaßen proportional zur Verschlechterung der
Beziehung des Protagonisten zu seiner Frau, die ihn mit einem Freund der
Familie betrogen hat. Gegen Ende des Films, als sich das Paar bereits getrennt
hat und die Ehefrau mit ihrer neuen Liebe in eine eigene Wohnung gezogen
ist, beginnt sich die besagte Musik der Band »13 Hippies« zu verselbstständi-
gen und offenbar, synonym für die Verzweiflung des verlassenen Ehepart-
ners, allgegenwärtig zu sein. Zunächst wird die Gruppe überraschender-
weise mit der musikalischen Untermalung eines Empfangs betraut, den der
Protagonist gastronomisch betreut. Etwas später erschallt das nun längst
bekannte Lied während eines spontanen Treffens der beiden verlassenen
Partner aus dem Radio des Imbisses. Doch vollkommen absurd wird die
Situation, als die Musik, just in dem Moment, in dem die Hilflosigkeit und
Überforderung des alleingelassenen Mannes endgültig zutage tritt, aus der
Toilette zu schallen scheint.

Auch hier dient die Kopplung mit unterschiedlichen Räumen der Plausi-
bilisierung der Verschiebung. Während das Radio als Quelle der Musik
noch legitim erscheint, wenn auch äußerst unwahrscheinlich, wirkt die aus
der Toilette erklingende Melodie vollkommen deplatziert, aber auch überaus komisch. Es bleibt jedoch ein geringer Grad an Wahrscheinlichkeit, dass
die Musik, möglicherweise durch die Kanalisation resonierend, ihr Opfer
erreicht hat.

Dieses Filmbeispiel unterscheidet sich insofern wesentlich von den vorherigen, als die Kriterien von Erwartungsaufbau und -auflösung hier nicht so
eindeutig bestimmbar sind, wie es in den bisher gewählten Beispielen der
Fall war. Vielmehr sind hier die Handlung des Films und die Musik auf eine
Weise miteinander verstrickt, die es dem Autor des Films erlaubt, erst durch
die Entkopplung der beiden eine absurde, aber im Sinne der Handlung dennoch schlüssige Wendung zu konzipieren.

Während der Gag anfänglich darin besteht, die Erwartungshaltung des Zuschauers bezüglich der Anzahl der Musiker bzw. des Ortes ihres Auftauchens immer wieder zu überbieten, signalisiert das Erklingen der Musik aus dem Radio bzw. aus der Toilettenschüssel eine endgültige Verselbstständigung der Musik jenseits der mit ihr in der Handlung verbundenen Musiker. Doch dazu muss der Zuschauer die besagte Musik erst als Soundtrack der Verzweiflung der Hauptfigur erkennen. Erst dann wird es möglich, die Musik, wohlgemerkt: immer noch diegetisch, mit der Innerlichkeit der Figur zu verbinden und den bereits eingeführten Gag auf diese Weise auf die Spitze zu treiben. Es zeigt sich auch, dass gerade bei der Verwendung diegetischer Musik eine Verschiebung des Raumes notwendig ist, um den paradoxen Effekt zu erzielen.

V   Ängstliche Schlussgedanken

Die angeführten Beispiele haben uns unterschiedliche Strategien vor Augen geführt, mit denen innerhalb eines Filmes mit den etablierten Mitteln des Einsatzes von Filmmusik komische Pointen erzielt werden können. Gemeinsam ist ihnen, ganz im Einklang mit den Theorien des Witzes, der Erwartungsaufbau beim Zuschauer, sei es durch die Filmmusik selbst oder durch die Handlung des Films, der dann auf eine absurde, aber innerhalb der Regeln des Filmes noch denkbare Weise plötzlich aufgehoben wird. Die Erwartung des Zuschauers wurde dabei entweder vonseiten der Filmmusik geschürt (THE SIMPSONS, WHATEVER WORKS) oder aber durch die Handlung aufgebaut (DEAD MAN'S CHEST, RADIO DAYS). Gemeinsam ist den Beispielen aber auch ein weiteres Moment, das uns zu einer letzten theoretischen Überlegung zur Natur des Witzes führen wird: die Angst.

Allen hier angeführten Beispielen ist eine gewisse empathische Angst des Zuschauers um das Schicksal der Sympathieträger auf der Leinwand gemein. Im Falle der SIMPSONS-Folge ist die Ursache dafür offensichtlich, auch im Falle der um ihr Überleben kämpfenden Crew der »Black Pearl« in DEAD MAN'S CHEST ist der Sachverhalt klar. Doch auch in dem Beispiel der zwei Einbrecher in RADIO DAYS kann von einem kurzen Schreckensmoment aufseiten des Zuschauers ausgegangen werden, wenn plötzlich das Telefon klingelt und einer der beiden Einbrecher aus Reflex den Hörer abnimmt. Auch die Tatsache, dass just mit den ersten Takten der 5. *Sinfonie* Beethovens »das Schicksal an die Türe klopft«, mag im ersten Moment ein gewisses Unwohlsein seitens des Zuschauers verursachen. Und zuletzt konfrontierte uns die aus der Toilette erklingende Musik in HALBE TREPPE mit einer, wenn auch nicht gerade schauerhaften, doch zumindest der gewohnten Alltagserfahrung widersprechenden und deshalb beunruhigenden Situation. In all diesen Szenen wird der beängstigende Sachverhalt aufgrund des Witzes in kürzester Zeit als harmlos bloßgestellt.

Wir haben im Theorieteil bereits die Rolle des Witzes bei der Freilegung verdrängter Sachverhalte im Unterbewusstsein angesprochen. Eike Christian Hirsch spricht in diesem Zusammenhang von einer Unterteilung der Witze in Lustwitze und Angstwitze. In Lustwitzen wird das thematisiert, was zwar lustbringend, jedoch verboten ist (z. B. Sexualität oder Aggression) – also alles, was wir im Laufe unseres Lebens zu unterdrücken gelernt haben. Um die innere Zensur nun zu überbrücken, muss der Lustwitz augenscheinlich die Zensur erfüllen, also nicht das aussprechen, was nach unserer Konditionierung verboten ist. Das Verbotene wird vielmehr durch Auslassung und Andeutung angesprochen. Der Witz kann seiner Aggression gleichzeitig auch erwünschte Gefühle, etwa Mitleid für das Opfer, beimischen und so den Zensor durch genügend positive Beigaben gnädig stimmen.

Der Angstwitz thematisiert wiederum all jene Bedrohungen, die uns an Tod, Grauen, Ekel, Krankheit und dergleichen erinnern. Der Witz schafft es nur deshalb, diese Implikationen am Zensor vorbeizuschleusen, weil er sie in kleinen Dosen serviert und sie sofort als harmlos darstellt, sie gewissermaßen lächerlich macht. »Was der Witz benennt, erinnert den Hörer zwar an seine eigenen Ängste, aber nach dem ersten Schock folgt die Freude: Das ist ja nur eine Gefahr, in der ein anderer steckt, nicht ich!«[40]

Der Witz zeigt uns die Ängste dabei so, »wie wir sie uns wünschen müssen, nämlich als lächerliche Schatten, die sich gut verscheuchen lassen und

---

40   Hirsch: *Der Witzableiter oder Schule des Lachens* (Anm. 2), S. 275.

fast nichts mit uns selbst zu tun haben«. Es wäre wohl verfrüht, aufgrund dieser Beobachtung einen kleinen Schreckensmoment seitens des Zuschauers als unverzichtbare Zutat für einen guten (filmmusikalischen) Gag zu erklären, doch würde ein kurzer Ausflug in die Welt des filmischen Gags von Buster Keaton über Laurel and Hardy bis zu Woody Allen viele Szenen zutage treten lassen, in denen sich die Hauptfiguren in äußerst beängstigende Situationen begeben.

So scheint der Schrecken eine, wenn auch vielleicht nicht notwendige, so doch hilfreiche Zutat zu sein, um einen guten Gag zu konzipieren. Denn eben dieser kurze Moment der Ernüchterung, der Bewusstmachung des Konstruierten innerhalb des Films scheint der ausschlaggebende Punkt für das Vergnügen daran zu sein.

Das, worüber sich der filmmusikalische Witz schlussendlich amüsiert, die Wahrheit, die dieser offenbart, so könnte man im Sinne Bergsons argumentieren, ist das Illusorische des Films selbst. Es ist, als würde sich der Film mit eigenen Mitteln über den Zuschauer lustig machen, der seiner Illusion ganz hingegeben anzunehmen wagte, die dargestellten Ereignisse hätten den Anspruch des Realen verdient. Erst durch den Gag wird der Zuschauer seiner eigenen geistigen Trägheit gewahr.

Lindsay Carter

Das Leben ist freudiger geworden
Musik und Komödie im stalinistischen Kino

Die Protagonistin von Светлый путь (Svetlyj put, Der helle Weg[1], UdSSR 1940, Grigori Alexandrow) ist eine Arbeiterin der Stachanow-Bewegung, die in der letzten Szene des Films gleichsam zum Schneewittchen wird. Sie steigt im Kreml durch einen Zauberspiegel in ein fliegendes Auto, und es wird ihr aus der Luft ihr Königreich – die UdSSR des Volkes – gezeigt, während ein nichtdiegetischer Chor von einem weiten Land der Helden singt. Die ideologische Botschaft und der Eindruck von Großartigkeit in der Szene sind so überdeutlich, dass sie leicht wie eine Parodie erscheinen können, zumal den Zuschauern, die nicht völlig mit der Vision der Entwicklung der UdSSR überein gehen, die der Film propagiert. Moira Ratchford hat eine der anderen Musikkomödien von Regisseur Grigori Alexandrow, Волга-Волга (Volga-Volga, Wolga-Wolga, UdSSR 1938), in ähnlicher Weise beschrieben: »Ich halte es für einen der absurdesten Filme im sowjetischen Kino, eine Selbstparodie der Gattung.«[2] Alexandrow selbst hatte öffentlich erklärt, dass er mit Der helle Weg von der Komödie Abschied genommen habe, weil es nicht möglich sei, den neuen sowjetischen Menschen in dieser Form darzustellen.[3] Was die Szene verdeutlicht, sind die Ambiguität und kulturelle Spezifik von Humor und das politische Problem, das von dieser Ambiguität erzeugt wird. Was für den einen komisch ist, ist es noch nicht für

1   Russische Filmtitel sind dreifach wiedergegeben: original, transliteriert (nach dem internationalen ISO 9-Standard) und in deutscher Übersetzung (oder dem üblichen deutschen Verleihtitel). Die Wiedergabe von russischen Namen und anderen Begriffen folgt, soweit möglich, den in der deutschen Wikipedia verwendeten Versionen.

2   Original: »I find it to be one of the most absurd films in Soviet cinema, a self-parody of the genre.« Maya Turovskaya: »The Strange Case of the Making of Volga, Volga«, in: Inside Soviet Film Satire. Laughter with a Lash, hrsg. von Andrew Horton, Cambridge 1993, S. 79.

3   »Stenogramma soseshchaniia v Tsk VKP (b) pod predsedatel'stvom A. A. Zhdanova«, übersetzt von Rimgaila Salys, in: Rimgaila Salys: The Musical Comedy Films of Grigorii Aleksandrov. Laughing Matters, Bristol 2009, S. 296.

andere, und – wie in diesem Falle – etwas, das nicht komisch gemeint ist, kann dennoch Gelächter auslösen. Aus diesem Grunde (neben anderen) spielte Humor im stalinistischen Kino eine prekäre Rolle. Jeder Film war intensiver politischer Aufmerksamkeit ausgesetzt und der zuweilen recht vagen Kulturpolitik des sozialistischen Realismus unterworfen.

In der Sowjetunion der 1930er Jahre wurde die Komödie wiederholt offiziell gewürdigt, aber es gab eine große Lücke zwischen Theorie und Praxis, denn es wurden nur wenige Komödien produziert. 1928 betonte ein offizieller Beschluss zum Kino die Notwendigkeit, »der Schaffung der sowjetischen Komödie besondere Aufmerksamkeit zu widmen«[4], und Drehbuchautor Natan Zarchi wiederholte den Ruf zu den komischen Waffen 1934 beim ersten Kongress sowjetischer Schriftsteller:

Wo ist unsere Satire? Majakowskis[5] brillante satirische Drehbücher sind noch nicht verfilmt worden, und niemand führt seine Experimente, seine Tradition fort. Das Kino hat weder einen Ilf noch einen Petrow[6], noch sein eigenes Cine-Krokodil.[7]

Wo ist unsere Komödie? Sowjetisches Kino wird nicht von LUSTIGEN BURSCHEN[8] oder dem Vorführen der Klassiker gemacht, so wie unser Theater nicht durch Produktionen von Balzac, Turgenew oder Dickens gemacht wird.[9]

---

4   Original: »pay special attention to the creation of Soviet comedy.« Zit. nach *The Film Factory. Russian and Soviet Cinema in Documents 1896–1939,* hrsg. von Richard Taylor und Ian Christie, London 1988, S. 211.

5   Wladimir Majakowski (1893–1930), Dichter, Theaterautor, Künstler und Schauspieler.

6   Ilja Ilf (1897–1937) und Jewgeni Petrow (1903–1942) schrieben zusammen zwei populäre satirische Romane, *Zwölf Stühle* (1928) und *Das goldene Kalb* (1931). Sie schrieben auch das originale Drehbuch zu Grigori Alexandrows Musical ЦИРК (CIRK, ZIRKUS, UdSSR 1935), aber nach zahlreichen Änderungen unterscheidet der Film sich erheblich von ihrem Drehbuch. Einen Überblick über die Änderungen bietet Salys: *The Musical Comedy Films of Grigorii Aleksandrov* (Anm. 3), S. 123–131.

7   *Krokodil* war ein 1922 gegründetes satirisches sowjetisches Magazin. Der Großteil der Satire zielt auf die Figur des Bürokraten, auf kapitalistische Länder und auf religiöse Gruppen, die allesamt als Opposition gegen die Ziele des Sowjet-Regimes dargestellt wurden.

8   ВЕСЁЛЫЕ РЕБЯТА (VESËLYE REBÂTA, LUSTIGE BURSCHEN, UdSSR 1935, Grigori Alexandrow).

9   Original: »Where is our satire? Mayakovsky's brilliant satirical scripts have not yet been filmed and nobody is continuing his experiment, his traditions! Cinema does not have its own Ilf and Petrov, its own Cine-Krokodil. Where is our comedy? Soviet cinema is not made by JOLLY FELLOWS or by the staging of the classics, just as our drama is not made by staging Balzac, Turgenev or Dickens.« »Pervyi Vsesoyuznyi s'ezd sovetskikh

Zarchis Worte verweisen auf die magere sowjetische Komödienproduktion der 1930er Jahre, aber sie spiegeln auch eine verbreitete Sorge über die Definition einer spezifisch *sowjetischen* Komödie wider. Debatten über die Formierung der sowjetischen Komödie und die Natur sowjetischen Lachens finden sich im Jahr 1935 in allen wichtigen Zeitungen und Zeitschriften, und der Großteil dieser Diskussion konzentrierte sich auf einen bestimmten Film – Весёлые ребята (Vesëlye rebâta, Lustige Burschen, UdSSR 1935), ebenfalls unter der Regie von Grigori Alexandrow entstanden und mit Musik von Isaak Dunajewski. Bemerkenswerterweise ist es auch der einzige Film, der in Zarchis Bemerkungen zu Komödie und Satire genannt wird. Die komödiantischen Aspekte des Films basieren stark auf Hollywood-Slapstick und dem Humor von Cartoons; »sight gags« und die sorgsame Synthese von Ton und Bewegung sind beide wichtig.[10] Kritik an Lustige Burschen kaprizierte sich auf seinen angeblichen Mangel an ideologischem Gehalt und auf die Übernahme von Hollywood-Techniken.[11] Ich würde jedoch argumentieren, dass es gerade das vermeintliche Fehlen ideologischen Inhalts war, das dabei half, den Film gegen politische Attacken abzuschirmen, und der es Alexandrow und Dunajewski ermöglichte, eine Reihe erfolgreicher musikalischer Komödien zu produzieren. Natürlich entspricht der Film den ideologischen Anforderungen, aber er tut dies unauffälliger als spätere Alexandrow-Filme.

Alexandrows Musikkomödien waren in der Tat die erfolgreichsten sowjetischen Komödien der 1930er und 1940er Jahre. Auch ein Film wie Alexander Medwedkins Счастье (Sčast'e, Das Glück, UdSSR 1934) verwendet Humor, wird in offiziellen Veröffentlichungen zur Filmkomödie jedoch nicht gewürdigt und Filmemachern nicht als Muster vorgehalten so wie diejenigen Alexandrows. Seine Filme kamen der Vision eines sozialistischen

---

piatelei 1934. Stenograficheskii otchët«, Moskau 1934, S. 464–466. Übersetzung zit. nach Taylor / Christie: *The Film Factory* (Anm. 4), S. 333. Taylor und Christie übersetzen den Titel des Films als The Happy Guys; üblicher im Englischen ist Jolly Fellows.

10 Salys weist auch auf den Einfluss von Slapstick und Disney-Cartoons hin; siehe dies.: *The Musical Comedy Films of Grigorii Aleksandrov* (Anm. 3), S. 86.

11 Für eine Zusammenfassung der Debatte siehe Salys: *The Musical Comedy Films of Grigorii Aleksandrov* (Anm. 3), S. 19–121.

Realismus Schritt für Schritt näher und scheinen wie Experimente auf Alexandrows Weg zum Umgang mit der sowjetischen Kulturpolitik. Für die
Geschichte der Komödie im sowjetischen Kino ist es relevant, dass die komischen Aspekte immer weiter eingeschränkt werden, je mehr die Filme sich
den Idealen des sozialistischen Realismus annähern. Im Folgenden analy-
siere ich die wesentlichen komödiantischen Techniken in Alexandrows
Musikfilmen mit besonderem Fokus auf die Rolle der Musik in diesem
Zusammenhang. Slapstick und musikalische Gags sind die Grundlage für
den Großteil des Humors in LUSTIGE BURSCHEN und WOLGA-WOLGA. Es gibt
eine Reihe möglicher Gründe dafür, dass dies eine angemessene Form von
Humor zu sein schien: Die musikalischen und Slapstick-Traditionen des
Stummfilms bedeuteten, dass Zuschauer damit vertraut waren; es handelt
sich um Humor, der – zumindest an der Oberfläche – politischen Gehalt zu
vermeiden scheint; und die frühe sowjetische wie die stalinistische Kultur
zeigten ein ausgeprägtes Interesse am Körper.[12] Wsewolod Meyerholds Theorie biomechanischen Trainings für Schauspieler konzentrierte sich auf den
Körper als expressives Medium und zog körperliche Bewegung der Sprache
oder Bühnenillusion vor. Kunstwerke wie Wera Muchinas Skulptur *Arbeiter
und Kolchosbäuerin* (für die Pariser Weltfachausstellung 1937 produziert und
heute in Moskau) machten den neuen sowjetischen Menschen zu ihrem
Gegenstand. Die Verwendung körperlicher Komik in sowjetischen Filmkomödien der 1930er Jahre kann in den Rahmen dieses Interesses gestellt
werden.

---

12   Zu den Themen Maskulinität und Körper in den 1930er Jahren siehe John Haynes:
      New Soviet Man: Gender and Masculinity in Stalinist Soviet Cinema, Manchester 2003;
      Lilya Kaganovsky: *How the Soviet Man Was Unmade: Cultural Fantasy and Male Subjecti-
      vity under Stalin*, Pittsburgh 2008; Keith A. Livers: *Constructing the Stalinist Body: Fictio-
      nal Respresentations of Corporeality in the Stalinist 1930s*, Lanham 2004.

I   Sozialistischer Realismus und Komödie: unwahrscheinliche Verbündete?

Auf den ersten Blick mag man die Komödie für eine unwahrscheinliche Verbündete des sozialistischen Realismus halten, der 1934 etablierten offiziellen Kulturpolitik der Sowjetunion. Auf dem ersten Kongress sowjetischer Schriftsteller wurde er so definiert:

> *Der sozialistische Realismus ist die grundlegende Methode sowjetischer Literatur und Literaturkritik. Er fordert vom Künstler die wahrheitsgemäße, historisch konkrete Darstellung der Wirklichkeit in ihrer revolutionären Entwicklung. Darüber hinaus müssen die Wahrhaftigkeit und historische Konkretheit der künstlerischen Darstellung verbunden sein mit der Aufgabe ideologischer Transformation und der Bildung der Arbeiter im Geiste des Sozialismus.*[13]

Frivolität und Humor scheinen der ernsten Aufgabe ideologischer Transformation schwerlich angemessen. Zudem verlangte die »Darstellung der Wirklichkeit in ihrer revolutionären Entwicklung« von den Künstlern eine Synthese der ›wahrheitsgemäßen‹ Realitätsdarstellung mit dem Bild der kommunistischen Zukunft, zu der die Arbeiter geführt werden sollten. Aber wenn die Aufgabe darin besteht, eine perfekte Gesellschaft zu imaginieren, was gab es dann zu lachen? In den 1930er Jahren konzentrierte sich Humor auf die Überreste der alten, bürgerlichen Gesellschaft. Ab 1941 dagegen wurde von den Künstlern erwartet, dass das kommunistische Märchen Wirklichkeit geworden war, was es nur umso schwieriger machte, geeignetes Material für Komödien zu finden. Alexandrow selbst stellte bei einem Treffen fest: »Wenn wir jetzt Listen machen von Leuten, von Angestellten,

---

13   Original: »Socialist realism is the basic method of Soviet literature and literary criticism. It demands of the artist the truthful, historically concrete representation of reality in revolutionary development. Moreover, the truthfulness and historical concreteness of the artistic representation of reality must be linked with the task of ideological transformation and education of workers in the spirit of socialism.« Andrey Sinyavsky (= Abram Terts): *The Trial Begins and On Socialist Realism*, übersetzt von Max Hayward und George Dennis, New York 1965, S. 148.

über die man lachen kann oder nicht in einer Komödie, bleiben nur wenige solcher Leute übrig.«[14]

Ein weiteres Problem war die Subjektivität von Humor, ein zentrales Faktum, wenn man es mit einer zentral kontrollierten Industrie wie dem sowjetischen Kino zu tun hat. Laut Noël Carroll ist es eine

> *primäre Funktion von Humor, unsere Aufmerksamkeit darauf zu lenken, dass die Heuristiken, Schemata und Faustregeln, die wir verwenden, um unseren Weg durch den Alltag zu finden, versagen können. Solche Heuristiken geben uns Abkürzungen an die Hand, mit häufig wiederkehrenden Problemen umzugehen. Sie sind schneller als rationales Nachdenken, und aus genau diesem Grunde äußerst hilfreich. Aber sie sind nicht ganz so zuverlässig, denn es handelt sich eben um Abkürzungen.[15]*

Viele solcher Schemata sind ideologischer Natur und können mit Politik in Verbindung gebracht werden – etwa Witze, die mit unserem Verständnis von Geschlechternormen spielen. Dass Humor auf einem gemeinsamen Vorrat sozialer Normen basiert, kann dazu dienen, solche Normen zu befestigen, aber auch dazu, Alternativen vorzuschlagen. Über einen Witz zu lachen, heißt, dass man sich der Norm bewusst ist, die der Witz unterwandert.[16] Es ist daher nicht klar, wann man Humor als subversiv ansehen kann, und oft nicht leicht zu sagen, worüber genau wir lachen sollen – über die Norm und die, die sie aufrechterhalten, oder über die, die sie übertreten. Wenn eine Filmfigur einen Witz macht, bleibt oft unklar, ob wir mit ihr oder über sie lachen, und Rezipienten mit entgegengesetzten Überzeugungen können den gleichen Witz komisch finden, auch wenn sie ihn aus ganz

---

14   Original: »When we make up lists now of people, employees at whom you can and can't laugh in comedy, few such people are left.« »Stenogramma soveshchaniia v TsK VKP(b) pod predsedatel'stvom A. A. Zhdanova po voprosam khudozhestvennoi kinematografii«, übersetzt von Rimgaila Salys, zit. nach dies.: *The Musical Comedy Films of Grigorii Aleksandrov* (Anm. 3), S. 294.

15   Original: »a primary function of humour is to draw our attention to the ways in which the heuristics, schemas, and rules of thumb that we employ in order to navigate our way through everyday life can misfire. These heuristics supply us with shortcuts to the solution of recurring quandaries. They are faster than rational deliberation and exceptionally useful for that very reason. Yet they are not quite as reliable, inasmuch as they are shortcuts.« Noël Carroll: *Humour: A Very Short Introduction*, Oxford 2014, S. 78.

16   Ebenda, S. 83.

unterschiedlichen Blickwinkeln verstehen. Diese Subjektivität ist problematisch im Kontext politischer Zensur; ob ein Scherz subversiv ist oder den Normen entspricht, ist oft eine Frage der Interpretation.

Eine wichtige Eigenschaft von Kunst im Rahmen des sozialistischen Realismus war jedoch ihre Zugänglichkeit, und die Popularität von Hollywood-Komödien wie die mit Charlie Chaplin, Buster Keaton oder Harold Lloyd in den 1920er Jahren stieß Bemühungen um eine spezifisch sowjetische Form der Komödie an. Es gab erregte Debatten darüber, ob der sowjetische Film eher unterhaltend oder aufklärend sein sollte, aber es war allgemein akzeptiert, dass ein Werk, das seiner Aufgabe der ideologischen Transformation gerecht werden wollte, zuerst einmal zugänglich sein musste. 1930 wurde Boris Schumjazki zum Leiter des neu geformten Sojuskinos ernannt, des Allunionskombinats der Film- und Fotoindustrie, das die gesamte Filmproduktion in der Sowjetunion kontrollierte. Später leitete er auch das Komitee für künstlerische Angelegenheiten, das unmittelbar dem Rat der Volkskommissare (Sovnarkom) unterstellt war. Als Aushängeschild der Filmindustrie war er in den 1930er Jahren immens einflussreich, und sein Buch *Kinematografija millionov* (*Kino für Millionen*, 1935) diente als Blaupause für die Produktion sowjetischer Filme. Die Musiknummern in Hollywood-Musicals beeindruckten ihn, und er initiierte den Versuch, ein ›sowjetisches Hollywood‹ mit seinen eigenen Charlie Chaplins und Buster Keatons zu schaffen. Schumjazki betrachtete Chaplin als einen Meister filmischer Form und schlug vor, Chaplins MODERN TIMES (MODERNE ZEITEN, USA 1936) als Modell für Filmemacher zu verwenden.[17] Ihm war daran gelegen, die Aufmerksam-

---

17   Schumjazki schrieb: »Betrachten wir [...] einen weiteren Aspekt dieser Aufgabe – das Erreichen der perfekten Form für ein Werk des Kinos – dann gibt es in diesem Zusammenhang eine enorme Zahl von Anforderungen, die unerfüllt bleiben: allererst, zum Beispiel, die Anforderung äußerster Lakonik der Filmsprache. [...] In dieser Hinsicht ist es besonders lehrreich, unsere Filme mit Charlie Chaplins jüngstem Film MODERN TIMES zu vergleichen. [...] Das Tempo und der Rhythmus in diesem Werk werden nicht dadurch erreicht, dass der Regisseur und Filmeditor am Schneidetisch religiöse Rituale zelebrieren [...], sondern durch völlig organische Mittel. Durch die Wahl einer äußerst lakonischen Form [...] zeigt Chaplin die Trittsicherheit eines großen Meisters.« Original: »If we take [...] one more aspect of this task – the achievement of the most perfect form for a work of cinema – there are in this connection an enormous number of requirements that remain unsatisfied: in the first place, for instance, the requirement

keit der Filmindustrie auf den Unterhaltungsfilm zu richten, insbesondere auf die Komödie.

Im Rahmen seiner Komödieninitiative wandte sich Schumjazki an Sergei Eisenstein mit Plänen für eine sowjetische Filmkomödie. Eisenstein lehnte ab, und an seiner Stelle wurde Grigori Alexandrow zu einem Treffen mit Schumjazki eingeladen (bei dem Stalin anwesend war), um die Komödienpläne zu diskutieren. Wie oben erwähnt, handelte es sich bei dem Film, um den es bei diesem Treffen ging, um LUSTIGE BURSCHEN, nach seinem Kinostart heftig umstritten wegen seines simplen, vermeintlich ideologiefreien Humors nach dem Muster von Hollywood-Slapstick und Disney-Cartoons. In *Kino für Millionen* verteidigte Schumjazki LUSTIGE BURSCHEN jedoch und lobte den Film wegen seiner Freudigkeit und wegen des Lachens, das er auslöste.[18]

An anderer Stelle im Buch kommentiert er das, was er als die freudige Natur sowjetischen Lachens beschreibt:

> *Das Lachen von Gogol, Schtschedrin und Tschechow ist anklagendes Gelächter, Gelächter, das sich aus Bitterkeit und Hass speist … Wir glauben, dass wenn Gogol, Schtschedrin und Tschechow heute lebten, ihr Lachen in der Sowjetunion zu Lebensfreude, Optimismus und Heiterkeit finden würde.*[19]

Für Schumjazki sollte das Lachen eines Sowjetbürgers eines von Freude und Glück sein, entsprechend Stalins Mantra: »Das Leben ist besser geworden, Kameraden; das Leben ist freudiger geworden.«[20] Die Idee des Slogans war

---

for the utmost laconicism in cinematic language. […] In this regard it is particularly instructive to compare our films with Charlie Chaplin's latest film MODERN TIMES. The tempo and rhythm in his work are not achieved through religious rituals celebrated by the director and the editor at the editing table […], but by perfectly organic means. By selecting an extremely laconic form […] Chaplin demonstrates the surefootedness of the great master.« Boris Shumjazki: *Kinematografiya millionov*, Moskau 1935; zit. nach Taylor / Christie: *The Film Factory* (Anm. 4), S. 375–376.

18 Ebenda, S. 367.

19 Original: »The laughter of Gogol, Shchedrin and Chekhov is accusing laughter, laughter derived from bitterness and hatred … We believe that if Gogol, Shchedrin and Chekhov were alive today, their actual laughter would, in the Soviet Union, acquire joie de vivre, optimism and cheerfulness.« Ebenda, S. 368.

20 Original: »Life has become better, comrades; life has become more cheerful.« Der Slogan ist die Adaption einer Phrase aus einer Stalin-Rede von 1935: »Jedermann sagt nun, dass die materielle Situation der Arbeiter sich erheblich verbessert hat, dass das Leben

die einer leuchtenden Gegenwart, in der der Aufruhr der vorausgegangenen Kämpfe sich gelöst hatte. In einer solchen Welt konnte die Komödie zur Zufriedenheit der Bürger beitragen, aber nur, wenn sie sich nicht über die neue Gesellschaft lustig machte. Auch wenn die Komödie als wichtige Gattung anerkannt wurde, waren die Offiziellen darauf bedacht, die Natur des Lachens zu beschreiben, um zu umreißen, welches angemessen war.

Humor spielt auch eine wichtige Rolle bei der Befestigung von Gemeinschaften, und die Politik in der Massengesellschaft baut auf solche Verständigungsgemeinschaften.[21] Sie basieren auf gemeinsamen Erwartungen und Erfahrungen. Einen Witz zu verstehen, kann solche gemeinsamen Erwartungen verdeutlichen und die Ähnlichkeit unserer Denkprozesse unterstreichen; ebenso, wie es befremden kann, einen Witz nicht zu verstehen, während wir uns fragen, warum alle anderen lachen. Aus diesem Grunde ist die politische Priorität, die der Komödie zugewiesen wurde, nicht so überraschend, wie sie zunächste scheinen mag. Die Filmzuschauer verlangten Komödien wie jene von Charlie Chaplin, und wenn die Filmindustrie ihrer Aufgabe ideologischer Transformation gerecht werden wollte, musste sie Filme produzieren, die zugänglich und populär waren.

In der Praxis erwies sich die Kombination von Komödie und sozialistischem Realismus allerdings als schwierig, aus Gründen, die über die Ambi-

---

besser geworden ist, freudiger.« (Original: »Everybody now says that the material situation of the toilers has considerably improved, that life has become better, more cheerful.«) Zit. nach Sheila Fitzpatrick: *Everyday Stalinism. Ordinary Life in Extraordinary Times. Soviet Russia in the 1930s*, New York 1999, S. 90.

21   Näheres zu Verständigungs- oder Interpretationsgemeinschaften siehe Stanley Fish: *Is There A Text In This Class? The Authority of Interpretive Communities*, Cambridge/MA – London 1980. Fish schreibt, dass »Interpretationsgemeinschaften‹ aus jenen bestehen, die interpretatorische Strategien teilen, nicht für das Lesen (im herkömmlichen Sinne), sondern für das Schreiben von Texten, für die Konstitution ihrer Eigenschaften und Zuweisung ihrer Intentionen.« (Original: »interpretive communities‹ [are] made up of those who share interpretive strategies not for reading [in the conventional sense] but for writing texts, for constituting their properties and assigning their intentions.«) Fish fährt fort: »Mit anderen Worten existieren diese Strategien vor dem Akt des Lesens und legen daher die Form dessen fest, was gelesen wird, und nicht andersherum, wie gemeinhin angenommen wird.« (Original: »In other words, these strategies exist prior to the act of reading and therefore determine the shape of what is read rather than, as is usually assumed, the other way around.«) Ebenda, S. 173.

guität von Humor hinausgehen. In ihrer Studie des sowjetischen Romans stellt Katerina Clark fest, dass alle sozialistisch-realistischen Geschichten dem gleichen Muster-Plot folgen – dem einer Initiation der Hauptfigur von Spontaneität in den Zustand der Bewusstheit.[22] Clark beschreibt die Bewusstheit, um die es dabei geht, als »Handlungen oder politische Aktivitäten, die von politisch kundigen Körperschaften kontrolliert, gemaßregelt und gelenkt werden«.[23] Auch Andrei Sinjawski beschreibt – in Bezug auf den Leser sozialistischer Literatur – die Essenz des sozialistischen Realismus als Umformung des Bewusstseins:

> [E]in allumfassendes Ideal, dem die wahrheitsgemäß dargestellte Realität in unbeirrbarer revolutionärer Bewegung zustrebt. Diese Bewegung ihrem Ziel zuzuführen und dem Leser durch Umformung seines Bewusstseins zu helfen, dem Ziel näher zu kommen – das ist der Zweck des sozialistischen Realismus, der am stärksten zweckgerichteten Kunst unserer Zeit.[24]

Es stellt sich die Frage, wie sich die Komödie in dieses Modell der Transformation vom impulsiven, unkoordinierten Individuum zu einem bewussten, gefassten Mitglied der Gemeinschaft einpassen kann, denn komische Figuren handeln oft spontan, und Überraschung ist ein Schlüsselelement vieler Witze. Ein Großteil des Slapstick-Humors beruht auf der dynamischen Beziehung zwischen dem Körper und seiner Umgebung, oder der Beziehung zwischen Körper und Geist, und spielt mit einer Unbeholfenheit, die aus der fehlenden Synthese dieser Elemente resultiert. Auch Alexandrow stellte fest, dass Komödien, die auf dem Konflikt von Menschen und ihrer Umgebung basierten, unmöglich waren, weil der neue sowjetische Mensch mit seiner Umwelt im Einklang war.[25] Andrew Stott schreibt: »Automatis-

---

22 Katerina Clark: *The Soviet Novel: History as Ritual*, Bloomington ³2000.
23 Original: »actions or political activities that are controlled, disciplined, and guided by politically aware bodies.« Ebenda, S. 15.
24 Original: »an all-embracing ideal, toward which truthfully represented reality ascends in an undeviating revolutionary movement. To direct this movement toward its end and to help the reader approach it more closely by transforming his consciousness – this is the Purpose of socialist realism, the most purposeful art of our time.« Sinyavsky: *The Trial Begins and On Socialist Realism* (Anm. 13), S. 150.
25 Siehe Salys: *The Musical Comedy Films of Grigorii Aleksandrov* (Anm. 3), S. 295.

mus, d. h. die Kanalisierung diverser Gedanken und Gefühle durch ein übergreifendes Prinzip, ist seit der Neuen Komödie des dritten vorchristlichen Jahrhunderts der Impuls hinter komischer Charakterisierung gewesen.«[26] Wiederholung ist wichtig in diesem Zusammenhang: Die LOONEY TUNES (USA 1930–1969) würden nicht funktionieren, wenn Wile E. Coyote von seinem Mangel an Erfolg lernte und die Jagd auf den Roadrunner aufgäbe. Dementsprechend können wir beobachten, dass die Protagonisten in Alexandrows späteren Filmen umso weniger wichtig für die Komödie werden, je weiter sie auf der Entwicklung von Spontaneität zu Bewusstheit vorankommen. Wenn wir zum Beispiel Tanja in DER HELLE WEG zum ersten Mal begegnen, bewegt sie sich mechanisch und führt ihre täglichen Verrichtungen im Rhythmus eines Fitness-Programms im Radio aus. Sie geht dabei clever vor – sie hat Geräte konstruiert, die es ihr erlauben, all ihre Glieder einzusetzen, um in kürzester Zeit Kartoffeln zu schälen –, eine Cleverness, die die Aufmerksamkeit auf die Künstlichkeit solch strikter Kontrolle über den Körper lenkt. Als Stereotyp einer spontan agierenden Landfrau bewegt sie sich bemüht und unelegant, aber wenn sich ihre Figur zu einer bewussten Sowjetbürgerin wandelt, wird Ljubow Orlowas Schauspielerei weniger auffällig, und die komische Seite der Figur verschwindet vollständig. Die einzige Figur, die den Film hindurch komisch bleibt, ist der Narr Taldykin, dessen einzige Funktion darin besteht, Humor zu liefern. Sein unerschütterliches Werben um Tanja punktiert die Geschichte mit Momenten komischer Entspannung. Je mehr die Filme sich dem sowjetischen Ideal annähern, desto ernsthafter werden sie. In Alexandrows ЦИРК (CIRK, ZIRKUS, UdSSR 1935) und DER HELLE WEG (aber interessanterweise nicht in den exzentrischen Komödien LUSTIGE BURSCHEN und WOLGA-WOLGA) sind die komischen Elemente weitgehend den Erfordernissen der Handlung untergeordnet. Diese Filme passen auch viel besser auf Clarks Muster-Plot und sind ernster im Ton.

---

26   Original: »Automatism, or the channelling of diverse thoughts and feeling through one overriding principle, has been the impetus behind comic characterisation since the New Comedy of the third century BC.« Andrew Stott: *Comedy. The New Critical Idiom*, New York – London 2005, S. 42.

Mit Rückendeckung von Schumjazki und, ausschlaggebend, von Stalin setzte sich die Pro-Unterhaltungsseite in der Diskussion um Alexandrows ersten Film LUSTIGE BURSCHEN durch. Aber es war dennoch klar, dass der nächste Film ideologisch gehaltvoller sein musste. Das Resultat, ZIRKUS, ist ein ernsterer Film mit eindeutig anti-westlicher Botschaft – ein Film auf der anderen Seite der Zweiteilung, die durch Alexandrows Werk läuft, mit dem ernsteren, ideologisch deutlicheren Stil von ZIRKUS und DER HELLE WEG auf der einen Seite und auf der anderen mit dem leichteren Komödienstil von LUSTIGE BURSCHEN und WOLGA-WOLGA (auch wenn Letzterer den Slapstick-Humor der LUSTIGEN BURSCHEN mit dem ideologischen Impetus von ZIRKUS verbindet). In einem Interview im Jahre 1937 merkte Komponist Isaak Dunajewski an:

> *Aufgrund einer Direktive von oben kehren wir zur Methode von LUSTIGE BUR-*
> *SCHEN zurück. Sie sollten wissen, dass der größte und maßgeblichste Kritiker unseres*
> *Landes erklärt hat, dass er ZIRKUS für einen guten Film hält, aber er sieht ihn auch*
> *als eine Konzession, einen Rückzug. Aber er denkt, dass LUSTIGE BURSCHEN mutig*
> *ist, und er verlangt, dass der Jubiläumsfilm in diesem Geiste geschrieben sein soll, und*
> *deshalb wird WOLGA-WOLGA eine exzentrische musikalische Komödie sein.*[27]

Angesichts dieser „Direktive von oben" und angesichts der Tatsache, dass Komik in diesen beiden Filme eine deutlich größere Rolle spielt als in den anderen, wird sich meine Analyse auf LUSTIGE BURSCHEN und WOLGA-WOLGA als Beispiele für offiziell approbierte sowjetische Komödien konzentrieren.

LUSTIGE BURSCHEN erzählt die Geschichte eines Hirten namens Kostja (gespielt von dem berühmten Jazzmusiker Leonid Utjossow). Er reist der bürgerlichen Jelena nach Moskau hinterher, nach einer peinlichen Abend-

---

[27]   Original: »Due to a directive from above, we are returning to the method of JOLLY FEL-
LOWS. You should know that the greatest and the most authoritative critic of our coun-
try has declared that he considers CIRCUS a good film, but he also considers it a conces-
sion, a retreat. But he considers JOLLY FELLOWS to be bold and demands that the jubilee
film be written in this spirit, and so VOLGA-VOLGA will be an eccentric musical
comedy.« »Stenogramma, doklad Dunayevskogo v Muzïkal'nom nauchno-
isseldovatel'skom institute« (7.5.1937), übersetzt von Peter Anthony Kupfer, in: Peter
Anthony Kupfer: *Music, Ideology and Entertainment in the Soviet Musical Comedies of Grigory Aleksandrov and Isaak Dunatevsky*, Diss. University of Chicago 2010, S. 184.

einladung, während derer sie ihn mit dem berühmten Dirigenten Kostja Fraskini verwechselt hatte (bis seine Herde in das Haus eindrang und seine wahre Identität enthüllte). In Moskau dirigiert er aus Versehen ein Konzert und wird gebeten, auch eine Jazzkapelle zu leiten. Die letzte Szene des Films ist das Konzert der Kapelle im Bolschoi-Theater, während dessen Kostja endlich Jelenas Dienstmädchen Anjuta bemerkt, seine wahre Liebe (gespielt von Ljubow Orlowa). Der Plot des Films ist nicht besonders stark und verbindet die musikalischen Nummern und komischen Szenen eher in der Art einer Revue, als dass er eine konsequente Struktur ausbildete.

Der Plot von WOLGA-WOLGA ist ähnlich – er dreht sich um eine Reise vom Lande in die Stadt, mit Protagonisten, die sich auf einen großen Auftritt in Moskau vorbereiten. Die Handlung wird allerdings stärker vorangetrieben als im Vorgänger, und der ideologische Gehalt, der LUSTIGE BURSCHEN fehlt, ist auch deutlich; der Film verbindet Aspekte von ZIRKUS mit solchen aus LUSTIGE BURSCHEN auf seiner Suche nach einer sowjetischen Form der Filmkomödie.[28] Wie nicht wenige Hollywood-Musicals dreht sich der Film um den Konflikt von Hochkultur und populärer Musik und spiegelt so zeitgenössische Debatten über die Rolle der Musik in der sowjetischen Gesellschaft wider. Aljoscha und sein Orchester repräsentieren die Hochkultur, während die Briefträgerin Strelka und ihre Dorfkapelle die populäre Seite vertreten. Der Bürokrat Bywalow bekommt ein Telegramm aus Moskau, das ihn darum bittet, seine besten Talente zur Kulturolympiade in die Hauptstadt zu schicken. Da Bywalow glaubt, dass es im Dorf keine Talente gibt, stehen Aljoscha und Strelka einerseits vor der Aufgabe, ihn vom Gegenteil zu überzeugen, und müssen andererseits zu zeigen versuchen, dass ihr Ensemble und Musikstil die besten sind. Bywalow entscheidet sich für Aljoscha, nachdem dieser darauf hinweist, dass sie für die Reise nach Moskau Begleitung brauchen und Bywalow eine Chance auf seinen eigenen Vorteil sieht. Aber Strelka und ihr Ensemble akzeptieren die Zurückweisung nicht und fahren auf einem Boot selbst nach Moskau. Letztendlich werden

---

28   Auch Kupfer stellt dies fest und nennt WOLGA-WOLGA eine »echte sowjetische Musik-komödie«; in: ebenda, S. 237.

Aljoschas und Strelkas Probleme in einer gemeinsamen Aufführung von Strelkas *Wolgalied* gelöst. Der Film arbeitet sich an den Unsicherheiten und Ambiguitäten ab, die sich in den 1930er Jaheren an den Versuch knüpften, eine Definition sozialistisch-realistischer Musik zu finden.[29] Sozialistischer Realismus konnte auf Musik nicht ohne Weiteres angewandt werden. Zwar gab es Kriterien wie Kultiviertheit und Verständlichkeit (was diese in der Praxis bedeuteten, war jedoch unklar), und das Resultat war der Versuch, die Zugänglichkeit populärer Musik mit der Verfeinerung der Kunstmusiktradition zu verbinden. Die Schlussszene in WOLGA-WOLGA repräsentiert diesen Hybridisierungsversuch.

Ein guter Teil der Komik in beiden Filmen erinnert stark an den Humor von Cartoons. Rimgaila Salys hat, neben anderen, auf den Einfluss der Animationsfilme von Walt Disney auf Alexandrow hingewiesen.[30] Alexandrow, Eisenstein und Eduard Tisse hatten 1930 die Disney-Studios besucht und interessierten sich dabei besonders für die Synthese von Ton und Bewegung in Cartoons. Alexandrow schrieb darüber: »Die Disney-Methode des Filmens war von großem Interesse für uns. Der berühmte Cartoonist begann mit dem Phonogramm. Das sorgfältig vorbereitete Phonogramm wurde sozusagen das Skelett des Films.«[31] Es gibt in der Tat auch animierte Episoden in den Alexandrow-Filmen. LUSTIGE BURSCHEN verwendet Animation für die Titelsequenz, die zeigt, dass Charlie Chaplin, Buster Keaton und Harold Lloyd *nicht* in dem Film erscheinen werden – eine vorauseilende Verteidigung, die interessanterweise die Kritik vorwegnimmt, die gegen den Film vorgebracht werden sollte. Dazu wird Maria, eine animierte Kuh, als Star des Films angekündigt, ein offensichtlicher Bruch mit den üblichen Publikumserwartungen an einen Filmstar.

---

29   Für Näheres zu dieser Frage siehe Peter Kupfer: »VOLGA-VOLGA, ›The Story of a Song‹, Vernacular Modernism, and the Realization of Soviet Music«, in: *Journal of Musicology* 30 (2013) 4, S. 530–576.
30   Salys: *The Musical Comedy Films of Grigorii Aleksandrov* (Anm. 3), S. 86.
31   Grigori Alexandrow: *Epokha i kino* (S. 131), übersetzt von Rimgaila Salys, in: Salys: *The Musical Comedy Films of Grigorii Aleksandrov* (Anm. 3), S. 86.

Abb. 1:
Aus der Titelsequenz von LUSTIGE
BURSCHEN. Die drei Textstücke
lauten: »Charlie Chaplin«,
»Erscheinen nicht in dem Film«
und »LUSTIGE BURSCHEN«

Der stärkste Einfluss von Disney ist jedoch in der Synthese von Filmton und Bewegung wahrnehmbar. Die Beziehungen zwischen Musik und Bild, Musik und Erzählung und Musik und sozialer Klasse sind alle Quellen der Komik in LUSTIGE BURSCHEN und WOLGA-WOLGA. Alltagsgegenstände dienen als Musikinstrumente, Musik greift in komischer Weise in die Erzählung der Geschichte ein, und Kunstmusik wird gegen Bilder des Banalen oder Vulgären gestellt. In der Tat gibt es in beiden Filme wenige Scherze, die nicht Musik benutzen oder sich um Musik drehen.

57

II   Audiovisuelle Gags

Inkongruenztheorien verstehen Humor als Reaktion auf eine wahrgenommene Inkongruenz zwischen unterschiedlichen Sachverhalten oder Erklärungen – wenn Dinge fehl am Platze scheinen, unangemessen oder unlogisch. In der *Kritik der Urteilkraft* stellt Immanuel Kant fest:

> *Es muß in allem, was ein lebhaftes, erschütterndes Lachen erregen soll, etwas Widersinniges sein (woran also der Verstand an sich kein Wohlgefallen finden kann). Das Lachen ist ein Affekt aus der plötzlichen Verwandlung einer gespannten Erwartung in nichts.*[32]

Die Widersinnigkeit entspricht nicht unserer rationalen Erwartung. In seiner Taxonomie von »sight gags«, also von visuellen Gags im Film, definiert Noël Carroll einen solchen Gag als »eine Form visuellen Humors, in der Belustigung erzeugt wird durch das Spiel alternativer Interpretationen, die von Bildern oder Bildreihen nahegelegt werden«.[33] Carroll weist auch darauf hin, dass »visuelle Gags, auch wenn sie als Kennzeichen der Stummfilmkomödie gesehen werden, auch in Filmen vorkommen können, die weder stumm noch komödiantisch sind«.[34] Visuelle Gags der verschiedenen Typen, die Carroll umreißt, verwenden und basieren für ihren komischen Effekt oft auch auf dem Ton – ein Aspekt, den Carroll nicht erwähnt –, und selbst einige solcher Gags im Stummfilm benötigen imaginierten Ton für ihre Wirkung. Im folgenden Abschnitt wende ich Carrolls Taxonomie auf Fälle an, in denen der komische Effekt von alternativen Interpretationen dessen erzeugt wird, was wir sehen und hören.

Die wohl häufigsten Formen visueller Gags in Alexandrows Slapstick-Komödien sind die »gemimte Metapher« (»mimed metaphor«) und die

---

32   Immanuel Kant: *Kritik der Urteilskraft* (1790), Stuttgart 1963, Kap. 64, § 54 *Anmerkung*, online unter: http://gutenberg.spiegel.de/buch/kritik-der-urteilskraft-3507/64 [letzter Zugriff: 12.10.2016].

33   Original: »a form of visual humour in which amusement is generated by the play of alternative interpretations projected by the image or image series.« Noël Carroll: »Notes on the Sight Gag«, in: ders., *Theorizing the Moving Image*, Cambridge 1996, S. 146.

34   Original: »sight gags, although they are regarded as the hallmark of the silent comedy, can occur in films that are neither silent nor comic«. Ebenda

»Objektanalogie« (»object analogy«).[35] Hier geht es um Fälle, in denen zwei disparate Gegenstände gleichgesetzt werden. Die beiden Kategorien sind einander nahe; der einzige Unterschied besteht darin, dass die gemimte Metapher stummes Schauspiel erfordert: Das Gestikulieren einer Filmfigur lädt den Zuschauer dazu ein, Objekte anders zu verstehen, weil die Funktion eines Gegenstandes mit einem anderen gleichgesetzt wird.[36] Wenn es sich bei diesen Objekten um Musikinstrumente handelt, kann auch Musik benutzt werden, um den Effekt zu verstärken. Wenn eine Figur auf eine Flasche klopft, als wäre diese ein Perkussionsinstrument, wird die Funktionsänderung der Flasche nur dann wirklich deutlich, wenn wir das Geräusch hören, das sie produziert. Die meisten Gags in Lustige Burschen und viele in Wolga-Wolga basieren auf solchen Vertauschungen, besonders auf der Verwendung von Alltagsobjekten als Musikinstrumente und auf dem Rollentausch von Menschen und Tieren. Solche Momente sind auch Kommentare auf die Natur von Musik im Tonfilm, in dem Musik oft keine sichtbare Quelle hat. Der Tonfilm war noch jung, als Alexandrow seine Komödien schuf, und es hatte viel Diskussion gegeben über die negative Wirkung des Tons auf die Kunstform Film. Es ist möglich, dass einige der audiovisuellen Gags sich auf diese Debatte beziehen und sich über die Vertreter einer realistischen Filmästhetik lustig machen. Die auditive und die visuelle Schicht des Films werden separat aufgenommen und dann zusammengesetzt, was überraschende und amüsante Kombinationen ermöglicht. Wenn man die Worte des zentralen Marsches der Enthusiasten (den Kostja in der Eröffnungsszene von Lustige Burschen singt) hinzunimmt – »Wer auch immer mit einem Lied durchs Leben geht/Wird nie fehlgehen«[37] –, erlauben diese Momente musikalischer Metaphorik eine weitere Interpretation: dass das Leben, zumindest in der Sowjetunion, an sich musikalisch ist.

---

35   Das gilt besonders für Lustige Burschen; die Techniken in Wolga-Wolga sind stärker variiert.

36   Siehe Carroll: »Notes on the Sight Gag« (Anm. 33).

37   Original: »Whoever goes through life with a song/Will never go astray«. Für Näheres zu den ideologischen Implikationen siehe Kupfer: *Music, Ideology and Entertainment* (Anm. 27).

Die erste Szene von LUSTIGE BURSCHEN ist ein Beispiel eines solchen audio-visuellen Gags: Der Hirte Kostja führt eine Gruppe von Leuten durch das Dorf, singend und ein Volksinstrument spielend, das wie eine Blockflöte aussieht.[38] Aber was wir hören, ist Jazzmusik, die nicht zu den Instrumenten passt, die wir auf der Leinwand sehen – Bild und Ton sind inkongruent.[39] Als Kostja und seine fröhliche Mannschaft zum Marsch der Enthusiasten durchs Dorf ziehen, spielt der Hirte gelegentlich auf Gegenständen am Weg, als wären es Instrumente – zuerst ein Brückengeländer, dann die Pfosten eines Zauns, und schließlich die Planken einer weiteren Brücke, auf denen er tanzt wie auf den Klanghölzern eines Xylophons. Seine Bewegungen machen den Instrumentencharakter der umfunktionierten Objekte deutlich.

Die Szene basiert jedoch nicht nur auf der Inkongruenz zwischen den normalen Funktionen von Brücke und Zaun und ihrer musikalischen Verwendung durch Kostja, sondern auch auf der Inkongruenz zwischen dem, was wir sehen, und dem, was wir hören. Das Publikum im Kino versteht die Musik, die es hört, als Produkt eines Orchesters außerhalb der Diegese, aber die Bilder zeigen Alltagsgegenstände als Quellen der Perkussionsklänge. Dass die Objekte mit der Musik übereingehen, trägt zum amüsanten Effekt der Szene bei und erlaubt die alternative Interpretation der Klänge und Objekte. Dieser Aspekt ist in der Tat entscheidend für den Erfolg solcher Gags.

Diese Technik wird auch, allerdings weniger häufig, in WOLGA-WOLGA verwandt. Während Aljoschas Orchester auf der Reise nach Moskau probt, spielt Stelkas Ensemble während der Arbeit. Eine Reihe nichtmusikalischer Gegenstände wird benutzt, um Klänge zu produzieren, die wundersamerweise mit dem Lied gleichgestimmt sind. Der Holzfäller zum Beispiel spielt die Säge, und der Kellner spielt eine Reihe von Flaschen, die an eine Strickleiter angebunden sind. Damit die Flaschen die Funktion eines musikalischen Instrumentes übernehmen können, muss die Aktion klanglich vervollständigt werden. Andernfalls sähen wir nur einen Kellner, der auf ein paar Flaschen schlägt. Auch wenn die Position der Flaschen an der Stricklei-

---

38   Kupfer identifiziert das Instrument als ein *svirel'*; siehe ebenda, S. 76.

39   Siehe auch ebenda, S. 74–76. Kupfer weist auf die Inkongruenz hin, diskutiert sie aber nicht im Hinblick auf die Erzeugung von Humor.

Abb. 2:
Kostja spielt eine Brücke,
einen Zaun und einen Topf
als Musikinstrumente

ter eine ansteigende Tonfolge impliziert, sodass wir selbst ohne manifesten Ton den musikalischen Effekt imaginieren können, verstärkt der tatsächlich ertönende Klang die Metapher und trägt zum komischen Effekt bei, weil die produzierten Töne mit der nichtdiegetischen musikalischen Begleitung zusammengehen.

Vieler solcher musikalischen Gag-Metaphern haben tatsächlichen Ton nicht unbedingt nötig, um zu funktionieren, aber er fügt eine weitere Ebene

Abb. 3: Der Holzfäller spielt die Säge und der Kellner die Flaschen

der Inkongruenz hinzu. Georges Méliès, einer der Pioniere visueller Tricks im Kino, machte eine Reihe kurzer Filme, die gemimte Metaphern verwenden, um mit Ideen vom Musikmachen zu spielen. In LE MÉLOMANE (DER MUSIKLIEBHABER, Frankreich 1903) zeigt Méliès uns einen Kapellmeister, der seinen Kopf benutzt, um Musik zu notieren. Er läuft unter einer Reihe von Telegrafenmasten mit fünf Kabeln hin und her und wirft wiederholt seinen Kopf nach oben, wo dieser als Notenkopf hängen bleibt, zugleich aber auch wieder auf dem Kapellmeisterkörper landet, sodass die Aktion für den nächsten Notenkopf wiederholt werden kann. Dann marschiert die Kapelle von der rechten Seite der Leinwand ins Bild und wirft Notenhälse auf die Telegrafenlinien. Im Anschluss versucht das Ensemble, die so notierte Musik zu spielen, und zum Klang der Musik hüpfen alle aus dem Bild. Auch in LUSTIGE BURSCHEN sehen wir Kostja eine Violine spielen, während er zu einer Telegrafenleitung hinaufblickt, auf der Vögel sitzen. Wenn die Vögel auffliegen, hört er plötzlich auf zu spielen und beantwortet die Frage nach dem Grund mit »Meine Noten sind fortgeflogen«. Diese Visualisierung von Musik ist komisch, weil sie unser Verständnis musikalischer Notation unterläuft – Noten können nicht mitten im Stück davonfliegen, und die Gleichzeitigkeit inkongruenter Elemente (Vögel/Notenköpfe) wirkt amüsant. Die Parallele zwischen LE MÉLOMANE und LUSTIGE BURSCHEN ist offensichtlich, aber der Ton in Alexandrows Film verstärkt den Effekt. Wir hören eine Violine, aber die Noten, die Kostja spielt (d. h. die Vögel auf der Leitung) entsprechen

Abb. 4: LE MÉLOMANE und die Szene in LUSTIGE BURSCHEN, in der Kostja die Noten auf den Telegrafenleitungen spielt

nicht denen, die wir sehen, auch wenn es vage Beziehungen gibt wie die absteigende Linie der Violine und den Triller, den Kostja spielt, wenn der letzte Vogel mit den Flügeln schlägt, bevor er davonfliegt. Es ist anzunehmen, dass die Diskordanz nicht bemerkt werden sollte, besonders da der abschließende Triller so sorgfältig mit dem Flügelschlagen visualisiert wird.

In die entgegengesetzte Richtung geht eine Rauferei-Szene in WOLGA-WOLGA: Hier werden Musikinstrumente in Waffen verwandelt. Die Violine wird zum Degen, der Kontrabass zu Pfeil und Bogen, ein Musiker schlägt die Klaviertasten mit dem Kopf eines anderen Mannes. Jede Bewegung wird von der Musik gespiegelt, just wie in einem Cartoon, und umgekehrt sind die Slapstick-Bewegungen mit der begleitenden Musik koordiniert. Die Musiker sind schließlich so in ihre Instrumente verwickelt, dass die Grenze zwischen Mensch und Instrument zu verschwimmen beginnt und Gelegenheit für die komische Anthropomorphisierung der Instrumente gibt – ein weiteres Beispiel für den Einfluss von Disney, wo anthropomorphe Tiere ein häufig verwendetes komisches Element waren. Besonders LUSTIGE BURSCHEN zeigt oft Tiere, die sich wie Menschen verhalten, und umgekehrt.

Der »mutual interference gag« (also ein Gag auf der Basis gegenseitiger Interferenz) wird in Alexandrows Filmen ebenfalls oft angewendet. Carroll beschreibt den »mutual interference gag« als eine Situation, in der »ein Ereignis in einer bestimmten Beschreibung gesehen werden kann als zwei oder mehr distinkte, vielleicht gar einander ausschließende, Reihen von Ereignis-

Abb. 5:
Kostja dirigiert versehentlich
ein Orchester

sen, die einander durchdringen«.[40] In LUSTIGE BURSCHEN findet Kostja sich irrtümlicherweise auf dem Dirigentenpult eines Moskauer Konzertsaals wieder, und als er Jelena im Zuschauerraum sieht, gestikuliert er in ihre Richtung, um ihre Aufmerksamkeit zu erregen. Das Orchester missversteht

40   Original: »an event, under one description, can be seen as two or more distinct, and perhaps in some sense mutually exclusive, series of events that interpenetrate each other.« Carroll: »Notes on the Sight Gag« (Anm. 33), S. 148.

seine Bewegungen als die Aufforderungen, mit Liszts *2. Ungarischer Rhapsodie* zu beginnen, und Kostja fährt fort, mit seinen Gesten für Jelena das Orchester zu ›dirigieren‹.

Das Orchester glaubt, er dirigiere die Aufführung, während Kostja sich der Gegenwart einer großen Gruppe von Musikern auf der Bühne nicht bewusst ist, weil er damit beschäftigt ist, Jelenas Interesse zu erregen. Kostja dirigiert versehentlich sehr gut, die Aufführung ist ein großer Erfolg, und die Inkongruenz zwischen den konkurrierenden Interpretationen seiner Bewegungen macht den Witz. Rimgaila Salys hat auf die Verbindung dieser Szene mit dem Mickey-Maus-Film THE BAND CONCERT (MICKYS PLATZKONZERT, USA 1935) hingewiesen, in dem Mickey eine Aufführung von Rossinis *Guillaume Tell*-Ouvertüre dirigiert, während er damit beschäftigt ist, Donald Duck abzuwehren, der versucht, das Konzert zu sabotieren.[41]

III   Musikalische Interferenz

Während (audio-)visuelle Gags den Großteil des Humors in LUSTIGE BURSCHEN ausmachen, zeigt WOLGA-WOLGA eine größere komische Bandbreite. Eine gängige Form eines audiovisuellen Gags in WOLGA-WOLGA ist das, was ich musikalische Interferenz nenne – Musik, die wiederholt und in bewusster Weise in die Erzählung eingreift und sowohl mit den Filmfiguren wie mit dem Kinopublikum spielt. Diese komische Funktion der Musik wird schon in der musikalischen Gestaltung des Vorspanns verdeutlicht: Der Vorspann, eine gesungene Vorstellung der Figuren und Schauspieler des Films, enthält die Phrasen »wir lassen euch nicht lange warten« und »wir werden vorstellen«, die musikalisch ironisch begleitet werden von einer Pause für die erste Phrase und einem 6-5-Vorhalt für die zweite. Der komische Effekt entsteht aus der Inkongruenz zwischen dem, was die Worte sagen, und dem, was die Musik tut; zugleich greift die Musik überraschenderweise und spürbar in den Fluss des Films ein – die Zuschauer merken, dass die

---

41   Salys: *The Musical Comedy Films of Grigorii Aleksandrov* (Anm. 3), S. 87.

Musik ein Spiel mit ihnen spielt. Kupfer weist auf das ironische Verhältnis zwischen Musik und Text hin und folgert, dass »die Eröffnungssequenz in vielerlei Hinsicht zur Welt der Slapstick-Komödie von LUSTIGE BURSCHEN zurückkehrt«.[42] Das trifft zwar zu, aber da ist noch mehr – der Film weist auf die unabhängige Rolle der Musik hin, auf ihre Kapazität, als eigenständiges filmisches Element zu wirken.

Den Film hindurch gibt es immer wieder Beispiele von langen Szenen, in denen Musik in die Handlung eingreift. Die ersten 20 Minuten etwa können als ein ausgedehnter Witz verstanden werden, mit »jab lines« auf dem Weg (auch wenn er von Szenen um Strelka und Aljoscha unterbrochen wird). Laut Salvatore Attardo, von dem der Begriff stammt, unterscheiden sich »jab lines« von »punch lines« (also Pointen) dadurch, dass sie in die Erzählung des Witzes integriert sind und an unterschiedlichen Stellen im Witz vorkommen können und nicht nur am Ende.[43] Bürokrat Bywalow wartet ungeduldig auf ein Telegramm aus Moskau, während die Briefträgerin Strelka auf der Fähre steckengeblieben ist. In Bywalows Büro bemüht sich sein Assistent um ihn und zeigt Verständnis für seine Frustration, während wiederholt Bürger mit ihren persönlichen Problemen und Neuigkeiten in den Raum platzen – eine Dame kündigt an »Ich werde heiraten!«, worauf Bywalow nur ruft »Nein!«. Ein Balaleika-Spieler kommt herein und beklagt sich über den Klang, den sein Instrument produziert. Bywalow vermutet das Problem nicht beim Instrument, sondern beim Spieler, worauf dieser vorführt, dass er sein Instrument seit Jahren ›spielt‹, indem er es in der Luft herumwirbelt, während ein Freund im Hintergrund die Musik macht. Diese komischen Unterbrechungen fungieren als »jab lines«, als Entspannungsmomente beim graduellen Aufbau von Spannung, während sie zugleich Bywalows Frustration und die Haupthandlung immer wieder suspendieren, ohne sie doch komplett zu unterbrechen. Der Film und seine Musik spielen ihr Spiel mit dem Bürokraten – und dadurch auch mit dem Publikum.

---

42   Original: »the opening sequence returns us in many ways to the more slapstick come-
      dic world of JOLLY FELLOWS.« Kupfer: *Music, Ideology and Entertainment* (Anm. 27), S. 192.
43   Salvatore Attardo: *Humorous Texts: A Semantic and Pragmatic Analysis*, Berlin – New
      York 2001, S. 82.

Die erste Musical-Sequenz beginnt, als Bywalow einen Wagen besteigt, um zum Fluss zu fahren, und wir zuerst die nichtdiegetische Begleitung zum Gesang der Bootsmänner hören. Die Musik unterminiert wiederum den Ernst von Bywalows Frustration mit ihrem Humta-Blechbläser-Ostinato und ihrem jovialen Oboen-Riff. Das Tempo ist nicht sehr geschwind, und die Musik trottet fröhlich einher, ohne Eile, zu einer Kadenz zu finden. Wenn das Pferd an einem Laden anhält, weil es Brot und Salz will, beginnt der Bootsmann (der auch den Wagen fährt) ein albernes Lied. Auch hier dient die Musik der Unterbrechung narrativer Spannung. Die Kernphrase »ohne Wasser überall/kommst du nicht hierhin und nicht dorthin« hat ihre eigene Ironie angesichts der Tatsache, dass die Briefträgerin gerade auf dem Wasser gestrandet ist und der Bootsmann selbst dafür sorgt, dass Bywalow und die Geschichte nirgendwohin kommen. Die Musik zwingt der Handlung eine Pause auf. Der Übergang in das Lied selbst ist überdeutlich gestaltet. Der Bootsmann bewegt sich ungeschickt im Rhythmus der Tuba. Während er auf das Haus zugeht, dreht er sich zur Kamera um und beginnt, direkt das Publikum anzusingen, und macht so die Zuschauer zu Beteiligten am Scherz. Anders als im typischen Hollywood-Musical, in dem viele musikalische Nummern reale Zeit und realen Raum transzendieren, macht WOLGA-WOLGA uns klar, wie lang das Lied dauert. Das Bild schneidet wiederholt auf Bywalow zurück, der im Wagen ungeduldig darauf wartet, dass der Bootsmann endlich mit seinem Lied fertig ist, sodass er zum Fluss kommen kann. Aus dieser Perspektive kann das Lied auch als Parodie auf die sich entwickelnden Regeln der Gattung Filmmusical verstanden werden. Der Bootsmann geht in den Laden, kommt aber nicht mit Brot und Salz für das Pferd wieder heraus, wie der Film uns erwarten lässt, sondern mit einer Posaune. Das ist nicht nur komisch, weil die Posaune keinen Platz in Bywalows Reise zum Fluss hat, sondern auch, weil die unerwartete Enthüllung eines Instruments, das wir zuvor als Teil der nichtdiegetischen Begleitung des Liedes verstanden hatten, uns die Absurdität orchestraler Begleitung von Liedern in Musicals vor Augen führt. Es sollte unmöglich sein, dass Figuren in einem Musical von einem Orchester begleitet werden, wo immer sie auch stehen und gehen und singen, aber wir akzeptieren diese Verschmelzung diegetischen Singens mit einem nichtdiegetischen Orchester. Der Boots-

Abb. 6:
Der Bootsmann singt, während
Bywalow ungeduldig wartet

mann spielt eine kurze Posaunenmelodie, während er in die Knie geht und mit den Beinen tritt, bevor er wieder in den Laden zurückgeht (vermutlich, um diesmal wirklich Brot und Salz zu holen). Den Scherz (und das Lied) verlängernd, taucht er jedoch im Fenster wieder auf und spielt noch einmal Posaune. Das Lied hindurch betritt und verlässt der Bootsmann immer wieder das Gebäude und ärgert Bywalow, der nur möchte, dass er schnell fertig wird; jedes Mal, wenn er auftaucht, tut er dies an einer anderen Stelle oder mit einem anderen Gegenstand in der Hand.

Dies ist weder die einzige noch die wichtigste Szene, in der Musik in dieser Weise in den Fluss der Handlung eingreift. Später im Film versuchen Strelka und Aljoscha Bywalow davon zu überzeugen, ihre Ensembles nach Moskau zur Kulturolympiade zu senden, indem sie die Talente der Dorfbewohner vorführen, während Bywalow versucht, in einem Restaurant zu essen. Der Kellner singt ihm die Speisekarte in Form einer Opernarie vor, die Köche geben die Vorspannmusik des Films als Quartett zum Besten, der Hausmeister tanzt zu Volksmusik auf dem Akkordeon, die Feuerwehr spielt das Allegro aus Rossinis *Guillaume Tell*-Ouvertüre usw. Bywalow ist im Wortsinne von der Musik gefangen, als er versucht, die Musiker beiseite zu schieben und zu entkommen. Er wird immer frustrierter, je mehr die musikalische Montage an Intensität zunimmt. Auch hier wird die Geschichte für die musikalische Nummer suspendiert, und Bywalow (und das Kinopublikum) sind gezwungen zuzuhören, weil es keine Fluchtmöglichkeit gibt. Die Kombination von Kunstmusik und banalem Alltag (siehe z. B. die Speisekartenarie des Kellners) bringt uns zum nächsten Typ der Musikverwendung in Alexandrows Komödien – falsches Pathos.

IV   Falsches Pathos

Salys berichtet, dass Alexandrow in seinen Memoiren über Disneys Verwendung von klassischer Musik für komische Wirkungen schreibt.[44] In Disney-Cartoons wird Humor häufig durch die Inkongruenz zwischen Kunstmusik und alltäglichen Aktivitäten erzeugt – eine Variation auf die Idee von falschem Pathos, das Unterminieren eines gehobenen Stils durch Trivialität oder Vulgarität. Die oben beschriebene Szene, in der Kostja mit seinen Gesten für Jelena Liszts *2. Ungarische Rhapsodie* dirigiert, ist ein solches Beispiel. Ein anderes – auch wenn Musik hier nicht gespielt, sondern darüber gespro-

---

44   Salys: *The Musical Comedy Films of Grigorii Aleksandrov* (Anm. 3), S. 87.

chen wird – ist die Diskussion darüber, welches der Ensembles zur Kultur-olympiade nach Moskau reisen darf. Aljoscha sagt, dass sein Orchester Beethoven, Mozart, Schubert und Wagner nach Moskau bringen würde, und fragt, was Strelkas Kapelle zu bieten habe. Sie antwortet mit »Tante Pascha und Onkel Kusya«. Aljoscha lacht höhnisch, während Strelka wider-spenstig feststellt, dass auch Beethoven vermutlich jemandes Onkel war. Aljoscha ruft verächtlich aus »Beethoven! Ein Onkel?!«, als wäre die bloße Idee ein Sakrileg. Der Humor liegt in der unverzüglichen Deflation von Aljoschas hochfliegenden Ideen über Musik. (Zuschauer, die genug über Beethovens Biografie wissen, mögen auch daran denken, dass die Beziehung zu seinem Neffen Karl ein wichtiger Aspekt seines Lebens war – er war also ganz gewiss jemandes Onkel.) In einer anderen Szene versucht Aljoscha, Strelka von der Überlegenheit der klassischen Musik zu überzeugen, indem er einen Ausschnitt aus Wagners *Tristan und Isolde* spielt. Er zieht die Partitur aus einem Eimer und beginnt, auf der Tuba eine öde Phrase zu spielen, die aus tiefen Wechselnoten und einer Pause von 47 Takten besteht. Kupfer weist darauf hin, dass Aljoschas Spiel nur sehr wenig der tatsächlichen Tuba-stimme aus der Oper enthält.[45] Nachdem er fertig ist, schaut er zu Strelka, um ihre Meinung zu erfahren. Sie gähnt und sagt »Sie stirbt zu langsam« und lässt die Luft aus der Sentimentalität der Liebestodszene.

Falsches Pathos wird auch auf die bürgerlichen Figuren der Filme ange-wandt, besonders auf Jelena in LUSTIGE BURSCHEN. Beide Filme beziehen Humor aus dem Spiel mit Erwartungen in Bezug auf Musik und Klassenzu-gehörigkeit. Jelena, die bürgerliche Dame, in die Kostja zuerst (und dum-merweise) verliebt ist, ist von ihrem eigenen musikalischen Talent über-zeugt, wird jedoch bald als schreckliche Sängerin enthüllt, während ihre Dienerin Anjuta sehr begabt ist. Strelkas Ensemble in WOLGA-WOLGA auf der anderen Seite wird als Gruppe natürlicher Musiker gezeigt, die Musik machen können auf irgendwelchen Gegenständen, die ihnen in die Hände fallen, während Aljoschas Orchester sich in Proben abmüht. Die Botschaft solcher Szenen ist klar: Jeder kann ein Musiker sein, unabhängig vom Klas-

---

45   Kupfer: *Music, Ideology and Entertainment* (Anm. 27), S. 196.

senhintergrund (wenn man nicht gerade ein Mitglied der Bourgeoisie ist). Ebenfalls mit Ideen von sozialer Klasse spielt die Szene in WOLGA-WOLGA, in der Strelka Bywalow von den Talenten der Dorfbewohner zu überzeugen versucht, indem sie Beispiele anführt, denn auch sie bezieht sich auf Kunstmusik. Sie erzählt Bywalow von Onkel Kusyas Nichte, die Tatjanas Arie aus Tschaikowskis *Eugen Onegin* singen kann, und beginnt dann, die Arie selbst zu singen. Das Publikum versteht die Situation – es ist deutlich, dass Strelka sehr begabt ist –, aber Bywalow begreift nichts und behauptet »Hier kann keiner so gut singen« und »Es braucht zwanzig Jahre, das singen zu lernen« – die Ironie seiner Worte ist ihm nicht klar. Auch hier liegt eine Version ›gegenseitiger Interferenz‹ vor: Wir im Publikum verstehen die Situation auf der Basis dessen, was wir sehen und hören, aber Bywalow missversteht sie, weil er nicht angemessen auf die tatsächliche Situation reagieren kann, ein Missverstehen, das uns einlädt, seine Vorurteile komisch zu finden.

V   Schlussbemerkung

Diese Liste musikalischen Humors in den Filmen ist, wie auch Noël Carrolls Taxonomie visueller Gags, nicht vollständig. Sie ignoriert etwa komische Elemente, an denen Musik nicht beteiligt ist (auch wenn viele davon auf ähnliche Weise funktionieren). Sie soll stattdessen typische Methoden zeigen, wie Alexandrow und Dunajewski Humor aus der Kombination von Bildern und Ton erzeugten, und diese audiovisuelle Komik in den Rahmen der sowjetischen Komödiendiskussion der Zeit stellen. Während der Staat offiziell die Produktion sowjetischer Filmkomödien verlangte, war es in der Praxis schwierig, solche Filme zu machen, weil die Forderung, eine perfekte Gesellschaft zu zeigen, nicht viel zum Lachen übrig ließ. Die Subjektivität von Humor war ein weiteres Problem. Es ist nicht leicht sicherzustellen, dass Scherze von allen auf die gleiche und erwünschte Weise verstanden werden. Daher halten sich die ›exzentrischen‹ Komödien Alexandrows an politisch ›sichere‹ Formen von Komödie und basieren häufig auf der Interaktion von Bild und Ton. Zuschauer hatten Erfahrung mit dieser Form von Humor aus dem Stummfilm. Die Übernahme physischen Humors aus den Filmen von

Charlie Chaplin, Buster Keaton oder Harold Lloyd schien sinnvoll angesichts der Popularität dieser Filme, die in den 1920er Jahren in die UdSSR importiert worden waren, und sie passte sich in das Interesse sowjetischer Kultur der Zeit am Körper ein. Die Verwendung von »sight gags«, musikalischer Interferenz und von Scherzen, die auf Erwartungen bezüglich klassischer und populärer Musik beruhen, bilden das Fundament von Humor in LUSTIGE BURSCHEN und WOLGA-WOLGA. Vielleicht war die Tatsache, dass solch ein Humor schwer missverstanden werden konnte, der Grund dafür, dass die Filme offizielle Unterstützung fanden, obwohl ihnen offenkundig ideologischer Gehalt fehlte. Vielsagenderweise verloren die komischen Elemente an Bedeutung, als Alexandrow die ideologischen Aspekte der Filme verstärkte und die Handlungen stringenter gestaltete. Der politisch bewusste Sowjetbürger war in Übereinstimmung mit seiner Umgebung und hatte keine Gelegenheit mehr, sich spontan zu verhalten – und damit auch keine Gelegenheit, komisch zu sein.

Übersetzung aus dem Englischen: Guido Heldt

Konstantin Jahn

»Who put the wit in syncopation?«

Jazz als Signum von Satire, Parodie und Humor in Vaudeville-Film, Cartoon und TV-Comedy

I Humor und Musik: theoretische Überlegungen

Jazz in seinen diversen Ausformungen ist bis weit über die Mitte des 20. Jahrhunderts hinaus ein künstlerisches und soziokulturelles Phänomen der globalen Medien- und Massenkultur. Er repräsentiert neue Kunst- und Ausdrucksformen und provoziert heftige Reaktionen von rassistisch-sexistischen Abwehrhaltungen bis zu enthusiastischer Faszination. Jazz begleitet die Filmgeschichte von Beginn an und wurde für spezifische, filmische und filmmusikalische Semantiken instrumentalisiert.[1] Wie aktuelle musik- und emotionspsychologische Studien zeigen, ist eine wesentliche Assoziationsfähigkeit dieser Musik ihre Semantik von Humor, Witz und Parodie.[2] Wie es im Folgenden zu zeigen gilt, sind Humor und Witz zum einen dem Jazz inhärent. Andererseits werden in der filmmusikalischen Instrumentalisierung ganz spezifische Aspekte des Jazz ausgebeutet, die zum Lachen reizen sollen. Nicht selten lacht man »über« den Jazz und nicht »mit« dem Jazz.

Die Möglichkeit nicht textgebundenen Humors in der Musik ist – zumindest in der deutschen Musikwissenschaft – ein umstrittenes Forschungsfeld.

---

1   Eine erste ausführliche deutschsprachige Darstellung des Themas Jazz in der Filmmusik bietet Konstantin Jahn: *Hipster, Gangster, Femmes Fatales. Eine cineastische Kulturgeschichte des Jazz*, München 2016.

2   Vgl. Valerie J. Bolivar / Annabel J. Cohen / John C. Fentress: »Semantic and Formal Congruency in Music and Motion Pictures: Effects on the Interpretation of Visual Action«, in: *Psychomusicology* 13 (1/2), Special Volume on Film Music, 1994, S. 54; vgl. Marcel Zentner / Didier Grandjean / Klaus R. Scherer: »Emotions Evoked by the Sound of Music: Characterization, Classification, and Measurement«, in: *Emotion* 8 (2008) 4, S. 503/Abb. 1B; 504/Abb. 2.

Vor allem Vertreter der – von Hanslick[3] prominent artikulierten – Theorie
bzw. Ideologie einer »absoluten Musik« weigern sich hartnäckig, der Musik
im semiotischen Sinne ikonische, indexikalische oder symbolische Verweis-
funktionen zuzugestehen.[4] Instrumentalmusik als »absolute« Musik sei der
»imitatio naturae« nicht fähig. Eine musikalische Semiotik im linguistisch-
logischen Sinne ist, vor allem wegen des Problems der Identifikation kleins-
ter, diskreter Einheiten, diskutabel.[5] Doch können diverse Verweisfunktio-
nen der Musik, vor allem im Kontext der musikalischen Alltagspraxis, der
Popmusik oder eben der Filmmusik, nicht einfach geleugnet werden.[6] Die
filmmusikalische Praxis seit Stummfilmzeiten zeigt, dass Produzenten und
Rezipienten mit der Repräsentationskraft der Musik nicht nur theoretisch
rechnen, sondern sie als eine Gegebenheit hinnehmen. Wenn der Musik die
Möglichkeit eingeräumt wird, über sich selbst hinaus auf kinetische, hapti-
sche, thermische, synästhetische und ähnliche Prinzipien, auf außermusika-
lische »Wirklichkeitsausschnitte«[7] zu verweisen oder jene gar zu imitieren,
dann kann Musik wie jede Kunstform – nicht notwendig, aber potenziell –
komisch, lustig, humorvoll sein.

Per se ist nichts notwendig humorvoll oder komisch. Komik braucht ein
Umfeld, an dem sie sich abarbeitet, an dem sie sich misst.[8] Dies können Refe-
renzpunkte innerhalb des eigenen Bezugssystems sein oder die Konfrontation mit etwas völlig anderem, eine Fallhöhe, ein Spiel mit Erwartungen.
Polemisch gesagt: Anstatt, dass der Ball gefangen wird, landet er im Unter-

---

3   Eduard Hanslick: »Vom Musikalisch-Schönen: ein Beitrag zur Revision der Ästhetik
     der Tonkunst [1854]«, in: *Basistexte Musikästhetik und Musiktheorie*, hrsg. von Werner
     Keil, Paderborn 2007, S. 230–245.

4   Vgl. z. B. Siegfried Borris in Michael Stille: *Möglichkeiten des Komischen in der Musik*,
     Frankfurt/M. 1990, S. 57 f.

5   Vgl. Guerino Mazzola: »Semiotics of music«, in: *Semiotik/Semiotics. Ein Handbuch zu den
     zeichentheoretischen Grundlagen von Natur und Kultur/A Handbook on the Sign-Theoretic
     Foundations of Nature and Culture*, Teilband 3, hrsg. von Roland Posner, Klaus Robering
     und Thomas A. Sebeok, Berlin – New York 2003, S. 3181.

6   Vgl. Philip Tagg/Bob Clarida: *Ten Little Title Tunes. Towards a Musicology of the Mass
     Media*, New York – Montreal 2003.

7   Jaroslav Jiránek: *Zu Grundfragen der musikalischen Semiotik*, Berlin 1985, S. 74.

8   Vgl. Zofia Lissa: Ästhetik der Filmmusik, Berlin 1965, darin bes. »Das Komische in der
     Filmmusik«, S. 346.

leib. Autoren wie Borris[9] gestehen der Musik nur dann die Möglichkeit zu, humorvoll zu wirken, wenn sie mit einem Text, einem Programm – im Sinne der sinfonischen Dichtung – oder im Bereich des Films mit Visuellem konfrontiert werden. Folgt man diesen strengen Kriterien, dann liefern die diversen Konstituenten des Films eben jenes Programm. Doch ist eine derartige Einschränkung nicht vonnöten, wenn man Musik eine Abbild- und Imitationsfunktion im Allgemeinen zugesteht. Dann kann sie klangmalerisch Umwelt- und Körpergeräusche, spezifische menschliche oder tierische Lautäußerungen quasi ikonisch denotieren. Sie kann indexikalisch auf Gestik, Kinetik, Thermik, Haptik oder Synästhetisches verweisen. Auch gibt es unzählige Beispiele und Möglichkeiten instrumentaler Lautmalereien. Diese reichen von instrumentaler Nachbildung des Lachens, Blökens, Flatulierens über Verweise auf Sprechhaltungen, Körperhaltungen oder Bewegungen bis zu synästhetischen Verweisen und Kontrastbildungen, Analogien, Zitaten, Parodien, Kontrastierungen oder Verschiebungen von Kontexten. Den Mustern der Gestaltpsychologie folgend, kann Musik Strukturen und Beschaffenheitszustände von Sinneseindrücken nachbilden und kann dies durch Übertreibungen, extreme Kontraste, Norm- und Regelverletzungen, Überhöhendes und Degradierendes, den Bruch mit Erwartungen etc. verstärken und nuancieren.[10] In diesem Sinne ist instrumentale Komik vergleichbar mit der Grimasse, der Parodie und dem cineastischen Slapstick.[11] Daher wird im Folgenden auch der Begriff des Humors im Allgemeinen sehr weit gefasst und beinhaltet Witz, Karikatur, Groteske, Parodie und selbst Ironie.

Die vielfältigen Codierungen filmmusikalischen Humors und das Zusammenspiel von inner- und außermusikalischen Codes zur Humorerzeugung

---

9   In Stille: *Möglichkeiten des Komischen in der Musik* (Anm. 4), S. 57.

10   Diverse Möglichkeiten musikalischen Humors im Rahmen der Filmmusik listet auch Claudia Bullerjahn: »Filmkomödie, filmmusikalische Komik«, in: *Lexikon der Filmmusik. Personen, Sachbegriffe zu Theorie und Praxis, Genres*, hrsg. von. Manuel Gervink und Matthias Bückle, Laaber 2012, S. 167, auf.

11   Wie Christian Metz und Umberto Eco aufgezeigt haben, sind sämtliche Kodierungssysteme im Film niemals vollständig arbiträr. Dies gilt natürlich auch für die Musik; sie hat funktionale und spezifische Motivationen. Vgl. Christian Metz: *Semiologie des Films*, übersetzt von Renate Koch, München 1972, und Umberto Eco: *Einführung in die Semiotik*, Paderborn 2002.

verdeutlicht eine Szene aus THE NAKED GUN 2½: THE SMELL OF FEAR (DIE NACKTE KANONE 2½, USA 1991, DAVID ZUCKER). Während der Nachbildung einer romantischen Szene aus CASABLANCA (USA 1942, Michael Curtiz) spielt der Pianist hier nicht das elegische *As Time Goes By*, sondern *Ding-Dong! The Witch Is Dead* aus THE WIZARD OF OZ (DER ZAUBERER VON OZ, USA 1939, Victor Fleming). Hier entfaltet sich ein humoristisches Spiel mit Zitaten und symbolischen Kontextverschiebungen. Der Bruch mit der Erwartungshaltung des Publikums korrespondiert mit musikimmanenter Komik. Der volle Witz erschließt sich zwar nur dem Betrachter, der die zitierte Szene aus CASABLANCA kennt, doch reizen rein musikimmanent schon die hohe Geschwindigkeit des Songs, die zickige Phrasierung, die hüpfende Melodieführung und der Falsettgesang des Pianisten zum Lachen.

II   The Dancing Nig: frühes Kino, Zirkus und Minstrel

Der frühe Jazz wurzelt nicht unwesentlich im Zirkus, im Vaudeville und in der Minstrelsy[12]. Schon seine Vorformen – wie die »slave dances« – dienen dem Amüsement, aber auch der Verhöhnung weißer Sklavenhalter. Der Cakewalk, ein populärer Tanz um die Jahrhundertwende, deutet die bisweilen paradoxen Komplexitäten des Humors im Jazz an: Ursprünglich parodieren schwarze Sklaven durch den Cakewalk die prätentiösen und steifen Tänze ihrer weißen Herren, später etabliert sich der Tanz als eine weiße Mode.[13] Viele humoristische Aspekte in Jazzproduktion und -rezeption lassen sich auf die in den 1830er Jahren entstandene Minstrelsy zurückführen.[14] Im Minstrel karikieren zunächst weiße Darsteller mit kork- oder rußge-

---

12   Vgl. Rick Altman: *Silent Film Sound*, New York 2004, S. 100; vgl. W. C. Handy, zit. nach Joachim-Ernst Berendt: *Das Jazzbuch. Von Rag bis Rock*, 4. überarb. Aufl., Frankfurt/M. 1973, S. 18.
13   Vgl. LeRoi Jones: *Blues People. Negro Music in White America*, London 1965, S. 85 f.
14   Vgl. Eric Lott: *Love and Theft: Blackface Minstrelsy and the American Working Class*, 20. Jubiläums-Aufl., Oxford – New York 2013. Der Cakewalk stammt aus dem frühen 19. Jahrhundert, da bei Tanzwettbewerben unter schwarzen Sklaven der Sieger mit einem Kuchen belohnt wurde, vgl. Richard Crawford: *An Introduction to America's Music*, New York 2001, S. 304.

schwärztem Gesicht, dem sogenannten »Blackface«, afroamerikanische Musik, Lebensweisen und Sprachduktus.[15] Schwarze werden hier mithilfe von übertriebener Gestik und Mimik rassistisch als gutmütig-dumm und tollpatschig oder als verschlagen und brutal diskreditiert.[16] Das Minstrel verspottet auch die vermeintlichen Eigenheiten anderer Ethnien und Einwandererkulturen, und nach dem amerikanischen Bürgerkrieg arbeiten hier afroamerikanische Künstler, die so einen Einstieg ins entstehende amerikanische Showgeschäft finden. Das Minstrel ist nicht nur ein Panoptikum rassistischer Vorurteile; bis ins erste Jahrzehnt des 20. Jahrhunderts ist es die populärste amerikanische Unterhaltungsform und eine multimediale Showbühne diverser Akkulturationsprozesse. Nach seinem Niedergang als originäres Showformat überleben seine Methoden und Inhalte in Vaudevilles und Nickelodeons, in Lichtbildershows und Lantern Slides, in Filmen und Cartoons, in Coon-Songs[17] und diversen Tanzmoden. So finden sich in der amerikanischen Populär- und Medienkultur von Anbeginn rassistische Ikonografien und Inszenierungen, die Afroamerikaner und ihre kulturellen Erzeugnisse durch Animalisierung, Primitivisierung oder Infantilisierung dem Spott aussetzen. Konkret werden Afroamerikanern Tanz- und Musikwut, sexuelle Hyperaktivität, ein Hang zu Hedonismus, Alkohol und Glücksspiel unterstellt. Ein bis heute in der Popkultur wirkendes Klischee aus dem Minstrel und seinen Nachfolgern behauptet, dass Afroamerikaner von einem unstillbaren Verlangen nach Brathühnchen und Wassermelonen getrieben wären.[18] Die Namen afroamerikanischer Tänze in der Nachfolge des Cakewalk, wie »grizzly-bear« oder »turkey-trot«, bezeugen einerseits die rassistische Tendenz zur Animalisierung von Schwarzen, andererseits lösen sie mit ihren freien und spontanen Bewegungen eine Art Tanzwut in Ame-

---

15   Vgl. Kathy I. Ogren: *The Jazz Revolution: Twenties America and the Meaning of Jazz*, Oxford – New York 1989, S. 40 f.; vgl. Berndt Ostendorf: »Minstrelsy and Early Jazz«, in: *The Massachusetts Review* 20 (1979) 3, S. 590 und 593.

16   Vgl. Corin Willis: »Blackface Minstrelsy and Jazz Signification in Hollywood's Early Sound Era«, in: *Thriving on a Riff. Jazz and Blues Influences in African American Literature and Film*, hrsg. von Graham Lock und David Murray, Oxford – New York 2009, S. 49.

17   »Coon« ist eine rassistische Beleidigung für Schwarze.

18   Crawford: *An Introduction to America's Music* (Anm. 14), S. 302.

rika aus[19] und künden so von der Faszination, welche die schwarze Kultur auf Weiße ausübte.

Eben jene als komisch und faszinierend begriffenen Eigenheiten der afroamerikanischen Musik- und Performancekultur dokumentieren dann Filme wie DANCING DARKEY BOY (USA 1897, William Heise) oder THE DANCING NIG (USA 1907, Gilbert M. ›Broncho Billy‹ Anderson). Dies liegt sicher auch daran, dass der amerikanische Film um die Jahrhundertwende in den »Niederungen« der Unterhaltungskultur erblüht, also im Zirkus, im Vaudeville, in den Penny Arcades oder eben im Minstrel.[20] In THE DANCING NIG, der in der *Moving Picture World* mit »Music Keeps Him Going Like a Jumping Jack« beworben wird[21], kann der Protagonist keinen seiner zahlreichen Jobs ausüben, da er zwanghaft zu jeglicher Musik tanzen muss. Filme wie HAPPY DAYS IN DIXIE (USA 1904, Siegmund Lubin), BANJO'LIZE (USA 1904, Siegmund Lubin) oder SWEET CORN (USA 1908, A. J. Weidt) werden im *New York Clipper* als »Combination of Instrumental Music, Song and Speech with Life Motion Pictures« beworben.[22] Sie dokumentieren afroamerikanische Musizier- und Tanzperformances zu Coon-Songs, deren rassistischer »Witz« sich über die Texte vermittelt. Ein typisches Beispiel für diese rassistischen Witze ist der Text von *The Whistling Coon* (1891), da Schwarze mit Pavianen verglichen werden: »With a cranium like a big baboon.« Ein explizites Beispiel dafür, wie Schwarze und ihre Musik in jenen Jahren wahrgenommen werden, ist die Nummer »Sunny Africa. Eighth Avenue. New York« in dem humoristischen Episodenfilm FIGHTS OF NATIONS (USA 1907, G. W. Bitzer). In einer Spelunke tanzt hier eine Gruppe Afroamerikaner mit exzentrischen, fast akrobatischen Bewegungen zum Spiel eines Ragtime-Pianisten. Alkoholgenuss und Lüsternheit führen schließlich zu einer Messerstecherei. Der Jazzbeat, so die Aussage, verführt nicht nur zu exzentrisch enthemmten

---

19   Ogren: *The Jazz Revolution* (Anm. 15), S. 36 f.

20   Vgl. Charles Musser: *Before the Nickelodeon: Edwin S. Porter and the Edison Manufacturing Company*, Berkeley – Los Angeles – London 1991, S. 396 f.

21   (Anonym): ›This Week. Great Comedy Film: ›The Dancing Nig‹«, in: *The Moving Picture World* 30 (1907) 1, S. 475.

22   (Anonym): »Lubin Advertisement«, in: *The New York Clipper* LII (2), 27.8.1904, S. 613.

Bewegungen, sondern darüber hinaus zu Promiskuität, Alkoholkonsum und Gewalt.

Kernmotiv aller »Jazz-Filme« jener Jahre[23] ist die Darstellung der lustvollen Freude an exzentrischer Bewegung. So parodieren in COMEDY CAKE WALK (USA 1897, American Mutoscope and Biograph Company) vergnügte afroamerikanische Pärchen einen Schreittanz. Die Beine werden in die Höhe geworfen, die Damen lüpfen den Rock. A CAKE WALK ON THE BEACH AT CONEY ISLAND (USA 1904, American Mutoscope and Biograph Company) zeigt weiße Badegäste, die den Cakewalk ins Akrobatische übertreiben. Die Tänzer schlagen Salti, wälzen sich auf dem Boden, stürzen übereinander, kugeln durch das Wasser oder springen über den Rücken der anderen. Weniger dokumentarisch als narrativ, aber ebenso vom Minstrel-Humor geprägt, fassen der französische Filmpionier Georges Méliès oder der afroamerikanische Regisseur und zusätzlich durch das »Blackface« geschwärzte Hauptdarsteller Bert Williams die schwarze (Musik-)Kultur. Williams' A NATURAL BORN GAMBLER (USA 1916) zieht seinen Witz aus dem Klischee schwarzer Spielsucht und lässt diverse Minstrel-Charaktere auftreten. In Georges Méliès' LE CAKE-WALK INFERNAL (F 1903) inszenieren der Teufel und seine anzüglich gekleideten Begleiterinnen den Cakewalk als eine exzentrische Feuershow in der Hölle.

Diese cineastisch dokumentierte Faszination für die tänzerische und performative Kraft des Jazz in den Inszenierungskategorien des Minstrel kündigt den gewaltigen Einfluss an, den afroamerikanische Musik auf die gesamte weiße Populärkultur ausüben wird: »For many it was not just a music, it was a new body feeling and a new world view.«[24] Die mediale Verbreitung der afroamerikanischen Kultur konfrontiert die industrialisierte und patriarchalisch geprägte Kultur puritanischer Weißer mit den Ausdrucksformen einer marginalisierten ethnischen Minorität. In Bezug auf Rasse, Körperlichkeit und Sexualität vollzieht sich ein mentalitätsgeschichtlicher Geschmackswandel und Paradigmenwechsel. Die frühen Jazzfilme zeigen den rassistischen

---

23 Diverse Beispiele sind in der filmischen Anthologie AMERICAN DANCES! 1897–1948: A COLLECTOR'S EDITION OF SOCIAL DANCE IN FILM zu finden.

24 Ostendorf: »Minstrelsy and early Jazz« (Anm. 15), S. 595.

und sexistischen Spott der Minstrelsy, der sich auf die hüpfenden Synkopen, die ungewöhnlichen Intonationen und Spielweisen des Jazz übertragen und so dessen Rezeptions- und Inszenierungsgeschichte prägen wird.

III Jazz und Stummfilmkomödie

Die – zumindest partielle – Standardisierung der Filmmusik in Richtung europäischer Kunst- und Bühnenmusik der späten 1900er Jahre durch Cue-Sheets und Kompilationen[25] vertraut auf ein semantisches Potenzial der Musik. Dadurch wird die semantische Verknüpfung von Jazz – bzw. afro-amerikanischer Musik im Allgemeinen – mit Komödiantisch-Humoristischem manifest. Den Musikern werden Ragtime, Cakewalk, One-Step, Blues, Foxtrott, Jazz oder »Jass« zur Begleitung von »Comedy Pictures« oder humoristischen Zwischenspielen empfohlen. Synkopierte Musik wird als »Rube Music« [etwa: »Trottel-Musik«; d. V.] kategorisiert, soll »a comic kid chase« untermalen oder allgemein komische Bewegungen stilisieren.[26] »Film funners« konterkarieren mit populärer Musik, die in jenen Jahren stark jazzig geprägt ist, die Filmnarrative humoristisch.[27] Sie zitieren populäre synkopierte Songs, um mit dem evozierten Textinhalt das Narrativ des Films zu kommentieren. Dieses »mocking«, »punning« oder »kidding« ist ein weithin bekanntes – und beklagtes – Phänomen.[28]

---

25 Altman: *Silent Film Sound* (Anm. 12), S. 365.

26 Alle Beispiele stammen in angeführter Reihenfolge aus den Kompilationen von Rapée (S. 432), Ahern (S. 51), Rapée (S. 432) und Patterson (S. 11) – Ernö Rapée: *Encyclopedia of Music for Pictures. As Essential As the Picture*, New York 1925; Eugene A. Ahern: »Selections from What and How to Play for Pictures [1913]«, in: *Celluloid Symphonies. Texts and Contexts in Film Music History*, hrsg. von Julie Hubbert, Berkeley – Los Angeles – London 2011, S. 45–52; Joseph M. Patterson: »The Nickelodeons: the Poor Man's Elementary Course in the Drama«, in: *The Saturday Evening Post*, 23.11.1907, S. 10–11.

27 Vgl. Edith Lang / George West: *From Musical Accompaniment of Moving Pictures: A Practical Manual for Pianists and Organists and an Exposition of the Principles Underlying the Musical Interpretation of Moving Pictures*, Boston 1920, S. 4 und 37.

28 Vgl. Max Winkler: »The Origin of Filmmusic [1951]«, in: *Film Music: From Violins to Video*, hrsg. von James L. Limbacher, Metuchen 1974, S. 16 f.

Die hohen Geschwindigkeiten, die als tänzerisch begriffene Synkopierung, jazztypische Instrumentenbehandlung und Phrasierung scheinen komische Wirkungen garantiert zu haben. Rapée identifiziert die Komik jazztypischer Spielweisen in der »Trombone characteristic« und im »muted brass«.[29] Für Lang & West lösen die rasenden Geschwindigkeiten des Jazz komische Effekte aus.[30] Der Stummfilmpianist Max Winkler beschreibt, wie er durch jazzig intonierte Stücke ein Happy-End implizieren konnte: »[…] we jazzed them up mercilessly.«[31] Für den afroamerikanischen Filmmusikkritiker Charles Peyton sind eben jene komischen Wirkungen des Jazz ein Ärgernis. Peyton mokiert sich über Louis Armstrongs »freakish high-registered breaks« im Metropolitan Theater und will jazzspezifische Spielweisen und Instrumente aus seriösen Filmorchestern verbannen.[32] Jazz sei »noise and frivolity« und eigne sich nicht für dramatische Szenen, sondern nur für die Komödie.[33] Der stark rhythmisierte, synkopierte, improvisierte und nicht selten auch frivole Jazz gilt in jenen Jahren, auch wegen seiner afroamerikanischen Herkunft, nicht als ernstzunehmende Musik, sondern als »parody of standard music-making« oder »riotous new form of popular entertainment«[34] im Geiste der Minstrelsy oder des Vaudeville. Darüber hinaus hat der Jazz auch eine in seiner Geschichte oft vernachlässigte Wurzel im Zirkus.[35] Beispielsweise kommt das sogenannte »catch the falls«, da Musiker mit Trommelwirbeln komisch-akrobatische Stürze untermalen, aus eben dieser Tradition und etabliert sich als komisches Stilmittel in der Stummfilmmusik.[36]

Jazz ist als kulturelles Novum in jenen Jahren auch ein visuelles Phänomen. Peyton beklagt das exzentrische Auftreten und die extreme Gestik und Mimik der Jazzmusiker in den Filmtheatern, die vom Film ablenken wür-

---

29   Rapée: *Encyclopedia of Music for Pictures* (Anm. 26), S. 16.

30   Lang / West: *From Musical Accompaniment of Moving Pictures* (Anm. 27), S. 37.

31   Winkler: »The Origin of Filmmusic« (Anm. 28), S. 22.

32   Vgl. Charles Peyton: »The Musical Bunch: Things in General«, in: *The Chicago Defender* 23 (1927) 20, S. 8; vgl. Charles Peyton: »The Musical Bunch: Things in General«, in: *The Chicago Defender* 23 (1927) 18, S. 8.

33   Vgl. Peyton, Charles: »The Musical Bunch: Things in General«, in: *The Chicago Defender* 22 (1926) 22, S. 6.

34   Crawford: *An Introduction to America's Music* (Anm. 14), S. 349.

35   Vgl. W. C. Handy in Berendt: *Das Jazzbuch* (Anm. 12), S. 18.

36   Vgl. Altman: *Silent Film Sound* (Anm. 12), S. 238 f.

den.[37] Wie Dauer in einer Analyse von THE GOOD FOR NOTHING (USA 1917, Carlyle Blackwell) feststellt, ist das »erste ausgebeutete Element des Jazz im Film [...] sein motorisches Bewegungsverhalten«, das »exotisch oder grotesk gedeutet« werde.[38] Der Jazzmusiker wird daher (cineastisch) auch als Clown interpretiert. Diesen clownesken Kern personifiziert Marvin Hatley, der Komponist für diverse Laurel-und-Hardy-Komödien von THE MUSIC BOX (DAS VERRÜCKTE KLAVIER, USA 1932, James Parrott) bis SONS OF THE DESERT (DIE WÜSTENSÖHNE, USA 1933, William A. Seiter). Hatley beginnt seine Karriere als »one-man band, with a set of drums under his feet, cymbals, hot Dixieland cornet with his right hand, swing bass piano with his left hand«.[39] Auch die erste Schallplattenaufnahme des Jazz (vgl. *Original Dixieland Jass Band* 1917) ist mit Tierstimmenimitationen, übertriebenen Growls, Glissandi oder Portamenti ganz von diesen burlesken Elementen geprägt.

Die nach abendländischem Musikverständnis übertriebenen Rhythmen und Geschwindigkeiten, exzentrische Melodik, unorthodoxe Instrumentenbehandlung und das rhythmisch-physische Engagement des Jazz korrespondieren in den Stummfilmjahren mit dem körperlich motivierten Klamauk und dem grotesken Slapstick von Komikern wie Harold Lloyd, Charlie Chaplin oder Mack Sennett. Mimik und Gestik der Stummfilmkomödie müssten, so Mouëllic, wie die Jazzimprovisation spontan und nicht beabsichtigt wirken.[40] Daher könne die Flexibilität der Jazzimprovisation mit den rasanten Bewegungen der Filmkomiker interagieren. Die improvisatorischen Fähigkeiten des Jazzmusikers garantierten dem anarchischen Chaos des Slapstick ein audiovisuelles Kontinuum; der Jazzmusiker kommuniziere mit dem Körper auf der Leinwand und bereichere ihn um eine zusätzliche Erzählung.[41] Tatsächlich haben bedeutende Ragtime-Pianisten von Fats Waller bis Jelly Roll Morton als Stummfilmmusiker gearbeitet und die Bedeutung die-

---

37   Charles Peyton: »The Musical Bunch: Bad Habits«, in: *The Chicago Defender* 21 (1926) 39, S. 6.

38   Alfons M. Dauer: »Jazz und Film. Ein historisch-thematischer Überblick«, in: *Jazzforschung/Jazz Research* 12 (1980), S. 42.

39   Jim Shadduck: »The Ku-ku Song Man! [1972]«, in: *Film Music: From Violins to Video*, hrsg. von James L. Limbacher, Metuchen 1974, S. 176.

40   Gilles Mouëllic: *Jazz et cinema*, Paris 2000, S. 15.

41   Vgl. ebenda.

ser Arbeit für ihre musikalische Entwicklung betont.[42] Man könnte daher sogar über eine Rückwirkung des filmischen Slapstick auf die Musik selbst spekulieren. Jelly Roll Mortons mehrsträngige Kompositionen[43], die stilistisch unterschiedliche Passagen überblenden und mit abrupten texturalen oder rhythmischen Kontrasten arbeiten[44], zeigen eine strukturelle Nähe zu Montage, Zoom oder Blende der Filmkunst. Auch Art Tatums Spielweise, welche die »wholeness of the full orchestra« reproduziert[45], ist von den Anforderungen eines Stummfilmpianisten beeinflusst; Ähnliches gilt für Count Basie, der lange Jahre als Kinoorganist gearbeitet hat.[46]

IV   Das Jazz Age und frühe Cartoons

Wie Lang & West feststellen, ist Jazz also in den Jahrzehnten des Stummfilms die erste Wahl, wenn »certain moods or emotions are to be ›italicized‹ or burlesqued […]«.[47] Daraus erklärt sich die enge Verbindung von Jazz mit dem Zeichentrickfilm, einer Filmgattung, die vornehmlich komisch, humoristisch oder parodistisch geprägt ist. So beziehen sich frühe amerikanische Cartoons wie THE JAZZ FOOL (USA 1929, Walt Disney), JUNGLE RHYTHM (USA 1929, Walt Disney), CONGO JAZZ (USA 1930, Hugh Harman & Rudolf Ising) oder JAZZ MAD (USA 1931, Frank Moser) nicht nur in Titel und Inhalt

---

42   Vgl. Kevin Whitehead: »Carl Stalling, Improviser & Bill Lava, Acme Minimalist«, in: *The Cartoon Music Book*, hrsg. von Daniel Goldmark und Yuval Taylor, Chicago 2002, S. 143; vgl. Crawford: *An Introduction to America's Music* (Anm. 14), S. 401, vgl. Peyton, Charles: »The Musical Bunch: How to Play Picture Music«, in: *The Chicago Defender* 23 (1927) 15, S. 8.

43   Vgl. Gunther Schuller: *Early Jazz: Its Roots and Musical Development. The History of Jazz 1*, Oxford – New York 1968, S. 144.

44   Vgl. James Dapogney: »Jelly Roll Morton and Ragtime«, in: *Ragtime. Its History, Composers, and Music*, hrsg. von John Edward Hasse, London 1985, S. 264 f.

45   Amiri Baraka: *Digging. The Afro-American Soul of American Classical Music* (= *Music of the African Diaspora* Bd. 13), Berkeley – Los Angeles – London 2009, S. 199. Eine genaue Analyse des Personalstils Art Tatums findet sich bei Gunther Schuller: *The Swing Era. The Development of Jazz 1930–1945. The History of Jazz 2*, Oxford – New York 1989, S. 476–502.

46   Vgl. Baraka: *Digging* (Anm. 45), S. 204 f.

47   Lang / West: *From Musical Accompaniment of Moving Pictures* (Anm. 27), S. 37.

auf diese Musik, sondern sind in ihren stereotypen Darstellungen und Inszenierungen cineastische Minstrelshows. »Minstrelsy«, so schreibt Goldmark
in diesem Zusammenhang »never really died – it simply changed media.«[48]

Der anarchische, bisweilen surreale oder dadaistische Witz, die extremen
Geschwindigkeiten der Bewegungen oder die nichtlinearen Erzählungen des
Zeichentrickfilms sind dem frühen Jazz gewissermaßen strukturell artver-
wandt.[49] Darüber hinaus bewegt sich das Personal der maßgeblichen New
Yorker Animationsstudios – vor allem die Zeichner von Max und Dave Flei-
scher – im hedonistischen Milieu der Harlemer Jazzszene.[50] Die Fleischer-
Brüder beginnen ihre Karriere mit sogenannten »Sing-a-Long«-Zeichen-
trickfilmen oder »Song Car-Tunes«.[51] Hier markiert ein animierter Ball den
Text von Minstrel-, Coon- und Tin-Pan-Alley-Songs und ermuntert das
Publikum in einer Art Karaoke-Show zum Mitsingen. Berühmt werden die
Fleischers in den frühen 1930er Jahren mit dem prototypischen Flapper-Girl
Betty Boop. Betty Boop wird mit Pagenkopf, Strumpfband und Strapsen
extrem sexy dargestellt und liebt es zu tanzen und zu feiern. Betty jagt in I'LL
BE GLAD WHEN YOU'RE DEAD YOU RASCAL YOU (USA 1932, Dave Fleischer), THE
OLD MAN OF THE MOUNTAIN (USA 1933, Dave Fleischer) oder MINNIE THE
MOOCHER (USA 1932, Dave Fleischer) von rasanten Jazzrhythmen begleitet
durch Dschungellandschaften, Höhlenlabyrinthe oder Geisterbahnen und
wird dabei – nur geringfügig verklausuliert – mit ihrer Sexualität konfrontiert. Alle diese Cartoons beginnen mit gefilmten Auftritten berühmter afro-
amerikanischer Jazzbands von Louis Armstrong oder Cab Calloway. Dann
entfalten sich, begleitet von der wilden und improvisierten Musik, surrealis-
tisch komische Szenerien, die mit lachenden Autos, bedröhnten Hydranten,
zotteligen Lüstlingen und tanzenden Skeletten bevölkert sind. Durch den
geschickten Einsatz der Rotoskopie werden die Jazzmusiker selbst – sei es

48   Daniel Goldmark: *Tunes for ›Toons‹. Music and the Hollywood Cartoon*, Berkeley, Los
      Angeles & London 2005, S. 84.
49   Vgl. Barry K. Grant: »Jazz, Ideology, and the Animated Cartoon [1989]«, in: *Film's
      Musical Moments*, hrsg. von Ian Conrich und Estella Tincknell, Edinburgh 2006, S. 22.
50   Vgl. Goldmark: *Tunes for ›Toons‹* (Anm. 48), S. 85.
51   Vgl. Christopher P. Lehman: *The Colored Cartoon. Black Representation in American Ani-
      mated Short Films 1907–1954*, Amherst u. a. 2007, S. 14.

Calloway als tanzendes Walross oder Armstrong als singender Mond – in die Zeichentrickwelten transportiert.[52] So würdigen diese mit modernsten Animations- und Filmtechniken verfertigten Cartoons ein durch Drogen, Sex und Jazz befreites und beschleunigtes urbanes Leben. Paramount-Pictures bewirbt sie treffend mit »smartness for the sophisticates«.[53] Diesem von Jazzrhythmen angetriebenen anarchischen Geist ist – zumindest am Beginn seiner Karriere – auch Walt Disneys Mickey Mouse verpflichtet. In Steamboat Willie (USA 1928, Walt Disney) improvisiert Mickey Mouse über den Minstrel-Song *Turkey in the Straw/Zip Coon*. Mit brutalem musikantischen Furor, zwischen volkstümlicher Minstrel-Anarchie und bruitistischem Jazz-Dadaismus angesiedelt, verwandelt Mickey Mouse Alltagsgegenstände, Küchengeräte und selbst Tiere in Musikinstrumente.[54]

Zahlreiche Cartoons der 1930er Jahre, wie der animierte Prolog in King of Jazz (Der Jazzkönig, USA 1930, John Murray Anderson), Music Land (Musik-Land, USA 1935, Wilfred Jackson), The Band Concert (Mickys Platzkonzert, USA 1935, Walt Disney) oder I love to Singa (USA 1936, Tex Avery), ziehen ihren Witz aus dem Kontrast von europäischer Klassik und amerikanisch jazziger Unterhaltungsmusik. Meist siegt in diesem typisch amerikanischen Konflikt zwischen »lowbrow« und »highbrow« die vitale Jazzkultur über die steife Klassik europäischer Provenienz. In The Band Concert bringt Donald Duck mit seinen Minstrel-Songs ein klassisches Orchester aus dem Takt. Das »Land of Jazz« attackiert in Music Land das »Land of Classic« mit Ton-Bomben aus einem Basssaxofon, und jenes schlägt mit einer Stalinorgel zurück, die mit Wagner-Tuben bestückt ist.

Cartoonesk mutet auch Jean Renoirs absurde Science-Fiction-Komödie Sur un air de Charleston (Charleston Parade, F 1927) an, die europäische Jazzbegeisterung und den Rassismus gleichermaßen parodiert. Ein eleganter schwarzer Forscher in Frack und Zylinder begegnet im verwüsteten

---

52 Bei der Rotoskopie können durch Projektion auf eine Glasscheibe Filmszenen Bild für Bild abgezeichnet werden.

53 Jake Austen: »Hidey Hidey Hidey Ho … Boop-Boop-A-Doop! The Fleischer Studio and Jazz Cartoons«, in: *The Cartoon Music Book*, hrsg. von Daniel Goldmark und Yuval Taylor, Chicago 2002, S. 66.

54 Vgl. Lehman: *The Colored Cartoon* (Anm. 51), S. 16f.

Europa von 2028 einer halbnackten weißen Frau (Catherine Hassling), die mit einem Affen zusammenlebt. Wild, mannstoll und kannibalistisch – »Black Meat makes me sick«, so ein Zwischentitel – fängt sie den Forscher und betört ihn mit einem erotischen Charleston. Renoir verdeutlicht die rassistischen und sexistischen Jazz-Klischees seiner Zeit, indem er sie umdreht. Er arbeitet heraus, was Kino und Gesellschaft jener Jahre am Jazz so faszinieren: die Sensationen der Geschwindigkeit, die Verknüpfung des Primitiven mit dem Futuristischen, die Erotik, die Tanzverrücktheit und eben die Komik. In diesem Sinne feiert Kurt Tucholsky die Pariser Aufführung des jazzbegleiteten Avantgardefilms Entr'acte (F 1924, Francis Picabia, René Clair). Der Abend sei »neu, bunt, heiter« und erfülle »endlich einmal alle Ansprüche des Unsinns«.[55]

Diese cineastische, in Europa vor allem in Frankreich aufblitzende, humorgetränkte und hedonistische Begeisterung für authentischen Jazz verebbt im Verlauf der 1930er Jahre. Bisweilen finden sich Spuren dieser Geisteshaltung noch im amerikanischen Filmmusical. Wenn Fred Astaire in Top Hat (Ich tanz mich in dein Herz hinein, USA 1935, Mark Sandrich) mit lärmendem Stepptanz die arrivierten Herrschaften eines Londoner Clubs provoziert oder die Chorus Girls in 42nd Street (Die 42. Straße, USA 1933, Busby Berkeley) das Versanden der Erotik in der Provinzialität der Ehe verspotten, transportiert sich der Spaß des lust- und freudvollen Jazz Age in die 1930er Jahre. Mit der aufkeimenden Popularität des weißen Swing wandeln sich die hedonistischen und frivolen Semantiken des Jazz in Film und Filmmusik in Konnotationen von – freilich immer noch gut gelaunt präsentiertem – Glamour und finanziellem Erfolg in der Unterhaltungsindustrie. Die improvisierten und bisweilen harschen Klänge kleiner Ensembles in den Zeichentrickfilmen weichen den durcharrangierten, künstlerisch ambitionierten und straff organisierten Big-Band-Orchestern in Musikfilmen und Jazz-Biopics wie z. B. Sun Valley Serenade (Adoptiertes Glück, USA 1941, H. Bruce Humberstone), The Fabulous Dorseys (Die legendären Dorseys, USA 1947, Alfred E. Green) oder The Glenn Miller Story (Die Glenn Mil-

---

55   Kurt Tucholsky [alias Peter Panter]: »Pariser Tage«, in: *Vossische Zeitung* 30 (1925) 16, S. 8.

LER STORY, USA 1954, Anthony Mann). Darüber hinaus funktionalisieren in den 1940er und 1950er Jahren einige Film noirs und der »Hollywood Jazz«[56] der sozialen Problemfilme Jazzklänge als Signifikanten für Düsteres, Kriminelles und Delinquentes.[57] Konsequent bleibt nur der Zeichentrickfilm weiter dem Komischen des Jazz verbunden. In den 1930er Jahren etablieren sich musikalische Cartoonserien wie LOONEY TUNES (USA 1930–1969 Hugh Harman u. a.), MERRY MELODIES (USA 1931–1969 Hugh Harman u. a.) oder HAPPY HARMONIES (USA 1934–1938 Hugh Harman, Rudolf Ising), die komische Absurdität mit den Rassismen und Sexismen der Minstrelsy vermischen und mit Jazz unterlegen. In SWING WEDDING (USA 1937, Hugh Harman) musizieren Jazzmusiker als quakende Frösche im Sumpf, COAL BLACK AND DE SEBBEN DWARFS (USA 1943, Robert Clampett) und RED HOT RIDING HOOD (USA 1943, Tex Avery) inszenieren Grimm'sche Märchen im wilden afroamerikanischen Nachtleben, in TIN PAN ALLEY CATS (USA 1943, Robert Clampett) kreieren Jazzexzesse ein Reich des Wahnsinns (vgl. Goldmark 2005: 98 f). Wenn wie in SWING WEDDING Klaviere zertrümmert werden, Bässe als federnde Springstöcke dienen oder Atemstöße die Protagonisten fliegen lassen, zeigen Cartoons in der rhythmisierten Befreiung von Körpern und Objekten eine gewisse strukturelle Nähe zu europäischen Avantgardefilmen der 1920er Jahre wie BALLET MÉCANIQUE (F 1924, Fernand Léger).[58] Wenn sich in TIN PAN ALLEY CATS Karikaturen von Hitler und Stalin prügeln, dann wirkt hier noch der respektlose Geist des Jazz-Age.[59]

Seltsamerweise würdigen die Cartoons der 1930er und 1940er Jahre Lifestyle, Musik, Mode und Sprechweisen der afroamerikanischen Jazzkulturen in den Inszenierungen der Minstrelsy. Lange hält sich in Cartoons ein stan-

---

56 Henry Mancini in Harvey Siders: »The Jazz Composers in Hollywood. A Symposium with Benny Carter, Quincy Jones, Henry Mancini, Lalo Schifrin and Pat Williams [1972]«, in: *Celluloid Symphonies. Texts and Contexts in Film Music History*, hrsg. von Julie Hubbert, Berkeley – Los Angeles – London 2011, S. 356.

57 Paul Lopes: »Signifying Deviance and Transgression. Jazz in the Popular Imagination«, in: *American Behavioral Scientist* 48 (2005) 11, S. 1468–1481.

58 Dies zeigt sich auch in der Liaison des Jazz mit abstrakten Filmen wie A COLOR BOX (UK 1935, Len Lye) oder BEGONE DULL CARE (KAN 1949, Evelyn Lambart / Norman McLaren).

59 Vgl. Paul Wells: *Understanding Animation*, London – New York 1998, S. 216.

dardisierter »Gag«: Nach Explosionen verwandeln sich die Charaktere in die kraushaarige und rotlippige Minstrel-Karikatur eines Afroamerikaners. Doch sind diese Cartoons auch beim schwarzen Publikum beliebt, was nicht zuletzt an der erfrischenden Qualität der Musik liegen dürfte.[60] Die amerikanische Regierung und die Filmindustrie nutzen diese Popularität für ihre Kriegspropaganda in den 1940er Jahren. Gleichzeitig prangern die erstarkenden antirassistischen Bürgerrechtsinstitutionen wie die NAACP den Rassismus der Zeichentrickfilme an. Dies mündet in den Konflikt um die »Censored Eleven«.[61] 1968 nimmt der Rechteinhaber Universal diese Filme gänzlich vom TV-, Kino- und Videomarkt. Heute führen sie ein – vielfach kommentiertes – Eigenleben auf Videoplattformen im Internet. Mit ihrer formelhaften Erzählsprache, ihren humorvollen Darstellungen und der jazzigen Musik bedienen die »Censored Eleven« den Patriotismus und etablieren stereotype Feindbilder. Vermeintlich unschuldig, verkürzen und verdichten die »War-Toons« ethnische Stereotype. Sie verhöhnen Afroamerikaner und übergießen auch die Kriegsgegner – Italiener, Deutsche und Japaner – mit rassistischem Spott, siehe z. B. You're a Sap, Mr. Jap (USA 1943, Dave Fleischer). Dialekte und Akzente wie der »jive talk« von schwarzen Jazzmusikern werden verballhornt, und die swingenden Soundtracks werden mit beleidigend lärmenden Orientalismen oder teutonischer Blas- und Marschmusik angereichert, z. B. in Der Fuehrer's Face (USA 1942, Jack Kinney). Gleichzeitig sind diese Filme cineastisch hochwertig und technisch raffiniert produziert. Die Charaktere sprechen ihre Parts rhythmisiert, und die Instrumente imitieren Geräusche, Bewegungen und Lautäußerungen. So wird der rhythmische Fluss nicht gebremst, und die Filme swingen aktivierend vom Anfang bis zum Ende durch. Die Cartoon-Studios arbeiten mit professionellen Big Bands, die hochaktuellen, zeitgemäßen Swing präsentieren, und

---

60   Vgl. Thomas Cripps: *Making Movies Black*, Oxford – New York 1993, S. 197.
61   Hittin' the Trail for Hallelujah Land (USA 1931, Rudolf Ising), Sunday Go to
      Meetin' Time (USA 1936, Friz Freleng), Clean Pastures (USA 1936, Friz Freleng),
      Uncle Tom's Bungalow (USA 1937, Tex Avery), Jungle Jitters (USA 1938, Friz Fre-
      leng), The Isle of Pingo Pongo (USA 1938, Tex Avery), All This and Rabbit Stew
      (USA 1941, Tex Avery), Coal Black and De Sebben Dwarfs, Tin Pan Alley Cats,
      Angel Puss (USA 1944, Charles M. Jones), Goldilocks and the Jivin' Bears (USA
      1944, Friz Freleng).

selbst so profilierte schwarze Jazzmusiker wie Duke Ellington begeistern sich für diese Filme.[62]

So sind Zeichentrickfilme auch in jenen Jahren der afroamerikanischen Kultur enger verbunden als alle anderen Filmgattungen. Cartoons erfassen auch die Verwandlung des Big Band Swing zum Bebop früher als andere Genres, machen sich darüber lustig oder lassen sich davon inspirieren. So parodiert THREE LITTLE BOPS (AUFFORDERUNG ZUM TANZ, USA 1957, Friz Freleng) Gebaren und Eitelkeiten hipper Jazzmusiker und ihres snobistischen Publikums als Konflikt zwischen den drei kleinen Schweinchen und dem bösen Wolf. Bugs Bunnys Persönlichkeit ist stark von dem distanzierten Witz und der aggressiv-arroganten Coolness von Jazzmusikern wie Lester Young oder Dizzy Gillespie inspiriert.[63] Bugs Bunny ist ein Jazz-Hipster, der den Kampf gegen den spießigen Jäger Elmer Fudd mit gestischer Coolness und Distanziertheit, Jive-Talk und einfallsreicher Improvisationskunst führt.[64] Als Variante der afroamerikanischen Tricksterfigur des »Signifyin' Monkey«[65] besiegt Bugs Bunny seine körperlich überlegenen Gegner mit frechem Witz. In A WILD HARE (DIE HASENFALLE, USA 1940, Tex Avery) kondensieren afroamerikanische Sprechweise und Jazzmusiker-Coolness in dem lässigen Ausspruch »What's up, Doc?«, mit dem der Hase dem schwer bewaffneten Jäger begegnet.[66] Diese freche Gewitztheit zeigt noch in den 1990er Jahren die streberhafte und überkluge Baritonsaxofonistin Lisa, die im Vorspann der Zeichentrickserie THE SIMPSONS (DIE SIMPSONS, USA 1989–heute, James L. Brooks, Matt Groening, Sam Simon) wegen ihrer enthusiastisch improvisierten Licks des spießigen Schulorchesters verwiesen wird.

Der produktivste Komponist für Zeichentrickfilme ist bis in die späten 1950er Jahre Carl Stalling, der ehemalige musikalische Partner Walt Disneys.

---

62   Vgl. Cripps: *Making Movies Black* (Anm. 60), S. 197.
63   Vgl. Whitehead: »Carl Stalling, Improviser & Bill Lava, Acme Minimalist« (Anm. 42), S. 141.
64   Eine typologische Beschreibung und Analyse der Hipster liefert ein 1948 erschienener Artikel von Anatole Broyard: »A Portrait of the Hipster [1948]«, in: *Reading Jazz*, hrsg. von David Meltzer, San Francisco 1993, S. 226–229.
65   Vgl. Henry Louis Gates jr.: *The Signifying Monkey. A Theory of African-American Literary Criticism*, Oxford – New York 1988, S. 56.
66   Vgl. Lehman: *The Colored Cartoon* (Anm. 51), S. 64.

Stalling arbeitet von 1936 bis 1958 für Warner Bros. und vertont dort annä-
hernd 600 Cartoons.[67] Stalling perfektioniert – nicht selten durch Bearbei-
tung der illustrativen Jazzsongs von Raymond Scott[68] – musikalisch-humo-
ristische Techniken aus der Zeit des Vaudevilles, der Minstrelsy und der
Stummfilmvertonung. Ein stilistisches Merkmal Stallings, ganz im Geist der
»film funners« der Stummfilmjahre (siehe oben), ist das Zitieren von Songs
mit einem textlichen Bezug zu den Aktionen der Protagonisten. Wenn in
MUTINY ON THE BUNNY (USA 1950, Friz Freleng) der gefesselte Bugs Bunny
auf das Piratenschiff von Yosemite Sam verschleppt wird, zitiert Stalling,
den populären und von diversen Swing-Orchestern interpretierten Song
Put' em in a Box, Tie' em With a Ribbon, and Throw' em in the Deep Blue Sea. So
ergänzt die Musik den visuellen Gag um eine zweite Ebene. Eine ähnliche
Strategie wählen die Macher von SOUTH PARK (USA 1997–heute, Trey Parker,
Matt Stone u. a.). In der Episode CARTMAN'S SILLY HATE CRIME 2000 (DIE
LUSTIGE GESCHICHTE ÜBER EIN VERBRECHEN AUS HASS, USA 2000, Trey Parker,
Eric Stough) wandert Eric Cartman ins Gefängnis. Dazu ertönt der düstere
und aggressive Jazzsoundtrack der ultrabrutalen und von homosexuellen
Vergewaltigungen geprägten TV-Serie Oz (Oz – HÖLLE HINTER GITTERN,
USA 1997–2003, Tom Fontana u. a.), der andeutet, was dem kleinen Jungen
im Gefängnis drohen könnte.

Stallings musikalische Strategie ist – nicht zuletzt durch den Einfluss von
Raymond Scotts »descriptive jazz«[69] – der Funktionalisierung des frühen
Jazz in Zirkus, Vaudeville und Stummfilmkino verpflichtet. Ähnlich den

---

67   Vgl. Mike Barrier / Milton Gray / Bill Spicer: »An Interview with Carl Stalling [1971]«,
      in: Goldmark / Taylor: *The Cartoon Music Book* (Anm. 53), S. 37–60.

68   Eine Auflistung von Scotts Werken in Cartoons findet sich auf der Website *The Ray-
      mond Scott Archives* von Jeff E. Winner: »Looney Tunes. Raymond Scott Melodies in
      Warner Bros. Cartoons«, in: *The Raymond Scott Archives*, o. S., 1996–2012, online unter:
      http://raymondscott.com/#looney-tunes [letzter Zugriff: 14.10.2016].

69   Vgl. Winkler: »The Origin of Filmmusic« (Anm. 28), S. 374 f. Im Raymond Scott
      Quintette (sic!) werden Pistolenschüsse, Gewitter, Raketenstarts, Schreibmaschinen,
      Roboter imitiert und in die Kompositionen integriert. Diese ikonischen Momente prä-
      destinieren Scotts Kompositionen für die vereinfachten Narrative und die extreme
      Kinetik in Zeichentrickfilmen.

musikalischen Codes im japanischen Kabuki-Theater[70] werden bestimmte, dem frühen Jazz entstammende Spielweisen als semantische Indizes etabliert: »[...] xylophones for trotting up stairways, woozy trombones for drunks, subtone clarinet for quiet moonlit action [...]«.[71] So zeichnen Stallings Soundtracks ein zitatenreiches Klangbild zwischen Swing und Klassik, Minstrel- und Tin-Pan-Alley-Song, Ragtime und Folkmusik, das mit Klangeffekten und Geräuschen angereichert wird (vgl. THE SKELETON DANCE, USA 1929, Walt Disney). Andere Cartoons wie die frühen Tom-und-Jerry-Filme oder The-Peanuts-Vehikel wie CHARLIE BROWN'S ALL STARS! (USA 1966, Bill Melendez) ersetzen selbst die Lautäußerungen bestimmter Charaktere, vornehmlich der Erwachsenen, gänzlich durch instrumentale Effekte wie die mit dem Wah-Wah-Dämpfer gespielte Posaune. Dies wird mit derartiger Raffinesse betrieben, dass man nicht nur die Gemütshaltung der »Sprecher« heraushören, sondern sogar konkrete Worte identifizieren kann. Diese Varianten der musikalischen Imitation im Allgemeinen bzw. der Nachzeichnung des Bildgeschehens im Speziellen hat man zumeist despektierlich – und eben wegen der ›Gefahr‹ eines komischen Effektes – als Mickey-Mousing bezeichnet. Mickey-Mousing, das Carl Stalling und Walt Disney perfektioniert haben[72], ist ein probates und sicheres Werkzeug für filmmusikalischen Humor. Es funktioniert selbst in einem absoluten Film, wenn die Farb- oder Formkonfigurationen in Bewegung gesetzt sind, wie in BEGONE DULL CARE (KAN 1949, Evelyn Lambart, Norman McLaren). Norman McLaren taktet in exakten Achtelnoten die schriftliche Einblendung des Wortes »Ende« in diversen Sprachen zu Oscar Petersons Boogie-Woogie-Improvisationen. Dann blinkt synchron zur letzten Zählzeit der zwölftaktigen Bluesform die Jahreszahl »1949« in römischen Ziffern auf. Petersons improvisatorische Verläufe korrespondieren eigentlich ana- oder katabasisch,

---

70   Vgl. Will Friedwald: »Sublime Perversity. The Music of Carl Stalling«, in: Goldmark / Taylor: *The Cartoon Music Book* (Anm. 53), S. 138 f.

71   Whitehead: »Carl Stalling, Improviser & Bill Lava, Acme Minimalist« (Anm. 42), S. 143.

72   Vgl. Barrier / Gray / Spicer: »An Interview with Carl Stalling« (Anm. 67), S. 39.

klimaktisch oder noematisch mit den visuellen Figurationen. Hier verdeutlichen sich die Indexmöglichkeiten der Musik auf Kinetik oder Textur mit einer humoristischen Komponente.

V Der Spaß ist vorbei: Crime Jazz und seine Parodie

Wie oben angedeutet, verknüpfen spätestens in den 1940er und 1950er Jahren Gangsterfilme, Film noir und soziale Problemfilme Jazz mit Kriminalität, Delinquenz und Drogenkonsum.[73] Diese Verbindung wird schnell auch zum Gegenstand von Parodie und Selbstironie. So antwortet Louis Armstrong in ARTISTS & MODELS (KÜNSTLERBALL, USA 1937, Raoul Walsh) einem jazzfeindlichen FBI-Mann auf sein: »Let's start raiding every rhythm den.« – »Ain't no use hidin'/I'm going to take you ridin'/Look out for Public Melody No. 1.« In dem kruden staatlichen Anti-Drogenfilm REEFER MADNESS (USA 1936, Louis Gasnier) mündet klassisches Klavierspiel nach dem Marihuana-Konsum in enthemmte Jazzimprovisationen und treibt die berauschten Tänzer in desaströse Erschöpfungszustände. Der Film dürfte ob seiner Lächerlichkeit schon drogenerfahrene Beatniks und Jazzmusiker zu Lachanfällen gereizt haben und ist heute ein Klassiker im Stoner-Milieu. In dem Musical THE BAND WAGON (VORHANG AUF!, USA 1953, Vincente Minnelli) karikiert die Nummer »Girl Hunt Ballet« in Dekors, Musik und Tanzstil sämtliche Klischees von Film noir, Gangsterfilm und Beatnik-Allüren.

Weltweit stilbildend für Gangster- und Kriminalfilme ist Henry Mancinis bluesiger, mit Tritoni und Pop-Appeal angereicherter »Crime-Jazz« für die TV-Serie PETER GUNN (USA 1958–1961, Blake Edwards u. a.) und den Film noir TOUCH OF EVIL (IM ZEICHEN DES BÖSEN, USA 1958, Orson Welles). Doch Mancini selbst parodiert schon in der Krimikomödie THE PINK PANTHER (DER ROSAROTE PANTHER, USA 1963, Blake Edwards) seine eigenen stilistischen Entwicklungen. Das expressive, mit Growls und Pitch Bends durchzogene Tenorsaxofon des *Pink Panther Theme*, das penetrant auf Bluesfloskeln und

---

73 Vgl. Lopes: »Signifying Deviance and Transgression. Jazz in the Popular Imagination« (Anm. 57).

der verminderten Quinte insistiert, parodiert die Verknüpfung von Jazz und Kriminalität im selben Maße, wie der lächerliche Inspektor Clouseau eine satirische Übersteigerung des Film-noir-Detektivs und des Hipster-Typus ist.[74] Eine ähnliche musikalische Pointe setzt 1969 TAKE THE MONEY AND RUN (WOODY, DER UNGLÜCKSRABE, USA 1969, Woody Allen). Das bluesige Tenorsaxofon und der Off-Kommentar im »hardboiled«-Slang karikieren die lächerlichen Versuche des schmächtigen Woody Allen, sich als harter Gangster zu etablieren.

Vor allem die sozialen Problemfilme der 1950er Jahre wie THE MAN WITH THE GOLDEN ARM (DER MANN MIT DEM GOLDENEN ARM, USA 1955, Otto Preminger) oder A STREETCAR NAMED DESIRE (ENDSTATION SEHNSUCHT, USA 1951, Elia Kazan) hatten dem filmmusikalischen Jazz eine oft kopierte Aura von etwas bemühter Aggressivität und artifizieller Ernsthaftigkeit verliehen. Dagegen verströmen Henry Mancinis Soundtracks urbanen Humor und leichtfüßigen Witz. In der Abenteuerkomödie HATARI! (USA 1962, Howard Hawks) kontrastiert der Blues *Baby Elephant Walk* extreme Registerlagen (Dampforgel, Flöten, tiefes Blech) und exponiert pointierte Jazz-Phrasierung.[75] Mancinis Soundtracks der späten 1950er und frühen 1960er Jahre exponieren üppige Bläsersätze, leichtfüßig pastorale Flötenklänge und poppige, bisweilen vom Schlager angehauchte Themen auf der Basis eines swingenden Walking Bass. Weltweit beziehen sich dann (Kriminal-)Komödien und actionorientierte Cartoonserien in Stil und Klangbild auf Mancini. Dies gilt für SPIDER-MAN (USA/KAN 1967–1970, Stan Lee, Ralph Bakshi, June Patterson) und BATMAN (USA 1966–1968, Bill Finger, Lorenzo Semple jr.), die französische FANTÔMAS-Serie[76] und die klamaukigen Prügelfilme von Bud Spencer und Terrence Hill wie NON C'È DUE SENZA QUATTRO (VIER FÄUSTE

---

74   Vgl. Philip Tagg: »Tritonal Crime and ›Music as Music‹«, in: *tagg*, 1998, S. 16, online unter: http://www.tagg.org/articles/xpdfs/morric70.pdf [letzter Zugriff: 14.10.2016].
75   Jeff Smith: »That Money Making ›Moon River‹ Sound. Thematic Organization and Orchestration in the Film Music of Henry Mancini«, in: *Music and Cinema*, hrsg. von James Buhler, Caryl Flinn und David Neumeyer, Hanover 2000, S. 256.
76   FANTÔMAS SE DÉCHAÎNE (FANTOMAS GEGEN INTERPOL, F 1965, André Hunebelle), FANTÔMAS CONTRE SCOTLAND YARD (FANTOMAS GEGEN SCOTLAND YARD. F 1967, André Hunebelle), SOUS LE SIGNE DE MONTE-CRISTO (DER RÄCHER AUS DEM SARG, F 1968, André Hunebelle).

GEGEN RIO, I 1984, E.B. Clucher), die dänische Gaunerkomödie OLSEN-BAN-
DEN (DIE OLSEN-BANDE, DK 1968, Erik Balling) oder für Louis-de-Funès-
Vehikel wie LE GENDARME DE SAINT-TROPEZ (DER GENDARME VON SAINT-TRO-
PEZ, F/I 1964, Jean Girault). Wie die Soundtracks für den Animationsfilm
THE ADVENTURES OF TINTIN (DIE ABENTEUER VON TIM UND STRUPPI – DAS
GEHEIMNIS DER EINHORN, USA 2011, Steven Spielberg) oder für Gaunerko-
mödien wie CATCH ME IF YOU CAN (USA 2002, Steven Spielberg) oder die
OCEAN's-Trilogie (USA 2001, 2004, 2007, Steven Soderbergh), zeigen, funk-
tionieren Mancinis humoristische Errungenschaften jazziger Filmmusik
noch im 21. Jahrhundert.

VI   Vom Beatnik-Horror zur Exploitation

Etwas abseitigeren Humor exponieren zwischen den 1950er und 1970er Jahren einige (Beatnik-)Horrorfilme sowie die Blaxploitation- und Sexploita-
tion-Genres. Die parodistische und makabre TV-Serie THE ADDAMS FAMILY
(DIE ADDAMS FAMILY, USA 1964–1966, David Levy) exponiert ein stark syn-
kopiertes Titelthema in überzeichneter Phrasierung und mit Anklängen an
den Blues. Die selbstironischen Beatnik-Horrorfilme A BUCKET OF BLOOD
(DAS VERMÄCHTNIS DES PROF. BONDI, USA 1959, Roger Corman) und SPIDER
BABY OR, THE MADDEST STORY EVER TOLD (USA 1967, Jack Hill) nehmen in
ihrer Genremixtur aus Geister-, Schocker-, Striptease-, Monster- und
Stummfilm, ihrem überzeichneten Spaß am Töten und einer anarchischen
»Do-it-Yourself«-Ideologie fast schon Aspekte des Punk vorweg. Ihre Soundtracks zitieren die Big-Band-Wucht des »Crime Jazz«, ironisieren mit dilet-
tantischen Bongo-, Flöten- und Spoken-Poetry-Mischungen die Improvisa-
tionen der Beatniks, arbeiten mit Versatzstücken aus der kammermusikalischen
Instrumentierung des Cool Jazz oder greifen auf das Mickey-Mousing von
Zeichentrickfilmen zurück. Zynisch kommentieren Russ Meyers Sexploita-
tion-Filme wie VIXEN! (VIXEN – OHNE GNADE SCHÄTZCHEN, USA 1968) oder
SUPERVIXENS (SUPERVIXENS – ERUPTION, USA 1975) mit absurd-brutalem
Humor den American Way of Life. Meyer fetischisiert mit extremen Farben,
schnelle Schnitten und cartoonesk überzeichneten Charakteren Autos,

Gewalt und große Brüste.[77] Seine Soundtracks sind Collagen aus reißerischen bis moralisierenden Off-Kommentaren, überzeichneten Lustgeräuschen, Klängen aus dem Repertoire des Cartoons und einer musikalischen Mixtur des »burlesque jazz« aus Stripperfilmen, Big Band »Crime Jazz«, Easy Listening Pop, Beatmusik und Psychedelic-Rock. Meyer spielt vor allem mit den sexuellen Konnotationen des Jazz. Wenn sich der einschmeichelnden Lounge Jazz in Vixen! mit den Lustschreien der Protagonistin vermischt, bekommt die Musik eine komische Komponente. In Supervixens zeichnen die Bläsereinsätze in einer Bossa Nova den Orgasmus des hypermännlichen und übertrieben muskulösen Helden nach. Dieses Mickey-Mousing verleiht dem Machismo des Protagonisten etwas Lächerliches. Einer Minstrel-Strategie folgt Meyer, wenn er immer wieder ethnomusikalische Marker in seine Soundtracks einbaut, um seine weiblichen Charaktere stereotyp gemäß ihrer Ethnie zu kennzeichnen.[78]

Ähnliche musikalische Strategien finden sich auch in den massenhaft produzierten und klamaukig inszenierten deutschen Sexfilmen der 1960er Jahre. Die lächerlichen Charaktere in den auch als »bavarian porn« bekannten Lederhosenfilmen wie Auf der Alm, da gibt's koa Sünd (D 1974, F. J. Gottlieb) oder Liebesgrüsse aus der Lederhos'n (D 1973, Franz Marischka) karikieren sich selbst zu einer musikalischen Mixtur aus Crime- und Smooth-Jazz, Beatmusik und Schlager, exotischen und volkstümlichen Rhythmen und Melodien. Jazzmusiker wie Erwin Halletz, Martin Böttcher, Peter Thomas oder Gert Wilden vertonen trashige und nicht selten unfreiwillig komische Erotik- und Krimiproduktionen wie Wenn es Nacht wird auf der Reeperbahn (D 1967, Rolf Olsen) oder den pseudo-aufklärerischen Schulmädchen-Report: Was Eltern nicht für möglich halten (D 1970, Ernst Hofbauer).

---

77   Vgl. Mark Evans / Matt Burgess: »Beyond the Valley of the Ultra Cliché. Erotic Plenitude in the Films of Russ Meyer«, in: *Earogenous Zones. Sound, Sexuality, and Cinema*, hrsg. von Bruce Johnson, London – Oakville 2010, S. 40.

78   Vgl. Evans / Burgess: »Beyond the Valley of the Ultra Cliché. Erotic Plenitude in the Films of Russ Meyer« (Anm. 77), S. 48.

VII   Der Humor- und Popularitätsverlust des Jazz

Die sozialen Emanzipationsbewegungen von den Beatniks bis zur Black Power haben dem Jazz einen Nimbus des Intellektuellen, Widerständigen und sozial Subversiven verliehen. Avantgardefilmer wie John Cassavetes oder Shirley Clarke, die europäische Nouvelle Vague, die British New Wave oder das Direct Cinema begeistern sich an der formalen Flexibilität des Jazz und an seinem improvisatorischen Zugriff auf den Moment. Gleichzeitig durchfluten in den 1970er Jahren Jazzklänge in allen Schattierungen sämtliche Genres des populären Kinos, eigentlich ohne semantische Fesselung. Die Gaunerkomödie THE STING (DER CLOU, USA 1973, George Roy Hill) popularisiert die aktivierend spaßigen Ragtime-Klänge Scott Joplins, während die düsteren Noir-Thriller TAXI DRIVER (USA 1976, Martin Scorsese) und CHINATOWN (USA 1974, Roman Polański) elegische Blueslinien zu avanciert orchestralen Klängen exponieren. Die Titelmusik zu STAR TREK (RAUMSCHIFF ENTERPRISE, USA 1966–1969, Gene Roddenberry) oder der Soundtrack von THE OMEGA MAN (DER OMEGA-MANN, USA 1971, Boris Sagal) zeigen, dass Jazz bis ins Science-Fiction-Genre vorgedrungen ist. Mit THE LAST HOUSE ON THE LEFT (DAS LETZTE HAUS LINKS, USA 1972, Wes Craven) oder dem italienischen Giallo IL GATTO A NOVE CODE (DIE NEUNSCHWÄNZIGE KATZE, I/F/D 1971, Dario Argento) erklingt Jazz in brutalen Horrorfilmen. Darüber hinaus ist er aus dem erotischen und pornografischen Film nicht mehr wegzudenken, z. B. in PORNOGRAFI – EN MUSICAL (DK 1971, Ole Ege). Die Jazz-Semantik hat sich, wie der italienische Filmkomponist Nico Fidenco konstatiert, in Beliebigkeit aufgelöst: »Except in Westerns, jazz is a musical genre that works with every subject. I would say that it's almost certainly the easiest choice.«[79] Die Big Band Count Basies, die sich in Mel Brooks komödiantischem Western BLAZING SADDLES (DER WILDE WILDE WESTEN, USA 1974, Mel Brooks) aus der extradiegetischen Tonebene in der amerikanischen Wüste materialisiert, bestätigt als Ausnahme die Regel.

---

79   Nico Fidenco zit. nach Francesco Adinolfi: *Mondo Exotica: Sounds, Visions, Obsessions of the Cocktail Generation*, hrsg. und übersetzt von Karen Pinkus und Jason Vivrette, Durham 2008, S. 210.

Nach dem inflationären Einsatz jazziger Klänge und Spielweisen in den
1970er Jahren wird filmmusikalischer Jazz im Laufe der 1980er Jahre gänzlich
Makulatur. Das Jazz-Genre tendiert zu Akademisierung und Musealisierung,
ist in inneren Zwistigkeiten um Selbstdefinitionen zerstritten und steht kon-
trär zum minimalistischen Zeitgeist und Musikgeschmack von Punk, Hip-
Hop und Disco.[80] Im Kino wird Jazz zu einem historischen Artefakt. Filme
von 'ROUND MIDNIGHT (UM MITTERNACHT, USA/F 1986, Bertrand Tavernier)
bis BIRD (USA 1988, Clint Eastwood) betreiben mit nicht selten kitschiger
Ernsthaftigkeit die Historisierung des Jazz als veredelte Kunstform. In den
Dramen um die als tragische Helden und große Künstler stilisierten Musiker
bleibt wenig Platz für Humor. Analog dazu reduzieren jazzaffine Regisseure,
wie Woody Allen in MANHATTAN (USA 1979) oder Louis Malle in VANYA ON
42ND STREET (VANYA – 42. STRASSE, USA 1994), Jazz auf ein Signum feingeisti-
ger Intellektualität moderner Großstädter.

Einige urbane (Sex)-Komödien, Zeichentrickfilme und Zeichentrickserien bleiben den komischen Aspekten des Jazz treu. In WHAT WOMEN WANT
(WAS FRAUEN WOLLEN, USA 2000, Nancy Meyers) verkleidet sich Mel
Gibson zu den Klängen von Frank Sinatras *I Won't Dance* ungelenk tanzend
als Frau. Hier evoziert diese Musik zunächst ein erfolgreiches amerikani-
sches Lebensgefühl; der Witz entsteht aus dem Kontrast des virilen
Machismo des »Rat Pack« mit den ungelenken Bewegungen Mel Gibsons.
Nahezu alle humorvollen, in urbanem Milieu angesiedelten Fernsehserien
seit den 1980er Jahren haben ein Big-Band-Titelthema, das rhythmisch und
instrumental variiert dem Zeitgeist angepasst werden kann. In THE COSBY
SHOW (DIE BILL COSBY SHOW, USA 1984–1992, Bill Cosby u. a.), THE NANNY
(DIE NANNY, USA 1993–1999, Fran Drescher u. a.) oder SEX AND THE CITY
(USA 1998–2004, Darren Star) vermittelt dieser Klangkörper ein leichtfüßi-
ges Lebensgefühl zwischen Stadtleben und Broadway-Glamour. In Cartoons dominieren weiterhin die »alten« Jazzformen Dixieland, New Orleans
Jazz und Ragtime, die seit Stalling in einer Art Cut-Up-Ästhetik in Partikel
zerlegt, neu zusammengesetzt und mit Klangmalereien, stilistischen Brü-

---

80 Die Entwicklung des Jazz seit den 1980er Jahren diskutiert ausführlich Ekkehard Jost:
    Sozialgeschichte des Jazz, 1. Aufl. der erweiterten Neuaufl., Frankfurt/M. 2003.

chen oder Geräuschen zu Collagen gefügt werden, die bisweilen an eine populärmusikalische »musique concrète« erinnern. Immer noch scheinen die hohen Geschwindigkeiten, die tänzerische Kinetik, die hüpfend, synkopierte Phrasenbildung und die flexible, nicht selten lautmalerische Instrumentenbehandlung der Lebensfreude, dem Witz, der Leichtigkeit, dem absurden Humor und der überzeichneten Mimik und Gestik der Cartoon-Charaktere zu entsprechen. So feiert sich die putzige Unterwasserwelt in THE LITTLE MERMAID (ARIELLE, DIE MEERJUNGFRAU, USA 1989, John Musker, Ron Clements) mit dem jazzigen Calypso *Under the Sea*, die Steppenbewohner in THE LION KING (DER KÖNIG DER LÖWEN, USA 1994, Roger Allers, Rob Minkoff) swingen zu *Hakuna matata*, und der tapsige Bär Balu tanzt mit *The Bare Necessities* beschwingt durch THE JUNGLE BOOK (DAS DSCHUNGELBUCH, USA 1967, Wolfgang Reitherman). Selbst Songs und Charaktere des Minstrel erfreuen sich in Cartoons noch großer Beliebtheit. Minstrel-Stereotype wie die ethnisch gekennzeichneten Katzen in THE ARISTOCATS (ARISTOCATS, USA 1970, Wolfgang Reitherman) mit *Ev'rybody Wants to Be a Cat*, der scattende Affenkönig King Louie in THE JUNGLE BOOK oder die Krähen in DUMBO (DUMBO, DER FLIEGENDE ELEFANT, USA 1941, Ben Sharpsteen u. a.) leben im medialen Kanon der Populärkultur fort.[81]

Humoristisch subtile Cartoons wie THE MUPPET SHOW (DIE MUPPET SHOW, UK/USA 1976–1981, Jim Henson) oder diverse Peanuts-Folgen – etwa A CHARLIE BROWN CHRISTMAS (USA 1965, Charles M. Schultz) – integrieren auch »Modern Jazz« im weitesten Sinne. Vince Guaraldis *Linus and Lucy* oder das *Charlie Brown Theme* sind durchsichtig swingender Latin-Jazz. Sie unterstützen mit einer freundlichen und tänzerischen Note den hintergründigen Humor der Charaktere. THE MUPPET SHOW präsentiert in musikalischen Nummern und Titelthema Jazz mit anarchischem Off-Broadway-Charme und exponiert eine Jazzsensibilität mit selbstreferenziellen Insiderwitzen. In THE MUPPET SHOW (Season 1, Episode 2; 1977) wird der Saxofonist Zoot gedrängt, in dem Song *Sax and Violence* ein lächerliches, nur aus einem Ton

---

81 Vgl. Ben Joseph: »The 9 Most Racist Disney Characters«, in: *cracked*, 16.11.2007, o. S., online unter: http://www.cracked.com/article_15677_the-9-most-racist-disney-characters.html [letzter Zugriff: 14.10.2016].

bestehendes Solo zu spielen. Beschämt entschuldigt er sich mit dem Ausspruch: »Forgive me, Charlie Parker, wherever you are.« Dieser Witz funktioniert, wenn man weiß, dass Charlie Parker für sein virtuoses und überbordend schnelles Saxofonspiel berühmt geworden ist. Gesellschaftlich hoch bewusste und kritische Zeichentrickserien wie The Simpsons, American Dad (USA 2005–heute, Seth Farlane u. a.) oder South Park begreifen Jazz als einen Bestandteil sozial und ästhetisch wirksamer »Americana«, mit denen sich soziale Befindlichkeiten kommentieren lassen. Die Eröffnungssequenz von The Simpsons parodiert mit multithematischem Symphonic Jazz die Familie Simpson als verschrobene Apotheose des amerikanischen Spießbürgers. Das animierte Logo der Pixar-Studios in Luxo Jr. (Die kleine Lampe, USA 1986, John Lasseter), ein mithilfe des Kindchenschemas und kurzen Ärmchen verniedlichtes Lämpchen, wird mit durchsichtigem »Modern Jazz« im Stile des Peanuts-Komponisten Vince Guaraldi zum Leben erweckt. Der Vorspann von Pixars Monsters, Inc. (Die Monster AG, USA 2001, Pete Docter) zitiert »Crime Jazz«-Klänge. Die rhythmisch bewegten farbigen Muster und geometrischen Formen erinnern an abstrakte Jazz-Filme wie Norman McLarens Begone Dull Care (KANN 1949).

In Deutschland ist humorvoller, filmmusikalischer Jazz – bzw. Jazz als Filmmusik im Allgemeinen – kaum mehr als eine Randnotiz. Bis in die 1960er Jahre beschwören einige nach dem Vorbild des Hollywoodmusicals verfertigte, leichtgewichtige musikalische Komödien oder Tanzfilme wie Die Drei von der Tankstelle (D 1930, Wilhelm Thiele), Eine Nacht im Mai (D 1938, Georg Jacoby) oder Kauf Dir einen bunten Luftballon (AT 1960, Géza von Cziffra) gute Laune und ein beschwingtes Lebensgefühl. Die Jazzszenen in Clubs und auf Bühnen und die zum Schlager tendierende Musik sind in ihrer bemühten Unbeholfenheit von bisweilen unfreiwilliger Komik (siehe z. B. Die grosse Chance, D 1957, Hans Quest). Nicht selten werden die Musiker, wie Louis Armstrong in La Paloma (D 1959, Paul Martin), als trottelige, Grimassen schneidende Clowns mit überbordend guter Laune präsentiert. In seinen cartoonesk überzeichneten Komödien wie Texas – Doc Snyder hält die Welt in Atem (D 1993 Ralf Huettner, Helge Schneider) oder Jazzclub – Der frühe Vogel fängt den Wurm (D 2004, Helge Schneider) thematisiert Helge Schneider die bis zur Lächerlichkeit prekären

Lebensverhältnisse von Jazzmusikern und exponiert die komische Abge-
schmacktheit jazziger Hintergrundmusik zwischen Easy Listening, Allein-
unterhalterkitsch und Smooth Jazz. Bisweilen könnte man Schneiders filmmusikalischen Ansatz zwischen gewolltem Dilettantismus, überzeichneten
Klischees und multiinstrumentaler Könnerschaft als eine Art clowneske
Camp-Variante lesen.[82] Wenn die Produzenten der dokumentarischen
Fernsehserie DIE LUDOLFS – VIER BRÜDER AUF'M SCHROTTPLATZ (D 2006–2011,
Daniel Silber, Joachim Schroeder) das Leben von vier bizarr ungepflegten
und trotteligen Schrotthändlern mit banal bis »campy« swingenden Jazzstü-
cken unterlegen, offenbart sich hier ein Jazzverständnis, das (frühen) Jazz
wie Dixie, Ragtime und New Orleans immer noch in der Tradition von
Minstrel- und Stummfilmdramaturgie als eine Art »Trottel-Musik« (siehe
oben) begreift.

VIII Signifyin'

Jazz fasziniert nicht nur als Musik.[83] Er hat sich – auch über die Leinwand –
als ikonischer, verbaler und performativer Apparatus[84] in der medialen Kultur verankert. Er impliziert eine Kultur, einen Lebensstil, eine künstlerische
Methode und – um ein Diktum Adornos gegen seine ursprüngliche Intention positiv zu wenden – eine »zeitlose Mode«.[85] Seit dem Stummfilm
begeistern sich Regisseure an der körperlichen Reaktion, die diese Musik
evoziert. Sie amüsieren sich über Mimik, Gestik, Sprache und Habitus von
Jazzmusikern und ihrem Publikum. Josephine Baker in LA SIRÈNE DES TRO-

82   Zum Begriff »Camp« siehe Susan Sontag: *Kunst und Antikunst: 24 literarische Analysen*,
      übersetzt von Mark W. Rien, Frankfurt/M. 1982, S. 322–341.

83   Vgl. Krin Gabbard: *Jammin' at the Margins. Jazz and the American Cinema*, Chicago –
      London 1996; Krin Gabbard (Hrsg.): *Jazz Among the Discourses*, Durham 1995; Krin
      Gabbard (Hrsg.): *Representing Jazz*, Durham 1995; Ogren: *The Jazz Revolution*
      (Anm. 15); Peter Townsend: *Jazz in American Culture*, Jackson 2000.

84   Vgl. Michel Foucault: *Power/Knowledge: Selected Interviews and Other Writings, 1972–1977*,
      New York 1980, S. 194.

85   Theodor W. Adorno: »Zeitlose Mode. Zum Jazz [1953]«, in: *Adorno, Theodor W. Gesam-
      melte Schriften 10. 1. Kulturkritik und Gesellschaft I. Prismen. Ohne Leitbild*, hrsg. von Rolf
      Tiedemann, Frankfurt/M. 1977, S. 123.

PIQUES (PAPITOU, F 1927, Mario Nalpas, Henri Étiévant), Cab Calloway in den Betty-Boop-Filmen, die halsbrecherische, akrobatische Komik der Nicholas Brothers in dem »All-Black-All-Star«-Showfilm STORMY WEATHER (DER TÄN-ZER AUF DEN STUFEN, USA 1943, Andrew Stone) vermitteln ein Körpergefühl, das Erotik, Exotik und lustvolle Exzentrizität ausstrahlt und bis weit in die Mitte des 20. Jahrhunderts die Populärkultur prägt. Ein Schlüssel zum Ver-ständnis der Wirkungsmächtigkeit des Jazz-Apparatus ist das »Signifyn'«, das als rhetorische Strategie der Ironie mit der Lücke zwischen Denotation und Konnotation spielt. Henry Louis Gates jr. führt es 1988 auf die westafrikani-sche Legende des »Signifyin' Monkey« zurück, der den weitaus stärkeren Löwen mit Witz und Schlagfertigkeit besiegt. In der Populärkultur hat sich das Sprachspiel »Playing the Dozens« verankert, da ein Kontrahent mit der Frage »Your mom is so fat, how fat is she?« zu möglichst schlagfertigen und humorvollen Repliken herausgefordert wird.[86] Doch Techniken des Sig-nifyin' funktionieren nicht nur auf verbaler Ebene, sie können auch als musi-kalische, körperliche und performative Subversionsstrategien wirken. Wenn Bebop-Musiker über Broadway-Schlager improvisieren, Big-Band-Musiker oder Rapper sich instrumental oder verbal bekämpfen oder Sportler ihre Gegner mit körperlich unterstütztem »trash talk« aus dem Konzept bringen, wirken hier diverse semantische Doppel- und Mehrfachcodierungen.[87] Daher kann auch der Jazz im Kontext des Films immer mit einer gewissen, meist ironischen Doppelbödigkeit versehen sein.

In der »Oh, How I'd Like to Own a Fish Store«-Nummer des Revuefilms KING OF JAZZ (USA 1930, John Murray Anderson, Pál Fejös) verkörpert ein – bezeichnenderweise Jack White genannter – Charakter die Minstrel-Vari-ante eines Conferenciers, den sogenannten »Interlocutor«.[88] In rhythmisier-ter Parodie des afroamerikanischen Südstaatendialektes erzählt er die absurde Geschichte eines Boxkampfs zwischen einem Thunfisch und einem Barsch; die umstehenden Jazzmusiker kommentieren seine Geschichte mit

---

86   Vgl. Gates jr.: *The Signifying Monkey* (Anm. 65), S. 72.
87   Vgl. ebenda, S. 64 und 104 f.; vgl. Alex Ross: *The Rest is Noise: Das 20. Jahrhundert hören*, ungekürzte Taschenbuchauflage, München 2013, S. 112.
88   Vgl. Lott: *Love and Theft* (Anm. 14), S. 144.

anzüglichen Geräuschen. Der gesamte Film repräsentiert afroamerikanische Jazz- und Kulturtechniken ohne afroamerikanische Präsenz. In diesem Sinne dokumentiert diese Szene nicht nur eine typische Signifyin'-Performance, sondern Jack White »signified« die präsente Absenz von Schwarzen.[89] Whites rhythmisierter Redefluss aus Unsinns-Sätzen, Wortwitz und Spott wird im Minstrel »stump speech« genannt und ist eine frühe Form improvisierter Stand-up-Comedy. Die »jump-speech« ist auch mit dem »jive-talk« und dem Scat-Gesang von Jazzmusikern, der Spoken Poetry und dem Rap verwandt.[90] Sun Ra greift diese rhetorische Waffe in SPACE IS THE PLACE (USA 1974, John Coney) auf. Spöttisch demaskiert er die Ideologie diverser Bewerber für seine Raumfahrtagentur, indem er ihre Ansprachen rhythmisch-rhetorisch zerlegt und in Unsinn verwandelt. Diese Szene »signified« auf einer weiteren Ebene, da sie filmisch und filmmusikalisch nach dem jazzigen oder bluesigen Formprinzip der »Call & Response«-Struktur inszeniert ist. Eine ähnliche Strategie wählt Shirley Clarke in THE CONNECTION (USA 1961). Hier durchbrechen Junkies und Jazzmusiker die imaginäre vierte Wand, sprechen und musizieren direkt in die Kamera, verwischen diegetische und extradiegetische Ebenen und entlarven dabei die Inszenierung des gesamten Films und ihrer eigenen Personae.

Monty Brogans (Edward Norton) von Spike Lee bebilderte Hasstirade in 25TH HOUR (25 STUNDEN, USA 2002) »signified« ebenfalls in einem jazzigen Sinne: Brogans Monolog funktioniert wie eine Kette von Licks oder Riffs, die ein Jazzmusiker reiht, paraphrasiert oder variiert. Seine ungehemmt artikulierte rassistische Verachtung aller möglichen Ethnien in New York ist gleichzeitig eine Liebeserklärung an die Diversität der Stadt. Der streng strukturierte und rhythmisierte Monolog wird komisch in seiner Ohnmacht und mündet in die Selbstbeschimpfung des Protagonisten, die konsequenterweise von jazzigen Blechbläsern untermalt wird.

---

89 Vgl. Konstantin Jahn: »Paul Whitemans Symphonic Jazz und seine Spuren im Hollywoodmusical – exemplifiziert anhand der Filme KING OF JAZZ und 42ND STREET«, in: *Kieler Beiträge zur Filmmusikforschung* 8, 2012, S. 186–199, online unter: http://www. filmmusik.uni-kiel.de/KB8/KB8-Jahn.pdf [letzter Zugriff: 14.10.2016].

90 Vgl. Lott: *Love and Theft* (Anm. 14), S. 80f. und 147.

Auch Louis Armstrongs oft als Minstrel-Clownerien kritisierte, cineastische Performances können als Strategien des Signifyin' gelesen werden. Zunächst ist die Identifikation mit den Minstrel-Stereotypen für schwarze Künstler die einzige Möglichkeit überhaupt, ins weiß dominierte Filmgeschäft vordringen zu können. Wenn Armstrong in A Rhapsody in Black and Blue (USA 1932, Aubrey Scotto) in ein Leopardenkostüm gekleidet die Muskeln spielen lässt, als Minstrel-Clown grimassiert und viril virtuose Soli bläst, wird seine Überzeichnung der Klischees zu einer Art subversiver Über-Affirmation. Der Trickster konterkariert die Vermarktung von potenter Musikalität und vermeintlicher Hypersexualität des schwarzen Künstlers:

> He transcends the racist trappings by his indifference to every sling and arrow. […] Armstrong is telling it something entirely different – he's doing it not only with the magnificence of his music, but with his physical muscularity, his carriage, his boding sexuality, the look in his eye.[91]

Schon die »Professoren« des Ragtime, wie James P. Johnson oder Jelly Roll Morton, inszenierten sich, die aufoktroyierten Klischees selbstironisch übertreibend und konterkarierend, als Zuhälter, Gangster oder »harte Burschen«.[92] Die Erben dieser Strategie sind die hypermaskulinen Charaktere in Sweet Sweetback's Baadasssss Song (Sweet Sweetbacks Lied, USA 1971, Melvin Van Peebles) oder Shaft (USA 1971, Gordon Parks) und Pimp- oder Gangster-Rapper wie Ice-T oder Snoop Dogg. Gerade Blaxploitation-Filme wie die Independent-Produktion Sweet Sweetback's Baadasssss Song arbeiten mit polymorphen musikalischen und inszenatorischen Signifyin'-Strategien. Die Charaktere äußern Verzweiflung, Ohnmacht oder Hass auf den Rassismus der Gesellschaft in spöttischen, ironischen und absurden Formen. Diese Performances sind, neben all ihrem ironischen Witz, sicher auch Techniken des Selbstschutzes in rassistischen Kontexten: Man denke nur an Lester Youngs exzentrische Sprechweise, Instrumentenhaltung und distanzierte Coolness.

---

91   Vgl. Gary Giddins: *Satchmo. The Genius of Louis Armstrong*, New York 2001, S. 9.
92   Vgl. Tom Davin: »Conversation with James P. Johnson«, in: *Ragtime. Its History, Composers, and Music*, hrsg. von John Edward Hasse, London 1985, S. 169.

Tief im Mainstream verankert hat sich Bill Cosby als Dr. Heathcliff Huxtable in THE COSBY SHOW. Cosby stellt hier nicht nur immer wieder seine Verbundenheit mit der Jazzmusik heraus, seine ganze Persona signified. Cosby ist »jazzy« in Mimik, Gestik und Mentalität:

> »His [Cosbys; d. Verf.] performances are always marked by smooth improvisations, face, body, props, voice, stance [...].«[93]

IX   Die gesellschaftliche Funktion jazzigen Humors

In ihrer Studie über Witz, Calypso und Blues kontrastiert Cynthia Mahabir, in Anlehnung an Hill[94], den intellektuellen, bourgeoisen Witz als eine Angelegenheit des Denkens und der Bildung mit einer Komik, die weit weniger den Verstand als »the physical aspects of the body, the female and the lower classes« anspreche.[95] Diese Komik artikuliere sich als Folklore und in populärer Musik. Hill zeigt dies an der Figur des Harlekins als »archetypal representative of lower-class comedy«.[96] Diese Aspekte von Humor und Komik treffen sowohl soziologisch als auch phänomenologisch auf die Verknüpfung von Jazz, Film und Filmmusik zu. Die Figuren der Minstrelsy sind – über ihre rassistische und sexistische Natur hinaus – volkstümliche und hochmusikalische Varianten des Harlekins im Gewand des »Signifyin' Monkey«.[97] Ihre Wirkungsmacht ist so stark, dass sie afroamerikanischen Künstlern als Maske dienen müssen bzw. dienen können, um ins Unterhaltungsgeschäft vorzudringen. Bestes Beispiel dafür ist das Leinwandimage Louis Armstrongs, der so zu einer – auch cineastischen – Ikone des Jazz wurde.

Der Erfolg des Jazz zu Beginn des 20. Jahrhunderts liegt vor allem in der körperlichen Sensation begründet. Der frühe Film dokumentiert die unge-

---

93   Baraka: *Digging* (Anm. 45), S. 50.
94   Carl Hill: *The Soul of Wit*, Lincoln 1993.
95   Cynthia Mahabir: »Wit and popular music: the calypso and the blues«, in: *Popular Music* 15 (1996) 1, S. 56.
96   Hill: *The Soul of Wit* (Anm. 94), S. 26.
97   Vgl. Mahabir: »Wit and popular music: the calypso and the blues« (Anm. 95), S. 56.

wöhnlichen, ja ungehörigen Tanzbewegungen, die der Jazzbeat hervorzurufen in der Lage ist. Weiße amüsieren sich darüber und imitieren dieses Phänomen auf musikalischer, verbaler und performativer Ebene. Der medial verbreitete, schwarze Jazz konfrontiert die weiße, puritanische und rassistische Gesellschaft mit Ausdrucksformen einer marginalisierten und diskriminierten Klasse und Rasse. Diese Konfrontation mit dem Verdrängten ruft Reaktionen wie Lachen, Mimesis oder brutale rassistische Ablehnung hervor. Dies bezeugen die jazzige Begleitmusik von Stummfilmkomödien, die Tanzbegeisterung und ex negativo der Aufstieg des Ku-Klux-Klan in den 1920er Jahren. Bezeichnenderweise lehnen auch schwarze Jazzkritiker, die um eine Anpassung an weiße Mittelklassewerte bemüht sind, den Jazz aus religiösen Gründen ab oder diskreditieren ihn als Lärm, Quatsch, Radau oder Frivolität.[98]

Gleichzeitig bieten Jazz und seine Früh-, Neben- und Vorformen – nicht zuletzt in den Kinos – die Möglichkeit des verhüllten bis offenen humoristischen Protests gegen die weiße Unterdrückung. Dies reicht von anzüglich frivolen Texten im Blues über die Verballhornung weißer Tänze bis zur »Afroamerikanisierung« und Konterkarierung von Weißen produzierter Stummfilme mit afroamerikanischer Musik.[99] All dies geschieht weit weniger – wie später teilweise im Bebop, im Free Jazz oder im Rap – in offen aggressiver oder politisch expliziter Form, sondern mit Techniken des Humors, des Witzes, der Ironie oder des Spotts. Betrachtet man die unzähligen rassistischen Gewaltexzesse weißer Polizisten in den letzten Jahren oder die tödlichen Schüsse etwa George Zimmermans auf Trayvon Martin 2012 in Sanford, so bedeutet schwarz zu sein in Amerika bis heute, Erfahrungen von bizarrer Gewalt zu machen. Die durch den Jazz prominent gewor-

---

98 Vgl. Gerald Early: »Pulp and Circumstance: The Story of Jazz in High Places«, in: *The Jazz Cadence of American Culture*, hrsg. von Robert G. O'Meally, New York 1998, S. 405–406.

99 Vgl. Mahabir: »Wit and popular music: the calypso and the blues« (Anm. 95), S. 71; vgl. Mary Carbine: »'The finest outside the Loop': Motion Picture Exhibition in Chicago's Black Metropolis, 1905–1928«, in: *Film Theory, Critical Concepts*. Vol. III, hrsg. von Philip Simpson, Andrew Utterson und Karin J. Shepherdson, London – New York 2004, S. 96–124.

denen afroamerikanischen Kulturtechniken von Spott, Ironie und Signifyin' sind eine Möglichkeit, darauf zu reagieren.

Betrachtet man die Entwicklung weißer Witztheorien von der Aufklärung über die bürgerliche Komödie bis zu Freud[100], kann man dahinter Max Webers Prozess der Rationalisierung wirken sehen: Die Entscheidung darüber, was witzig ist und was nicht, wird zu einem Instrument sozialer Disziplinierung. Wie Hill beobachtet hat, wird in diesem Prozess der Witz als Ausdrucksform der Bildung und des Intellekts verstanden und soll die Überlegenheit des Geistes über den Körper bezeugen.[101] Wenn Charles Peyton, der sich als bürgerlicher Intellektueller um die Anpassung an weiße Mittelklassewerte bemüht, die jazzige Musizierpraxis in den Stummfilmkinos kritisiert, bezeugt er diesen Prozess. Jazz und seine Protagonisten lenkten die Aufmerksamkeit vom Narrativ ab, konterkarierten die Erzählungen, reizten zu lautstarken Kommentaren, zu Klatschen, Pfeifen, Singen, Beifalls- oder Missfallensbekundungen. So macht das Publikum, das – im Sinne der von Jean-Louis Comolli und Jean-Louis Baudry konstatierten Apparatus-Theorie – in ein ideologisches vorbestimmtes Verhältnis zur Leinwand positioniert wird[102], den gesamten Kinoapparat und seine ideologischen Präpositionen sichtbar.

Alfred Brendel konstatiert, dass musikalischer Humor aus Verstößen gegen ein »Ordnungsgefüge« resultiere, welches sich aus den »[…] musikalischen Formen (das heißt aus musikalischen Erwartungen, die sich eingebürgert haben) und aus der Schlüssigkeit eines rein musikalischen Denkens« füge.[103] Zumindest zu Beginn des 20. Jahrhunderts verstößt der Jazz auf multiplen Ebenen gegen die Konventionen abendländischer Musizierpraxis und Musikrezeption. Er animiert zur Partizipation des Publikums und involviert den Körper, dessen Rhythmen und Intonationen im abend-

100   Vgl. Hill: *The Soul of Wit* (Anm. 94).
101   Vgl. ebenda, S. 26.
102   Vgl. Joachim Paech: »Überlegungen zum Dispositiv als Theorie medialer Topik [1997]«, in: *Texte zur Theorie des Films*, hrsg. von Franz-Josef Albersmeier, Stuttgart 2003, S. 471 ff.
103   Alfred Brendel: »Gibt es eigentlich lustige Musik? Das umgekehrte Erhabene«, in: *LiTheS* 8 (2013), S. 14.

ländischen Verständnis schief, barbarisch, primitiv oder banal und eben deshalb komisch sind. Darüber hinaus hat der Jazz den gesamten Komplex des weißen Rassismus und Sexismus zu tragen. Jener äußert sich – wenn nicht offen gewalttätig – in Obszönitäten und verachtungsvollem Spott.

Auf gewisse Weise befreit die faszinierte Hinwendung zum Jazz, vor allem zu den körperlich aktivierenden und frivolen Formen wie Blues[104], den schnellen, improvisierten Jump Blues oder den sexuell konnotierten »Hokum«, die weiße, puritanische Gesellschaft, wenn nicht vom Rassismus, dann zumindest von der Verdrängung des Körpers und der Sexualität. Dies geschieht auf lust- und humorvolle Art. Diese Musik bietet der weißen Gesellschaft eine Möglichkeit, sich mit gesellschaftlich marginalisierten Rassen und Klassen kurzzuschließen. Die Kommunikation hierbei funktioniert über den Körper, über schallendes Gelächter und wissendes Lächeln.[105]

Im Kino funktionieren diese Prozesse vor allem zu Beginn des 20. Jahrhunderts – zu einem Zeitpunkt also, da Jazz und Film »volkstümlich« und in den Niederungen der Unterhaltungskultur, in Bordellen, Penny Arcades und Spelunken, auf Jahrmärkten, in Vaudevilles und Nickelodeons beheimatet waren. Jazz und Film haben sich dann beide mit unterschiedlichen Geschwindigkeiten auf den langen Weg in die institutionalisierte Hochkultur begeben und auf diesem Weg die Subversivität ihrer humoristischen Beziehung eingebüßt. Dafür spricht auch, dass nur das naive und gewissermaßen anarchische Medium des Zeichentrickfilms konsequent diese Liaison weiterverfolgt.

Jazz ist heute in den westlichen Ländern eine Art subventionierter Hochkultur und institutionelles Kulturgut, eine neue Klassik. Er steht für Virtuosentum, Komplexität und Intellektualität. Diese Art der Akademisierung, Musealisierung und Kanonisierung ist als Strategie schwarzer Emanzipationsbewegungen und Reaktion auf den Rassismus verständlich, gleichzeitig hat sie dem Jazz spätestens in den 1980er Jahren einen eklatanten Popularitätsverlust beschert. Wer betrachtet, mit welch verbissener Ernsthaftigkeit Joachim-Ernst Berendt die Jazzdiskussion geführt hat oder mit welch bemühter

---

104   Vgl. Mahabir: »Wit and popular music: the calypso and the blues« (Anm. 95), S. 62 f.
105   Vgl. ebenda, S. 60.

Vehemenz Wynton Marsalis den »Elder Statesman« des Jazz gibt, muss – trotz aller Sympathie – konstatieren, dass der zeitgenössische Jazz an einer gewissen Humorlosigkeit krankt.[106] Doch speichern Cartoons und Kurzfilme, abstrakte Filme und einige wenige Spielfilme den absurden, anarchischen und volkstümlichen Witz des Jazz. Darüber hinaus hat sich jazzige Komik in Hip-Hop und Stand-Up-Comedy transformiert und in gestischem, mimischem, tänzerischem, musikalischem und verbalem Signifyin' in die gesamte Popkultur eingeschrieben. In diesem Sinne hat Jazz über Ironie und Parodie, Sprachwitz, musikalische Rhythmik, Phrasierung und Melodik, Zitat und Körperlichkeit eine Art performative Rhetorik eingeführt, die essenziell die mediale Landschaft des 20. und 21. Jahrhunderts prägt.

---

106   Man betrachte dazu auch die Diskussionen um eine Satire über Sonny Rollins in *The New Yorker*, vgl. Django Gold: »Sonny Rollins: In His Own Words«, in: *The New Yorker*, 31.7.2014.

Jörg Heuser

Frank Zappa, 200 Motels: Weltenkollision

Im Jahr 1969 löste Frank Zappa seine bisherige Band *The Mothers of Invention* auf und widmete sich zunächst kleineren Kooperationen, etwa mit seinem ehemaligen Schulkameraden Don Vliet, besser bekannt als Captain Beefheart. Er beschäftigte sich jedoch auch zunehmend mit dem Orchester als Medium für seine kompositorischen Ideen, und so muss es sich als eine einmalige Gelegenheit erwiesen haben, als Zubin Mehta noch im Mai desselben Jahres anbot, Zappas Musik mit dem LA Philharmonic Orchestra aufzuführen. Das Zustandekommen der Kooperation, in deren Kontext Teile des Materials für Zappas Film 200 Motels zur Aufführung gelangten, war jedoch an eine Bedingung geknüpft: Die *Mothers of Invention* mussten Teil der Aufführung sein. So engagierte Zappa für diese zeitlich begrenzte Zusammenarbeit lediglich einen Teil der ursprünglichen Formation, nämlich Ian Underwood, Don Preston, Billy Mundi, Euclid James »Motorhead« Sherwood und Ray Collins, und ergänzte die Formation um den Geiger Sugarcane Harris, Aynsley Dunbar und die Percussionistin Ruth Underwood.

Es kam schließlich zu zwei Aufführungen von Zappas Werk *200 Motels* für Orchester und Rockband unter Leitung von Zubin Mehta; eine weitere Aufführung in der Londoner Royal Albert Hall wurde kurzfristig gestrichen, da die Verantwortlichen die Texte der Lieder für unangemessen hielten. Die Premiere fand also am 15. Mai 1970 im Pauley Pavilion auf dem Gelände der UCLA statt. Die aufgeführten Stücke entstanden offenbar in einem über mehrere Jahre anhaltenden Kompositionsprozess, vornehmlich während der Tourneen und, wie der Titel des Werks und des späteren Filmprojekts bereits vermuten lässt, in diversen Motels. Frank Zappa selbst bezeichnete das Werk als »zweijähriges orchestrales Tagebuch«.[1]

---

1 Zit. nach Billy James: *Frank Zappa und die Mothers of Invention. Die frühen Jahre*, Höfen 2007, S. 167 ff.

Nach den unvollendeten Filmprojekten UNCLE MEAT (USA 1987) und
BURNT WEENY SANDWICH sollte Zappas hochambitioniertes 200 MOTELS
zunächst für das holländische Fernsehen produziert werden. Zappa ging
aber mit einem zehnseitigen Drehbuch-Entwurf und einem Band mit Film-
musik-Vorschlägen zu United Artists und bekam – zu seiner eigenen Überraschung – wenige Tage später den Zuschlag für sein Filmprojekt. Zappa:
»We walked in and the guy says ›you've got a deal.‹ Just like that!«[2] Das Film-
budget lag allerdings bei mageren $ 679.000, sodass nur etwa ein Drittel des
ursprünglichen Scripts verfilmt werden konnte. Es wurde auf Videomaterial
gedreht, später erst auf 35mm-Film kopiert. Diese neue Video-Technik
ermöglichte es, in der Postproduktion neuartige Spezialeffekte zu generie-
ren. Ungewöhnlich war auch, dass die Musik (auch die des Orchesters)
zumeist live während des Drehs und nicht separat aufgenommen wurde, um
dann später hinzugemischt bzw. -montiert zu werden.

Für den Film wurde schließlich nur fünf Tage lang geprobt, gedreht
wurde dann an sieben Tagen in den Londoner Pinewood Studios, u. U. auch,
weil es dort günstiger war – vor allem das für den Film engagierte und in
London ansässige Royal Philharmonic Orchestra war mit £ 1.000 pro Auf-
nahmesession deutlich billiger als vergleichbare Orchester in Los Angeles.
Als Regisseur wurde Tony Palmer engagiert, der als einer der ersten die
besagte Videotechnik für seine Dokumentation des Farewell-Auftritts (1968)
der »Supergroup« Cream eingesetzt hatte (CREAM FAREWELL CONCERT, USA/
GB 1977) – eine scheinbar gute Wahl. Doch war Palmer nach einiger Zeit
mit dem Material und wohl auch mit den Vorstellungen Zappas nicht ein-
verstanden, sodass auch er mit seinem Ausstieg aus dem Projekt drohte.[3]
Denn bereits am dritten Tag der Dreharbeiten war der Bassist Jeff Simmons
ausgestiegen. Seine Rolle übernahm Wilfried Brumble, der in Richard Les-
ters Beatles-Film A HARD DAY's NIGHT (UK 1964) die Rolle von Paul McCart-
neys Großvater spielte. Als dieser sich jedoch von der ihm gestellten Aufgabe überfordert fühlte und die Produktion ebenfalls verließ, legte Zappa
sich auf einen letzten verzweifelten Entschluss fest: »Der nächste, der durch

---

2   Zit. nach Barry Miles: *Frank Zappa*, London 2004, Kap. 13.
3   Ebenda, S. 206 ff.

diese Tür kommt – und mir ist wurscht, wer das ist – übernimmt die Rolle von Jeff Simmons.«[4] Als sich nach einiger Zeit die Garderobentür öffnete, war es Martin Lickert, Ringo Starrs Chauffeur, den das Schicksal mit dieser undankbaren Aufgabe betraute.

Die später auf der Doppel-LP veröffentlichte Fassung enthält diverse Abweichungen von der im Film verwendeten Fassung, und auch die Reihenfolge der Stücke wurde im Vergleich zum Film variiert. Das thematische Material der Kompositionen fand insbesondere im 1971 veröffentlichten Album *Fillmore East – June 1971* seine Wiederverwendung.

Zappas 200 MOTELS wird normalerweise als »Musikfilm« bezeichnet – durchaus zu Recht, schließlich gibt es im Verlauf der etwa 95 Minuten sehr viel Musik, obwohl es sich gerade nicht um einen ›abgefilmten Konzertmitschnitt‹ handelt (eine häufige Variante des Musikfilms). Der CD-Soundtrack des Films (eine Doppel-CD) bringt es auf fast 92 Minuten Musik – für einen Film-Soundtrack beinahe rekordverdächtig, aber für Zappa wohl wiederum Normalität.

Wenn 200 MOTELS aber kein abgefilmtes Konzert ist, was ist der Film dann? Der Titel könnte ein Roadmovie vermuten lassen, also die quasi-dokumentarische Begleitung einer Band »on tour«. Das kommt der Sache schon näher, greift aber dennoch deutlich zu kurz, denn hier werden nicht nur Alltag oder Glamour einer Rockband thematisiert, aufbereitet oder nacherzählt; der »Touring can make you crazy«-Ansatz bildet nur den Startpunkt für eine größere Auseinandersetzung: Hier prallen Welten bzw. ›Realitäten‹ aufeinander, und hier liegen auch die Widersprüche und Reibungen, die den Plot des Films bilden, aber eben auch Verwirrung stiften.[5] Es handelt sich dabei um:
– die Welt der Rockmusiker mit ihrem Touralltag,
– die Traumwelt der Rockmusiker (z. T. mit größenwahnsinnigen Fantasien),

---

4   James, *Frank Zappa und die Mothers of Invention* (Anm. 1), S. 175.

5   Siehe Miles, *Frank Zappa* (Anm. 2), S. 211. »Zappa and [Tony] Palmer [the visual director] managed to find enough linking shots to paste together something resembling a narrative (…) but most audiences found it utterly incomprehensible.«

Jörg Heuser

- die Welt der Strippenzieher im Hintergrund (Zappa aka Larry The Dwarf),
- ein angemietetes ›Beamten‹-Orchester und seine Realität,
- Fans bzw. Groupies (nomen-est-omen »Lucy Offerall«),
- die (Schein)welt von Fernsehen und Kino und schließlich
- die Welt von Durchschnittsamerika, von Suburbia (»Centerville«).

Für mich als Musiker ist natürlich zunächst einmal der musikalische Umgang mit einer solchen Gemengelage von Interesse, deshalb versuche ich im Folgenden, meine Eindrücke von der musikalischen Umsetzung dieser »Welten« beispielhaft darzustellen. Dabei beschränke ich mich auf den Beginn des Films – auf die ersten knapp zehn Minuten bzw. die ersten fünf Stücke.

I Semi-Fraudulent

Schon der Beginn des Films bricht mit möglichen Erwartungen an einen Musikfilm über Frank Zappa und dessen ›Rockband‹ The Mothers of Invention: Statt psychedelischem bzw. experimentellem Rock, Klamauk und Theatralik nach Manier des Garrick Theatre (eine Mischung, für die Zappa und die Mothers zu dieser Zeit schon berühmt und berüchtigt waren) hören wir klassisch-orchestrale, ouvertürenhafte Filmmusik, die eher nach Holly-

Notenbeispiel 1: *Semi-Fraudulent*, 1. Abschnitt

wood weist (der Ergänzungstitel ist daher auch »Direct from Hollywood«). Die Musik scheint eine zutiefst heile Welt darstellen zu wollen; meine ersten Assoziationen waren die TV-Serien The Waltons (Die Waltons, USA 1971–81) und Little House on the Prairie (Unsere kleine Farm, USA 1974–83). Der erste Abschnitt von *Semi-Fraudulent* (also »halb-trügerisch«, Notenbeispiel 1) ist komplett in strahlendem C-Dur gehalten, dazu noch weichgezeichnet durch den add9-Akkordzusatz und äußerst einfache pentatonische Motivbildung sowie helden- und fanfarenhafte Instrumentation (hohes und tiefes Blech im Wechsel): Heller, einfacher und klarer geht es kaum. Diese trügerische heile Welt hält aber genau 16 Sekunden vor, und es folgt der zweite Abschnitt (Notenbeispiel 2, S. 114), kontrastierend instrumentiert zunächst mit Holzbläsern, Flöten, Harfe usw., dann sich schnell steigernd zum Tutti mit Chorbegleitung und oft wechselnder Instrumentation, harmonischen Rückungen, n-tolen etc. und deutlich länger.

Schon beim Vergleich des Notenbildes sieht man die Unterschiede: Die eben noch aufgeräumt-heile Welt muss dem Chaos der Realität weichen. In diesem zweiten Abschnitt werden kurz musikalische Fenster zu späteren Filmszenen und -inhalten geöffnet, aber man kann jeweils nur einen kurzen Blick erhaschen. Zappa scheint in diesen ersten 45 Sekunden so viel musikalische Information wie möglich unterbringen zu wollen. Harmonisch ist die Situation nun auch nicht mehr so einfach und eindeutig wie zu Beginn: statt reinem C-Dur ständig wechselnde Klänge, z. B. Trübung nach c-Moll (z. B. durch Eb6 = Cm7) und weitere Akkorde aus dem Cm-Umfeld wie Fm, Abmaj7, Gm. Auch dabei bleibt es jedoch nicht; Zappa verwendet auch modale Akkordeinzelklänge (dorisch, lydisch [G/C, Ab/Gb], mixo/sus [Cb/Db]) und Ganz- und Halbtonrückungen, darüber hinaus beinahe taktweise wechselnde Motive und Instrumentation – der Zuhörer verliert zunehmend die Orientierung. Schließlich ein überraschender Break bei 1:03, der den Beginn des dritten Abschnitts sehr klar markiert und die Bühne frei macht für den MC des Films: Rance Muhammitz.

Dieser (gespielt von Theodore Bikel) wendet sich in theatralischer Manier in direkter Ansprache ans Publikum (d. h. hier die Kinobesucher), um es an die Hand zu nehmen und durch den Film zu begleiten, und um den Pseudo-Zappa Larry The Dwarf vorzustellen (gespielt von Ringo Starr (!) »dressed

Jörg Heuser

SEMI-FRAUDULENT - 2

(from 200 MOTELS)

Orchestral

by FRANK ZAPPA
transcr. by J. Heuser

Notenbeispiel 2: *Semi-Fraudulent*, 2. Abschnitt

up like Frank Zappa«). Auch hier vollzieht die Musik eine dramatische Wendung: Statt hollywoodhaftem Orchesterklang beginnt plötzlich der Einsatz des kompletten Orchesterschlagwerks (Schlagzeug, Perkussion, Pauken usw.) – nicht von ungefähr erinnert dieser Abschnitt (1:03 bis zum Ende des Tracks) an Edgard Varèses *Ionisation* für 41 Schlaginstrumente, Klavier und 2 Sirenen. Musikalisch ist dieser Abschnitt für den unvorbereiteten Hörer wohl der am meisten verstörende, denn hier sind gewohnte Parameter (wie formgebende Harmonik und Melodik, gewohnte Instrumentenkombinati-

114

onen usw.) kaum noch vorhanden oder sehr stark verfremdet.[6] Ein sehr dissonanzenreicher Klavierakkord (bei 1:15) wird durch zweimalige Vorstellung durch einen äußerst (tour-)genervten Chor und den übermotivierten Rance Muhammitz als 200 MOTELS-Akkord definiert:

Notenbeispiel 3: *Semi-Fraudulent*, 3. Abschnitt, »200 MOTELS-Akkord«

Will man diesen Klang überhaupt akkordisch definieren, dann würde man ihn am ehesten als alterierten Klang beschreiben: Bb(7)#9 b5 add11! Seine Dissonanzwirkung bezieht er dabei hauptsächlich aus zwei großen Septimen, die diesen »Akkord« prägen: D – C# und E – Eb[D#].[7] Statt der Varèse-Sirenen verwendet Zappa hier anschließend repetitive Trompeten- bzw. Posaunentöne (1:20 bis 1:39), die Autoverkehr nachahmen, denn wir sind »live on the road«.[8]

---

6   Ähnlich dürfte es selbst dem Zappa-gewöhnten Publikum bei *The Black Page #1* (die »hard version«) auf dem Album *Zappa in New York* (aufgenommen 1976) ergangen sein: Dem ursprünglich auskomponierten Schlagzeug- (& Perkussions-)Solo spendierte Zappa schließlich doch noch Melodien, eine klare Harmonik und Form und v. a. einen Disco-artigen Vamp, damit auch der durchschnittliche Hörer die Chance hatte, das Stück mit seiner »statistical density« nachzuvollziehen. Daraus wurde dann *The Black Page #2* (»The Easy Teenage New York Version«).

7   Siehe auch in Notenbeispiel 2 die Streicherlinie in T. 7, ebenfalls geprägt durch maj7-Sprünge.

8   Vgl. später die Autohupen in *City of Tiny Lights* vom Album *Sheik Yerbouti*.

II   *Mystery Roach*

Das folgende Stück *Mystery Roach* entspricht viel eher als *Semi-Fraudulent* dem Klischee eines Rockmusikfilmbeginns: von Sechzehntelrhythmik vorangetriebener Sixties-Bluesrock mit häufig wiederholten Riffs und Motiven, dazu klare Akkorde nebst bluesiger, synkopenreicher, pentatonischer Melodik im Gesangspart (gesungen von den ehemaligen The Turtles Flo & Eddie) mit gelegentlicher chromatisch angereicherter Umspielung des Tonika-Bluesakkords E7 in Gesang und Begleitung (basierend auf Riff 1).

Notenbeispiel 4: *Mystery Roach*, Intro bzw. Riff 1

Notenbeispiel 5: *Mystery Roach*, Vocals in Chorus 1 (Anfang)

Obwohl vieles in dem Zweieinhalbminüter *Mystery Roach* eher gewohnt (oder gar gewöhnlich) und klischeehaft klingt, belässt es Zappa nicht dabei. Zunächst scheint auch formal alles seinen normalen Gang zu gehen: ein achttaktiges Intro (Riff 1, 4 x 2 Takte); dann erster Chorus mit zwölf Takten, dieser allerdings nicht in blueshafter Manier unterteilt in 4+4+4 (bzw. 6 x 2) Takte, sondern in 4+4+3+1 Takte; dann ein ›halbes‹ Intro (4 Takte) für den nächsten Chorus, in welchem (ab 0:54) diese kleine Unregelmäßigkeit (3+1) noch einmal verstärkt wird, da zunächst der Gesangspart (Frage und Antwort) zugunsten eines kleinen Saxofon-Solos (Solofills von Ian Underwood) verlängert und auch der 3+1-Abschnitt wiederholt wird, sodass sich nun 4+4+4+3+1+3+1, also 20 Takte ergeben.

Es folgt eine kurze viertaktige Bridge, wiederum einfach gestrickt mit Bassriff (dem Riff 1 sehr ähnlich), einem Zwei-Akkord-Vamp; auch der Gesang ist deutlich riffmäßig (Notenbeispiel 6).

Diese Bridge mündet völlig abrupt in eine Art ›Free Jazz‹-Sequenz (ab 1:47): Ein wildes Durcheinander von überblasenem oder hupendem Saxofon, freiem Schlagzeugspiel und stöhnendem Stimmengewirr, weiter verfremdet durch Stereo-Panning- sowie Ein-/Ausblend-Effekte in der Post-

Notenbeispiel 6: *Mystery Roach*, Bridge

117

produktion[9] – ein knapp 20-sekündiges Panoptikum. Es folgt (2:04 bis etwa 2:20) ebenso plötzlich wieder die Bridge ad lib. mit Fadeout, um schließlich die ›Erklärung‹ des ehemaligen The Turtles-Sängers Howard Kaylan (›Flo‹) für diesen plötzlichen Ausbruch zu ermöglichen: »Wait a minute – stop the music! Please, hold it! Wait a minute, oh! What are we singing about?! Mystery Roach??? I'm flipping out!« In der Tat – einen Song über eine mysteriöse Kakerlake singen zu müssen, ist schwerlich der Traum eines Sängers einer ehemaligen Popband mit einer Hit-Single (The Turtles' *Happy Together*), für den es doch eigentlich immer nur aufwärts gehen sollte; stattdessen stellt sich das Gegenteil ein: ein Albtraum.[10]

III   Dance of the Rock & Roll Interviewers

Der nun folgende zweiteilige (durch eine Generalpause getrennte), nur 45-sekündige *Dance Of The Rock & Roll Interviewers* steht wiederum in völligem Kontrast zu *Mystery Roach*: Obwohl es hier um die »Rock & Roll-Journalisten«[11] geht, verwendet Zappa wider Erwarten wiederum das Orchester und die Tonsprache Neuer Musik (wie später auch in seinem *The Yellow Shark* (1993) mit dem Ensemble Modern):

---

9   Sehr ähnlich sind Jimi Hendrix' Studioeffektexperimente z.B. auf *Electric Ladyland*.
10   Siehe auch später im Film die Größenwahn-Fantasien des Bassisten, der sich in einer BIG HEAVY Blues Group (Cream?) sieht und nicht in einer unseriösen Band wie diesen Mothers und ihrer »comedy music«. In der Tat verließ mancher Musiker die Mothers aus diesem oder sehr ähnlichen Gründen (z.B. auch Lowell George), insbesondere Bassist Jeff Simmons noch kurz vor den Dreharbeiten zu 200 MOTELS: »Then our bassist Jeff Simmons disappeared just before filming started. His girlfriend convinced him he should be a blues musician, that he was too heavy to be in the group. So, in order to replace him, we went through all kinds of weird shit and ended up with Martin Lickert, who was Ringo Starr's driver.« Zit. nach einem Interview mit Zappa von Neil Slaven in Neil Slaven: »Frank's Wild Years«, in: *Record Hunter* (July 1992), S. 5.
11   Zappa scheint Rock-Journalisten eher verachtet zu haben; siehe z.B. später das Stück *Packard Goose* (aus dem Album *Joe's Garage*), wo er uns durch Joe wissen lässt: »All them rock 'n' roll writers is the worst kind of sleaze (…) Fuck all them writers with the pen in their hand. I will be more specific so they might understand: They can all kiss my ass« usw.

Notenbeispiel 7: *Dance of the Rock & Roll Interviewers*, Beginn des 1. Teils

Dieser sehr kurze schnelle Abschnitt (Dauer ca. 5 Sekunden) vom Beginn des *Dance* zeigt, wie ›schräg‹ es zwischen Musiker und Musikjournalisten zugeht: fast atonale Melodiefetzen, ständig wechselnde Instrumentierung: Pizzicato-Streicher im Wechsel mit tiefen oder hohen Holzbläsern, Cluster-Klängen im Blech, und auch das Varèse-artige Schlagwerk ist wieder dabei. Für den atonalen Effekt sorgen wiederum die Intervalle; hier sind es nicht nur die großen Septimen (maj7), sondern vor allem die kleinen Nonen-sprünge (b9), die geradezu wehtun (sollen). Eine tonale Einordnung der Klänge würde die Gegenüberstellung eines a-harmonisch-Moll-Sounds (in T. 1/2) gegen den einen Tritonus entfernten Eb13#11-Sound (oder Dbmaj7#5/Eb in T. 3/4) beschreiben. (Es ist fraglich, ob eine solche Einord-nung überhaupt Sinn macht, aber als Jazzer kann man nicht anders.)

Auch der zweite Teil des Tanzes (Notenbeispiel 8, S. 120) bleibt durch die maj7- und b9-Motivik harmonisch ›schräg‹, durch die Glissandi der Strei-cher hat man aber eher das Gefühl, sich in einem Horrorkabinett, einer Geis-terbahn o. ä. zu befinden; auch Cluster in der Begleitung verstärken diesen Effekt. Vergleichsweise klar und harmlos wirkt hingegen der Schluss des Tanzes (Notenbeispiel 9, S. 120), aus reinen Quarten gebildet, allerdings aus zwei chromatisch nebeneinander liegenden Linien: im Klavier Quarten von Ab aus, in den Streichern von A aus: Trotz ›reiner‹ Intervalle ist also auch hier für genug chromatische Dissonanz gesorgt.

119

Notenbeispiel 8: *Dance*, Beginn des 2. Teils

Notenbeispiel 9: *Dance*, Ende

Übrig bleibt am Ende ein Akkordklang (Eb – B – F)[12] aus übermäßiger Quint (Eb – B) und Tritonus (B – F) – wenn man so will, ein unvollständiger Eb9#5-Ganztonleiter-Klang –, klanglich durchaus passend zur Verachtung (nicht nur Joes) für die Journaille.

---

12   In dieser Analyse wird englische Nomenklatur verwendet, die Note ›B‹ entspricht also dem deutschen ›H‹.

IV   This Town Is A Sealed Tuna Sandwich

Das vierte Stück – der Prolog von *This Town Is A Sealed Tuna Sandwich* – wartet mit einer weiteren Überraschung auf: Eine überaus einfache, fast Cantus-firmus-artige Unisonomelodie wird von einem dem Harmonium ähnlichen Sound äußerst sparsam mit wenigen akkordischen Stütztönen oder einer Gegenmelodie begleitet. Die Hauptintervalle der weit im Vordergrund stehenden Gesangsmelodie sind nun deutlich konsonanter: viele Sexten, Terzen, Sekunden, aber nur zwei maj7-Sprünge, keine kleinen Nonen, keine Tritoni und dergleichen. Die Harmonik ist zunächst auch eher einfach (F-Dur, d-Moll und weitere tonleitereigene Akkordandeutungen), im zweiten Teil (ab T. 8) kristallisiert sich dann aber ein besonderer, ›jazziger‹ Akkordklang heraus, den Zappa auch häufig rückt: In T. 8 zum ersten Mal als Gb9#11 bzw. als Polychord enharmonisch E+/Gb zu hören, wobei die letztere Bezeichnung die Wirkung des Akkords besser beschreibt: ein übermäßiger Dreiklang auf der kleinen Sept des Grundakkords Gb. Dieser Akkordklang wird in den wenigen restlichen Takten noch 5 Mal (ver-)gerückt verwendet. Er könnte zwei mögliche Tonleiterursprünge haben, entweder mixo#11 oder die Ganztonleiter (vgl. den übermäßigen Dreiklang); in der Gb-Ganztonleiter wären sogar fünf der sechs verwendeten Akkorde tonleitereigen (alle außer Eb9#11). Im Fall von C13#11 – dem Schlussakkord des Stücks – wäre der Polychord nicht nur ein Bb+/C, sondern sogar ein Bbmaj7#5/C (Notenbeispiel 10).[13]

Die Songlyrics sind hier ebenso merkwürdig wie in *Mystery Roach*, allerdings ist der Sänger nicht kurz vor dem »flipping out«; eher scheint man in seiner Stimme Resignation und das Sich-Abfinden mit dem Touralltag in den uniformen Städten zu hören: »I think we've played this one before« – mag sein, oder die Städte werden auf der Tour irgendwann alle gleich (wahrgenommen), sodass man sie ebenso wie ein eingeschweißtes Thunfischsandwich nach dem Verzehr wieder ausspuckt.

---

13   Das mag man für überinterpretiert halten, jedoch sucht man als Jazzmusiker automatisch nach Deutungsmöglichkeiten für solche Klänge, um sie (z.B. für solistische Zwecke) weiter auffüllen und damit klanglich verstärken bzw. differenzieren zu können. Ich bitte also um Verständnis.

Notenbeispiel 10: *This Town Is A Sealed Tuna Sandwich*, Prolog

V   *Tuna Fish Promenade*

Im fünften Stück *Tuna Fish Promenade* – dem letzten Stück dieser Analyse –
wird ein weiteres Genre-Kapitel aufgeschlagen: Es erinnert stark an Musi-
calnummern der späten 1960er/Anfang 1970er Jahre, also etwa an Stücke aus
Hair (MacDermot) oder *Jesus Christ Superstar* (Lloyd-Webber). Die Besetzung
bildet zunächst wieder eine übersichtliche Sixties-Band: Schlagzeug, Bass,
Klavier, Orgel, zwei Sänger und – unvermeidlich bei »Hippie«-Musik –

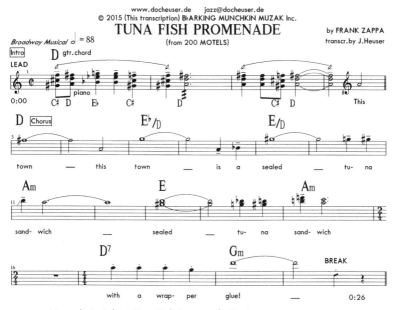

Notenbeispiel 11: *Tuna Fish Promenade*, Beginn

auch ein Schellenkranz. Das Intro scheint zunächst eine klare D-Dur-Tonalität zu umreißen: Die Gitarre (mit Orgel und Bass) spielt reines D-Dur auf einfachste Art, darunter entsteht etwas Unruhe durch das Klavier, das den Hauptakkord chromatisch umkreist (auch mit Saloon-Klavier-Tremolo). Zusammen mit dem Gesang ab T. 5 verwendet Zappa jedoch eine neue chromatische und modale Idee, die das harmonische Spektrum erweitert: Die *guide tone line*, also die Umrisslinie, des Gesangs bildet eine chromatisch aufsteigende Skala F# – G – G# – A, dann noch einmal G# – A. Zappa harmonisiert diese Linie mit modalen Akkorden über einem D-Orgelpunkt:

– Eb/D entspricht D-phrygisch, HM V und/oder Flamenco-Sound (also einfacher gesagt: g-Moll-Material über D)

– E/D entspricht einem D-lydischen Klang oder MM IV (d. h. A-MM über D); dafür spricht, dass das E-Dur dann als Dominante nach a-Moll Verwendung findet.

123

– D-Dur selbst kann man dann in diesem »rückhörenden« Zusammenhang als entweder D-mixolydisch oder eben auch als D-phrygisch bzw. HM V und/oder Flamenco-Sound (s. o.) beschreiben (also in beiden Fällen dominantisch); auch spricht die Auflösung am Ende nach g-Moll für diese Hörweise.

Die Gesangsmelodik ist denkbar einfach, Broadway-mäßig und voller (»semi-fraudulent«?) Inbrunst vorgetragen[14]: einfache *guide tone line* sowie Sexten, Septimen, Sekunden und Terzen (inklusive schlagerartiger »Bauernterzen« im Falsett beim zweiten »sealed tuna sandwich«, Notenbeispiel 12).

Der zweite Abschnitt ist in Form einer Frage/Antwort-Sequenz gestaltet: Einer leisen, sparsam und akkordisch begleiteten Gesangszeile mit vielen Tonwiederholungen (vgl. den Prolog von *This Town Is A Sealed Tuna Sandwich*) wird jeweils ein lauter, bombastischer Instrumentalpart mit starkem Einsatz von Klavier und Schlagzeug gegenübergestellt.[15] Die Harmonik des leisen Gesangsparts ist dabei feingliedrig-differenziert, durch Sekund-Fortschreitungen in der Begleitung und eine überraschende Wendung: Die Akkorde stellen eine Mollkadenz dar (IVm V7alt, T. 1–7), die statt des erwartbaren e-Moll pathetisch nach E-Dur aufgehellt und -gelöst wird (T. 8–12). Es folgt eine harmonisch ebenso differenzierte Gesangszeile (T. 13–19), diesmal zweistimmig, aber immer noch mit vielen Tonwiederholungen. Hier gibt es eine neue harmonische Wendung, geprägt von chromatischen Fortschreitungen. Ziel ist dabei die E-Dur parallele Molltonart C#m. Zunächst die beiden Subdominantakkorde mit Terz im Bass: F#-Dur aus C#m dorisch/melodisch Moll, F#m aus äolisch, dann dieser Akkord mit tiefalterierter Quint (F#m7b5/A), wobei man diesen Akkord als verkürzten D9 hören kann, sodass sich die Folge D9/A nach C#m ergibt, also bII – I:

---

14   Ich habe das Stück als einen Vorläufer von *Thing-Fish* gedacht, Zappas Musical von 1984, das nie produziert wurde (die Musik hingegen wurde veröffentlicht, insbesondere *The Evil Prince*), oder auch an sein Spätwerk *Broadway The Hard Way* (1988, *Planet Of The Baritone Women*).

15   Ähnliches findet sich auch in Zappas *Brown Shoes Don't Make It* (aus dem Album *Absolutely Free* von 1967).

Notenbeispiel 12: *Tuna Fish Promenade*, 2. Abschnitt

eine sehr typische Jazzwendung (Dominante als subV oder Tritonussubstitut für Ab7alt). Durch die Umkehrungen ist die Bassführung (A# – A – C#) eher düster, besonders durch den »äolischen« Schritt A – C# am Ende.

Im dritten Abschnitt (Notenbeispiel 13, S. 126) befinden wir uns im Flower-Power-Land der Hippies (»It's just a place for us to play«), mit typischem Sound (nun auch stärker mit Orgel und Bläsern, vor allem aber mit

125

Jörg Heuser

Notenbeispiel 13: *Tuna Fish Promenade*, 3. Abschnitt

George Dukes Posaune), Grooves und Akkordfolgen: E und F# implizieren zunächst einen lydischen-E-Sound, darauf erklingt der dreimal wiederholte Akkordvamp (bVII – IV – I in E), dann eine mixolydische Passage auf demselben Grundton, um dann überraschend in B-Dur abzuschließen (bIII – V – I in B).[16]

Der vierte Abschnitt (Notenbeispiel 14) ist noch deutlich einfacher und naiver gehalten als der Hippie-Abschnitt: Die einfache Welt der (Vor-)Stadtbewohner (»sandwich town«) wird durch eine kinderliedhafte Melodie, die einfach die Tonleiter auf- und abwandert, durch einen alle zwei Takte angeschlagenen Durakkord und einen ganz rudimentären Schlagzeug-»Groove« repräsentiert, die letzte Zeile (T. 8 ff.) dann noch langsamer und mit Kir-

---

16   Sehr ähnlich (wenn auch harmonisch ein wenig anders) ist bei den Beatles der Übergang (»Billy Shears«) in *With A Little Help From My Friends* (*Sgt. Pepper's*, 1967); auch an Jefferson Airplane o. ä. könnte man denken (und eigentlich müsste das Ticket ja nach San Francisco statt LA gehen!).

126

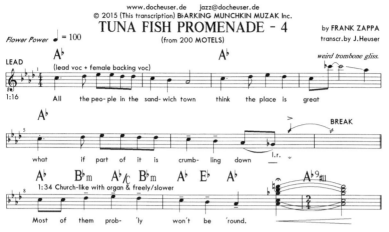

Notenbeispiel 14: *Tuna Fish Promenade*, 4. Abschnitt

chenorgel klangbildlich dorthin verlegt wird.[17] Aufgebrochen wird jede dieser naiv-schönen Zeilen durch jeweils einen ironischen Kommentar: ein merkwürdiges Posaunenglissando (T. 4); eine bluesige Melodiewendung plus Break (T. 7/8); schließlich durch einen »schrägen« Akkord (Ab9#11 bzw. Gb+/Ab in T. 9/10; siehe auch die Erklärung dieses Akkordsounds im Prolog von *This Town Is A Sealed Tuna Sandwich*). Mit diesem Akkord ist es dann auch endgültig vorbei mit der heilen Welt: Die sich anschließenden Prognosen von Flo & Eddie (»They'll either be dead« und »or moved to San Francisco where everybody thinks they're heavy business« etc.) werden avantgardistisch vom Orchesterinstrumentarium kommentiert, insbesondere ab 1:59 bis 2:14 mit dem kompletten Schlagwerk und Blech.

---

17   … es ist Sonntag, und alle gehen brav in eine der zahlreichen Kirchen dieser »sauberen« Stadt … vgl. später in: »Centerville, a real nice place to raise your kids up. Centerville, it's really neat! Churches … CHURCHES … and liquor stores!«.

Jörg Heuser

Notenbeispiel 15: *Tuna Fish Promenade*, Schluss

Schließlich endet das Stück (Notenbeispiel 15) eher leise, wenn auch durchaus schauerlich-betrunken mit einem Fünfertakt-Motiv im Klavier (in 2+2+1 Achtel gruppiert), durchsetzt mit dissonanteren Intervallen: übermäßiger Quint, maj7, Tritonus in einen entsprechenden Akkordklang mündend (Abmaj9#5) – besonders nervig dabei: ein sehr hohes G in den Piccolo-Flöten, einem Tinnitus nicht unähnlich – so endet diese *Tuna Fish Promenade* durch die letzten beiden Abschnitte (ab 1:38 bis Ende) albtraumhaft und in deutlichem Kontrast zu den ersten gut eineinhalb gemütlichen Minuten des Stücks.

Schlussbemerkung

Nach Analyse von nur 10 Minuten aus 200 Motels ist zumindest eines klar: In diesem Film wird mit musikalischen Mitteln, Stilen und Genres nicht gegeizt. Dass so viel in so kurzer Zeit und so schnell passiert, mag Verwirrung stiften oder für manchen Zuschauer und -hörer eine Überforderung darstellen; Langeweile kommt aber auf keinen Fall auf. Umso bemerkenswerter ist, dass all diese Musik von nur einem Komponisten stammt und nicht wie in anderen Filmen aus dem unerschöpflichen Arsenal verfügbarer Musiken zusammengestellt wurde.[18] Die Musik in 200 MOTELS erzählt selbst schon einen Großteil der Geschichte, die auf der Leinwand zu sehen ist; sie ist manchmal eine Verstärkung des Leinwandgeschehens; aber sie fügt dem Film auch Stimmungen und Deutungen hinzu, die in den Bildern nicht zu sehen sind. Daher würde sich eine genauere Analyse auch der restlichen mehr als 80 Minuten der Musik lohnen. Das kann ich allerdings nicht leisten, da ich selbst in Sachen Zappa *on tour* gehen werde, um herauszufinden, ob Touren und Hotels (auch wenn es nur etwa 10 sind statt 200) zwangsläufig verrückt machen.

> »What will this evening bring me this morning?
> What will this evening bring me this morning?
> Dawn will arrive without any warning.«

> *What Will This Evening Bring Me This Morning?*
> aus 200 MOTELS

Anmerkungen zum Material der Analyse

Grundlagen:
- Frank Zappa: 200 MOTELS VHS Video (MGM/UA Home Video WB PGX 9949)
- Frank Zappa: 200 MOTELS DVD (The Way Of Wizards WOW-037)
- Frank Zappa: 200 MOTELS – Original MGM Motion Picture Soundtrack (Ryko RCD 10513/14)

Da mir keinerlei Partitur oder sonstige Noten (aus anderen Artikeln über den Film, Sheet Music etc.) der 200 MOTELS-Filmmusik zur Verfügung standen, basieren die Analysen in diesem Artikel auf von mir nach bestem Wissen und Gewissen erstellten (Teil-)Transkriptionen auf Grundlage der Soundtrack-CD.

---

18   Wie, um nur ein prominentes Beispiel zu nennen, der Soundtrack von Martin Scorseses CASINO (USA 1995) – fantastisch, aber eben, wie genial auch immer, kompiliert aus der Jukebox der Vergangenheit.

Guido Heldt

Furchtbar lustig
Musik in Horrorkomödien

I   Lachen- und Fürchtenmachen:
Humor- und Horrortheorie

Auf den allerersten Blick könnte man die Horrorkomödie für ein paradoxes Genre halten, zwingt es doch antithetische Emotionen zusammen: Horror, ein Amalgam von Furcht und Abscheu, dem wir im wirklichen Leben zu entgehen suchen, und Humor, der – zumal in Tateinheit mit Gelächter – eine Rolle spielt bei der Festigung sozialen Zusammenhalts und den wir normalerweise begrüßen (wenn wir nicht gerade Zielscheibe des Scherzes sind).

Aber die bloße Existenz des Genres die Filmgeschichte hindurch lässt vermuten, dass die Verbindung von Horror und Humor so paradox nicht ist, und die anhaltende Beliebtheit von Horror in Film, Fernsehen, Literatur, Comics, Videospielen usw. zeigt, dass er nicht unbedingt abschrecken muss. Das gilt zumindest für das, was Noël Carroll »Kunst-Horror« genannt hat[1]: den Horror, den wir in fiktionalen Texten finden. Kunst-Horror zieht dem Problem den Vampirzahn, weil es tatsächliche Furcht und Abscheu mit Kunst-Furcht und -Abscheu ersetzt, mit Was-wäre-wenn-Simulationen der Emotionen, die wir im Angesicht realen Horrors erleben würden.

Aber wo und wie begegnen sich Horror und Komödie? Die offensichtliche Antwort ist, dass beide als Genres durch ihre intendierten Effekte definiert sind: uns fürchten oder lachen zu machen. Es gibt andere Filmgenres, die so definiert sind: der Thriller zum Beispiel, der uns vor Spannung beben lässt (eine der modernen Bedeutungen von *to thrill*) oder uns mit seiner Intensität durchbohrt (die originale Bedeutung des altenglischen *þyrel*); oder

---

1   Original »art-horror«; siehe Noël Carroll: *The Philosophy of Horror, or: Paradoxes of the Heart*, New York – London 1990, S. 13 und 27–35.

die abschätzige englischsprachige Charakterisierung des Melodramas als *weepie* oder *tearjerker*: ein Film, der uns zum Weinen bringen will. Aber die meisten Genres sind anders bestimmt: durch ihren Schauplatz (Western, Science-Fiction, Sandalenfilm), durch die Art der erzählten Geschichte (Kriegsfilm, Actionfilm, Filmbiografie), durch die Mittel der Erzählung (Musical) oder ihre historische Abstammung (das Melodrama in seiner eigentlichen Genrebezeichnung).

Aus der Genredefinition folgt, wie Horrorfilme und Komödien funktionieren: wie sie ihre Geschichten erzählen und welche Erwartungen wir daran haben. Zwei Aspekte dieses narrativen Profils sind (a) das, was man als ›impliziten Kontrakt‹ zwischen Film und Zuschauer (und -hörer) bezeichnen kann, und (b) die Funktion des ›impliziten Autors‹ im narrativen Gefüge.[2]

1. In Genres, die durch ihren Effekt definiert sind, ist der ungeschriebene Vertrag zwischen Text und Rezipient – der in gewissem Grade allen Genres zugrunde liegt – besonders deutlich. Der Text hat eine Aufgabe zu erfüllen, und er darf tun, was er kann, um sein Ziel zu erreichen (im Rahmen etablierter Genretraditionen und gelegentlich ein bisschen darüber hinaus: Genres entwickeln sich). Eine Konsequenz dieser Klarheit ist, dass die fiktionalen Fakten der Geschichte und die Mittel ihrer Erzählung deutlicher als in anderen Filmen Seiten derselben wirkungsorientierten Medaille sind. Das sind sie vom Blickpunkt einer höheren, auktorialen Instanz in jedem Fall; aber andere Filme können es uns leichter vergessen machen und so tun, als wären die Fakten der Geschichte ge- und nicht erfunden: Gegebenheiten, die die filmische Erzählung lediglich wirkungsvoll präsentiert. Im Horrorfilm – und mehr noch in der Komödie – ist die Konstruiertheit der Geschichte oft Bestandteil des Erwartungshorizonts, in dem wir den Film sehen, und Bestandteil der Konstruktion des Films, der mit diesem Erwartungshorizont rechnet.

---

2   Ich habe an anderer Stelle beides für Musik im reinen Horrorfilm diskutiert; siehe Guido Heldt: *Music and Levels of Narration in Film. Steps Across the Border*, Bristol – Chicago 2013, S. 174–177.

2. Der implizite Autor ist das Geschöpf des amerikanischen Literaturtheoretikers Wayne Booth. In Booths *The Rhetoric of Fiction* (1961) dient er in erster Linie dazu, den realen Autor auf Armes Länge zu halten und die Erfundenheit fiktionaler Geschichten als Aspekt des Textes selbst zu diskutieren und nicht aus biografischer Perspektive.[3] Aber der implizite Autor ist nicht nur vom realen zu unterscheiden, sondern auch vom Erzähler der Geschichte: In dieser Sicht meint ›Erzählung‹ die Präsentation einer Geschichte unabhängig von ihrem (anscheinenden) Ursprung. Das schließt die Möglichkeit ein, dass die Erzählung die Fiktion einer autonomen präfilmischen Realität erzeugt, der die Fakten der Geschichte zu entspringen scheinen (oder die Möglichkeit, dass die Fakten tatsächlich einer autonomen präfilmischen Realität entstammen, in einem Dokumentarfilm zum Beispiel). Die Erzählung kontrolliert die Mittel der Präsentation (Bildeinstellungen, Kamerabewegungen, Schnitte, nichtdiegetische Musik, Zwischentitel, Voice-Overs usw. sowie die zeitliche Organisation der Erzählung im Verhältnis von Syuzhet und Fabula[4]), aber nicht die fiktionalen Fakten der Geschichte selbst. Der implizite Autor dagegen ist eine Instanz – konstruiert vom Rezipienten, um Aspekte des Textes zu erklären –, die sowohl die Erzählinstanz erfindet (und damit die Normen der Erzählweise) wie die Fakten der Geschichte, und tritt in den Vordergrund, wenn die Fakten so arrangiert sind, dass Zufall oder kausale Verursachung als Erklärungen problematisch werden. Ein beliebiges Beispiel: Wenn in CRY-BABY (USA 1990, John Waters) Wade ›Cry-Baby‹ Walker (Johnny Depp) sein Autoradio einschaltet und wir *The Flirt* hören, dann ist die Musik kein plausibel zufälliges akustisches Requisit zur Ausstattung der Diegese, sondern der Rahmen für die folgende Szene zwischen Wanda (Traci Lords), ihrem Vater (David Nelson) und Alison Vernon-Williams (Amy Locane). Die Textzeilen sind präzise mit

---

3   Siehe Booth: *The Rhetoric of Fiction*, Chicago – London 1961, S. 73–75. Das Für und Wider von Booths Idee im literaturwissenschaftlichen Kontext wird diskutiert in Tom Kindt / Hans-Harald Müller: *The Implied Author. Concept and Controversy*, Berlin – New York 2006. Siehe auch Heldt: *Music and Levels of Narration in Film* (Anm. 2), S. 72–89 für eine Diskussion des impliziten Autors in Bezug auf Filmmusik.

4   Zu den Begriffen ›Syuzhet‹ und ›Fabula‹ siehe David Bordwell: *Narration in the Fiction Film*, Madison 1985, S. 49–53, das eine Idee aus der sowjetischen Literaturtheorie der 1920er Jahre auf den Film überträgt.

der Szene koordiniert und kommentieren eine nach der anderen die Aktionen und Implikationen der Szene.[5] Die Fiktion einer autonomen präfilmischen Realität bricht zusammen, und uns wird die Erfundenheit der Geschichte vorgeführt und mit ihr die (implizite) auktoriale Instanz, die diese Erfundenheit erklärt. (Wir wissen natürlich im Grunde um die Erfundenheit, aber je nach Gattungskontext kann unsere »willentliche Aussetzung der Ungläubigkeit« [»willing suspension of disbelief«] dieses Wissen meist ausreichend unterdrücken, um z. B. Spannung funktionieren zu lassen.)

Über solche allgemeinen und meist unterschwelligen Parallelen hinaus ist jedoch entscheidend für unser Erleben von Horrorfilmen und Komödien das Ausbalancieren von Vorbereitung und Umschlagpunkt in der Enthüllung des Monsters (oft untermalt vom musikalischen *stinger*) oder in der Pointe des Gags. Und Horrorkomödien konstruieren, zumindest gelegentlich, Momente, in denen Horror in Humor umschlägt (oder, seltener, umgekehrt) – Punkte, an denen deutlich wird, dass der Widerspruch der Gattungselemente eine Chance eher ist als ein Problem. Ein Film, der Horror und Humor erfolgreich verbindet, vollbringt ein Kunststück, das eine der Attraktionen der Horrorkomödie ist.

Aber es gibt noch eine andere Möglichkeit, Sinn in der Antithese zu sehen. Dazu komme ich auf Carroll zurück, der nicht nur ein wichtiger kognitivistischer Theoretiker fiktionalen Horrors ist, sondern auch ein Theoretiker der Horrorkomödie, die er mit einem im Folgenden knapp zusammengefassten Dreischritt erklärt:[6]

5   Siehe Heldt: *Music and Levels of Narration in Film* (Anm. 2), S. 87/88 für eine Analyse der Korrespondenzen.
6   Noël Carroll: »Horror and Humor«, in: *Journal of Aesthetics and Art Criticism* 57 (1999) 2, S. 145–160; hier zit. nach Carroll: *Beyond Aesthetics. Philosophical Essays*, Cambridge 2001, S. 235–254. Eine ausführlichere Darstellung von Carrolls Ideen zur Natur fiktionalen Horrors bietet *The Philosophy of Horror* (Anm. 1). Vorläufer von Carrolls Ideen finden sich etwa in Ernst Jentschs »Zur Psychologie des Unheimlichen«, in: *Psychiatrisch-neurologische Wochenschrift* 22 (1906), S. 203–205. Jentsch sah das Wesen des Unheimlichen nicht in seiner Bedrohlichkeit, sondern darin, dass wir nicht wissen, was für eine Art von Ding es ist. Ein anderer Vorläufer ist die Arbeit der Anthropologin Mary Douglas, die in *Purity and Danger. An Analysis of Concepts of Pollution and Taboo* (London 1966) anhand unterschiedlicher kultureller Ideen von Schmutz und Unreinheit die Kategoriensysteme beschreibt, die Kulturen als gegeben annehmen und deren Kehrseite interstitielle Anomalien sind, deren Kategorienverletzung sie ›unrein‹ macht.

Guido Heldt

Schritt 1 – Horror: Kunst-Horror kombiniert Furcht und Abscheu: Was uns mit Horror erfüllt, ist gefährlich, aber es ist auch falsch in einem grundsätzlichen Sinne. Es ist oft interstitiell, ist in einem Dazwischen angesiedelt, zwingt Dinge zusammen, die getrennt sein sollten, oder trennt in unterschiedliche Manifestationen, was eigentlich eins ist – kurz, es überschreitet, was wir für Grenzen natürlich gegebener Kategorien halten. Offensichtlich wird das an den Monstern fiktionalen Horrors: am Vampir etwa, der untot ist, also nicht tot, aber auch nicht lebendig in unserem Sinne, und der menschliches Verhalten mit dem eines Raubtiers verbindet; oder an Zombies (und ähnlich Mumien), die ebenfalls die Grenzlinie zwischen Leben und Tod überschreiten, die fundamentale Kategoriengrenze unserer Existenz; oder an Freddy Krueger in A NIGHTMARE ON ELM STREET (NIGHTMARE – MÖRDERISCHE TRÄUME, USA 1984, Wes Craven), der zwischen Träumen und der materialen Welt hin- und herwechselt; oder am Kiemenmensch aus THE CREATURE FROM THE BLACK LAGOON (DER SCHRECKEN VOM AMAZONAS, USA 1954, Jack Arnold), der menschliche und amphibische Züge vereint; oder an

Für eine Kritik von Carrolls kognitivistischer Analyse fiktionalen Horrors und eine phänomenologisch geprägte Alternative siehe z. B. Julian Hanich: *Cinematic Emotion in Horror Films and Thrillers. The Aesthetic Paradoxes of Pleasurable Fear*, New York – Abingdon 2010.
Horror und Humor sind nicht nur für einen kognitivistischen Philosophen wie Carroll verwandt. In Sigmund Freuds Denken etwa sind sowohl der Witz und, wiederum, das Unheimliche unterschiedliche Manifestationen unbewusster Hemmungen, Verdrängungen und infantiler Vorstellungen; siehe Freud: *Der Witz und seine Beziehung zum Unbewussten* (1905), in: ders.: *Gesammelte Werke*, hrsg. von Anna Freud u. a., London 1940–1952, Bd. VI; und ›Das Unheimliche‹, in: ebenda, Bd. 12, S. 227–278). Im Witz werden sie umgangen, und Lust wird aus der Einsparung emotionalen Aufwandes erzielt. Im Unheimlichen dagegen kehren sie überraschend zurück und erzeugen jene Mischung von Vertraut- und Unvertrautheit, die für Freud das Unheimliche charakterisiert. Ich gehe hier auf psychoanalytische Ideen von Humor (oder Horror) nicht weiter ein, weil ich nicht denke, dass sie auf einer zureichenden Theorie der Psyche basieren; nichtsdestotrotz wäre die Anwendung Freud'scher Konzepte auf die Horrorkomödie zumindest der Erwägung wert.
Es gibt auch spezifische Formen von Horror und Komödie, die auf Verbindungen zwischen beiden hindeuten. William Paul hat in einer Studie von Gross-Out-Filmen argumentiert, dass das Interesse bestimmter Horrorfilme und Komödien am Körper sie zu natürlichen Verbündeten macht (*Laughing Screaming. Modern Hollywood Horror und Comedy*, New York 1994). Es wäre interessant, dem Beitrag von Musik (und Filmton) am filmisch vermittelten Erleben lächerlicher und schrecklicher Körperlichkeit nachzugehen; auch dieser Aspekt bleibt in meiner Untersuchung jedoch ausgespart.

Frankensteins Monster, in Sachen Interstitialität vielleicht die komplexeste der Kreaturen klassischen Horrors, ein lebendiges Wesen aus Leichenteilen, ganz und fragmentiert, Natur und Technologie; oder am Werwolf, der wie der Vampir Mensch und Raubtier kombiniert, aber in Form einer temporalen Trennung; oder an Dr. Jekyll und Mr. Hyde, einem anderen Doppelwesen, das antagonistische Aspekte der zugrunde liegenden Kreatur temporal zerlegt; oder, am Rande der Sphäre des Horrors, Dorian Gray und seinem Bild: die räumliche Trennung von Schönheit und Verfall, Oberfläche und innerer Wahrheit.

Schritt 2 – Humor: Die gegenwärtig am breitesten akzeptierte und am gründlichsten durchdachte Humortheorie ist die Inkongruenztheorie (neben Überlegenheits-, Spiel- und psychoanalytisch geprägten Theorien psychischer Entspannung), die ins 18. Jahrhundert zurückreicht und von Psychologen, Philosophen und Linguisten in vielen Varianten entfaltet worden ist. Die Meriten verschiedener Humortheorien und unterschiedlicher Spielarten von Inkongruenztheorie können hier nicht diskutiert werden. Das offensichtlichste Problem von Inkongruenztheorien im Hinblick auf die komplexe Realität von Humor ist ihr kognitivistischer Fokus, der physiologische, emotionale, soziale und kulturelle Aspekte der Sache oft weitgehend ausblendet.[7] Aber Carroll ist nun einmal ein kognitivistischer Kunstphilosoph, und für seine Argumentation zur Horrorkomödie braucht er die Inkongruenztheorie in jedem Fall. Eine griffige Definition gibt er selbst an anderer Stelle:

---

[7] In anderem Zusammenhang diskutiert Carroll allerdings auch die emotionale Seite von Humor und ihr Verhältnis zu kognitiven Aspekten; siehe Carroll: *A Very Short Introduction to Humour*, Oxford 2014, S. 55–73. Auf der anderen Seite spielt Inkongruenz auch in integrativen Humortheorien meist eine wichtige Rolle, etwa in derjenigen, die Michael Apter im Rahmen der von ihm und Ken Smith entwickelten Theorie psychologischer »reversals« formuliert hat; siehe z.B. Michael J. Apter/Ken C.P. Smith: »Humour and the Theory of Psychological Reversals«, in: *It's a Funny Thing, Humor*, hrsg. von Antony J. Chapman und Hugh C. Foot, Oxford 1977, S. 95–100, und Michael J. Apter: »A Structural Phenomenology of Play«, in: *Adult Play. A Reversal Theory Approach*, hrsg. von Michael J. Apter und John H. Kerr, Amsterdam 1991, S. 13–29. Eine gute Zusammenfassung unterschiedlicher Humortheorien (und empirischer Studien ihrer Implikationen) bietet Rod A. Martin: *The Psychology of Humor. An Integrative Approach*, Burlington – San Diego – London 2007; siehe bes. S. 31–81.

> *Der Inkongruenztheorie zu Folge ist der Schlüssel zur Belustigung eine Abweichung*
> *von einer vorausgesetzten Norm – das heißt, eine Anomalie oder Inkongruenz im*
> *Verhältnis zu einem Bezugssystem, das organisiert, wie wir darüber denken, wie die*
> *Welt ist oder sein sollte.*[8]

Arthur Koestler, dessen Bisoziations-Theorie den Ausgangspunkt moderner Inkongruenztheorien bildete, beschreibt das zentrale Konzept der Bisoziation als

> *die Wahrnehmung einer Situation oder Idee, L, in zwei in sich konsistenten, aber*
> *normalerweise inkompatiblen Bezugssystemen, M_1 und M_2 [...]. Das Ereignis L, in*
> *dem die beiden sich schneiden, wird sozusagen simultan auf zwei unterschiedlichen*
> *Wellenlängen zur Vibration gebracht.*[9]

Zur Erläuterung gehe ich ein wenig über Carrolls Artikel hinaus. Am genauesten durchgespielt worden ist die Inkongruenztheorie von Linguisten für die geläufigste Form verbalen Humors, für den Witz. Auch hier kann ich auf unterschiedliche Modelle und Differenzierungen der Grundidee nicht eingehen, sondern beschränke mich auf den Kern einer mittlerweile klassischen linguistischen Theorie des Witzes, Victor Raskins »skriptbasierte semantische Theorie des Humors«[10] (SSTH):

---

8   Original: »According to the incongruity theory, what is key to amusement is a deviation from some presupposed norm – that is to say, an anomaly or an incongruity relative to some framework governing the ways in which we think the world is or should be.« Carroll: *A Very Short Introduction to Humour* (Anm. 7), S. 17.

9   Original: »[T]he perceiving of a situation or idea, L, in two self-consistent but habitually incompatibale frames of references, M1 and M2 [...]. The event L, in which the two intersect, is made to vibrate simultaneously on two different wavelengths.« Arthur Koestler: *The Act of Creation*, London 1976 (11964), S. 35. Koestler versucht mit seiner Bisoziationstheorie nicht nur Humor zu erklären, sondern auch wissenschaftliche und künstlerische Kreativität.

10 Original: »script-based semantic theory of humor«, entwickelt in Victor Raskin: *Semantic Mechanisms of Humor*, Dordrecht – Boston – Lancaster 1985. Die SSTH war die Grundlage für Raskins und Salvatore Attardos »allgemeine Theorie verbalen Humors« (»general theory of verbal humor«; GTVH), die verbalen Humor in einem Feld von fünf »Wissensressourcen« (»knowledge resources«) analysiert (logischer Mechanismus, Situation, Zielgruppe, narrative Strategie und Sprache); siehe Salvatore Attardo / Victor Raskin: »Script theory revis(it)ed: Joke similarity and joke representation model«, in: *Humor* 4 (1991) 3–4, S. 293–347.

Damit verbale Witze funktionieren, müssen normalerweise zwei Bedingungen erfüllt sein:
(i) Der Text ist, im Ganzen oder in Teilen, kompatibel mit zwei verschiedenen [semantischen] Skripten.
(ii) Die beiden Skripte, mit denen der Text kompatibel ist, sind einander entgegengesetzt [...] [und] überlappen sich im Ganzen oder in Teilen in diesem Text.[11]

Als Beispiel diene ein Witz aus einer TV-Episode, die noch eine Rolle spielen wird: ›And now the fearing ...‹, die vierte Episode der BBC-Serie Dr Terrible's House of Horrible (Dr. Schrecklichs Haus des Fürchterlichen, GB 2001, BBC2, Matt Lipsey).[12] Am Anfang der Episode empfängt uns Dr. Terrible (Steve Coogan) zu einer Rahmenerzählung, die er mit einer kleinen Geschichte einleitet:

Wir alle haben von Zeit zu Zeit Träume. Vor ein paar Nächten fand ich mich zurück in meiner alten Schule, im Büro des Rektors. Ich war dabei, seine nackten Pobacken mit einer dreischwänzigen, bambusverstärkten Lederpeitsche zu schlagen, während seine Frau in eine Ming-Vase pinkelte. Später in dieser Nacht hatte ich einen Traum; ich wünschte, ich könnte mich erinnern, worum es darin ging.[13]

– Skript 1 im Sinne von Raskins Theorie ist die Interpretation der Geschichte als Traum: Angesichts des einleitenden Satzes – der ansonsten sinnlos wäre – ist dies die Lesart, zu der wir automatisch greifen. Das absurde Fetisch-Szenario hat selbst etwas Komisches, vor allem in Steve Coogans genüsslich überzeichnetem Vortrag, aber seine Komponenten – die nackten Pobacken, die bambusverstärkte Peitsche, das Pinkeln in die

---

11   Original: »For verbal jokes to work, normally two conditions need to be met: (i) The text is compatible, fully or in part, with two different [semantic] scripts. (ii) The two scripts with which the text is compatible are opposite [...] [and] overlap fully or in part on this text.« Raskin, *Semantic Mechanisms of Humor* (Anm. 10), S. 99.

12   Der Titel parodiert den Episodenfilm Dr Terror's House of Horrors (Dr. Schreckens Haus des Grauens, GB 1965, Freddie Francis) der Produktionsfirma Amicus, die viele solche Filme herstellte.

13   Original: »We all have dreams from time to time. The other night, I found myself back in my old school, in the headmaster's study. I was thwacking his nacked buttocks with a triple-pronged bamboo-backed leather tawse, whilst his wife peed into a Ming vase. Later that night I had a dream; I wish I could remember what it was.«

exotische Vase – dienen nur als »jab lines« vor der »punch line«[14], als Vorbereitungen zur Pointe des Witzes in seinem letzten Satz, der unsere Interpretation der Geschichte zusammenbrechen lässt.

– Skript 2 ist die Interpretation der Geschichte als tatsächliches Ereignis, zu der wir vom letzten Satz gezwungen werden: die Pointe des Witzes, in der die Skripte kollidieren und unsere Interpretation der Geschichte umschlägt. Die zweite Lesart lässt allerdings offen, was die einleitenden und abschließenden Sätze über Träume mit der zentralen Geschichte zu tun haben; Raskins Formulierung »im Ganzen oder in Teilen« erkennt an, dass die wenigsten Witze ohne Rest aufgehen.

Dass ich im Kontext von Humor im Film (und in der Filmmusik) auf eine Theorie zurückgreife, die für das Verständnis bestimmter Formen verbalen Humors entwickelt worden ist, illustriert ein Grundproblem der Filmmusiktheorie: Sie bezieht viele ihrer Ideen – meist über die Zwischenstation der Filmtheorie – aus anderen, größeren und lebhafteren Fächern und Feldern: zumal aus der Literaturtheorie, aber auch, wie hier, aus der Linguistik oder aus fächerübergreifenden Theoriekontexten wie der Semiotik oder der Narratologie. Importierte Ideen müssen nicht schlechter passen als hausgemachte (und der Leihverkehr hilft einem kleinen Feld wie der Filmmusiktheorie, Anschluss an die Diskurse anderer Fächer zu halten), aber sie müssen auf ihre Anwendbarkeit geprüft und gegebenenfalls adaptiert werden.

Und in einigen Fällen funktioniert die Übertragung gut genug. Ein filmmusikalisches Beispiel für einen audiovisuellen Witz, auf den Raskins Theorie passt, ist die Kirchenszene in WALLACE & GROMIT: THE CURSE OF THE WERE-RABBIT (WALLACE & GROMIT: AUF DER JAGD NACH DEM RIESENKANINCHEN, GB/USA 2005, Nick Park und Steve Box).[15] Die Gemeindemitglieder haben sich in der Kirche versammelt, alarmiert von beunruhigenden Ereignissen in ihren Gemüsegärten. Der alte Pfarrer wird in seinem Rollstuhl hin-

---

14 Zum Begriff der »jab line« siehe Salvatore Attardo: *Humorous Texts: A Semantic and Pragmatic Analysis*, Berlin – New York 2001, S. 82.

15 Ich habe die Szene in anderem Rahmen für andere Zwecke diskutiert; siehe Heldt: *Music and Levels of Narration in Film* (Anm. 2), S. 3–6 und S. 173 f.

eingefahren und hält, untermalt von ominösen Orchesterakkorden, eine Brandpredigt, in der er vermutet, dass die Jagd der Gärtner nach immer größeren Gemüsen – für den Sieg im alljährlichen Wettbewerb um die Goldene Mohrrübe – einen schrecklichen Fluch über die Gemeinde gebracht habe: einen Fluch, der sogleich von einer Fortissimo-Wiederholung der Akkorde auf der Orgel bestätigt wird. Aber dann herrscht der Dorfpolizist jemanden an, ruhig zu sein, und das Bild wechselt vom Kirchenschiff in eine Seitenkapelle, wo wir die Organistin an ihrem Instrument sehen, die Finger noch auf den Tasten, und das ganze Kino lacht.

– Skript 1 in Raskins Sinne ist die Interpretation der Musik als Horrortopos: Die Orgelversion der Akkordsequenz ist in dieser Lesart Teil des musikalischen Crescendos, das das verbale Crescendo in der Rede des Pfarrers untermalt (ein klassisches Beispiel für die Verwendung religiös konnotierter Musik als Zeichen für die Pervertierung des Sakralen, eine Parallele zur Verwendung von Kinderstimmen oder -liedern in Horrorfilmen als Symbol für die Korruption von Unschuld).

– Skript 2 ist die Interpretation der Orgelakkorde als diegetische Musik, zu der uns die Bildfolge zwingt, auch wenn uns unser Wissen um die wirkliche Welt sagt, dass ältliche Dorforganistinnen die Predigt des Pfarrers normalerweise nicht mit Horrorakkorden untermalen – das Äquivalent zur Frage, warum uns Dr. Terrible etwas über Träume erzählt, wenn er dann doch zu einem wirklichen Ereignis wechselt. Die Pointe des audiovisuellen Witzes ist der ›Schnitt‹ in die Ecke mit der Orgel, die unseren Interpretationsrahmen für die Musik ändert.

Schritt 3 – Horror und Humor: In der Kirchenszene überschreitet die Musik eine konzeptuelle Grenze: die von (scheinbar) nichtdiegetischer zu diegetischer Musik. In dieser Metalepse, diesem Kurzschluss in der Schachtelung von Erzählebenen, spielt der Film mit unserem Verständnis davon, wie Filmmusik normalerweise funktioniert (wenn auch mit einem Trick, der oft geübter Teil filmmusikalischer Praxis ist[16]). Und es ist in diesem Prinzip der

---

16   Die Szene ist ein Musterbeispiel für – und in der Tat eine Hommage an – einen filmmusikalischen Trick, den ich anderenorts »diegetische Enthüllung« (»diegetic reveal«)

Grenzüberschreitung, in der Horror und Humor für Noël Carroll ihre zentrale Gemeinsamkeit finden – in der Verletzung von Kategorien oder Verständnis- und Erklärungsrahmen, die wir für normal, für natürlich und gegeben halten:

> *Die Bewegung von Horror zu Humor oder andersherum, die uns als so kontraintuitiv erscheint, kann also erklärt werden mit dem, was Horror und zumindest eine Form von Humor – nämlich Inkongruenz-Humor – gemein haben. Denn die kategoriale Interstitialität und Grenzüberschreitung, die eine der entscheidenden notwendigen Bedingungen für den mentalen Zustand von Horror darstellt, ist auch Teil einer hinreichenden Bedingung für den mentalen Zustand komischer Amüsiertheit, besonders in der Inkongruenz-Form.[17]*

Carroll versucht, eine Antwort auf die Frage zu finden, warum scheinbar gegensätzliche Phänomene wie Horror und Humor in der Horrorkomödie so einträchtig zusammenleben. Aber seine Gleichung geht ein bisschen zu glatt auf, in vierfacher Hinsicht:

1. Es gibt viele andere Kombinationen von Genreelementen oder überraschende Genre-Ausweitungen: von historisch begrenzten Phänomenen wie Hollywoods *Singing cowboy*-Filmen der 1930er und 1940er Jahre oder Hybriden, die nur wenige Beispiele hervorgebracht haben, wie z. B. dem Sciencefiction-Western, mit Filmen wie BACK TO THE FUTURE PART III (ZURÜCK IN DIE ZUKUNFT III, USA 1990, Robert Zemeckis), WILD WILD WEST (USA 1999, Barry Sonnenfeld) oder COWBOYS & ALIENS (USA/Kanada 2011, Jon Favreau),

---

genannt habe (siehe Heldt: *Music and Levels of Narration in Film* [Anm. 2], S. 89–92) und der besonders in Spoof-Komödien vorkommt, aber auch in vielen anderen Filmen. Siehe dazu auch Giorgio Biancorosso: »The Harpist in the Closet. Film Music as Epistemological Joke«, in: *Music and the Moving Image* 2 (2009) 3, S. 11–33, der dafür den Begriff »reversal«, also »Umkehrung« oder »Umschlag« gebraucht und den Effekt mit dem optischen Kippfigur vergleicht und der neben Beispielen aus Komödien auch solche aus ›ernsten‹ Filmen analysiert.

17   Original: »The movement from horror to humour or vice versa that strikes us as so counterintuitive, then, can be explained in terms of what horror and at least one kind of humour – namely, incongruity humour – share. For the categorical interstitiality and transgression that serves as one of the must crucial necessary conditions for the mental state of horror plays a role as part of a sufficient condition for having the mental state of comic amusement, especially of the incongruity variety.« Carroll: »Horror and Humor« (Anm. 6), S. 252.

zu reichen Traditionen wie der romantischen Komödie, ein zentraler Strang der internationalen Kinogeschichte und ein Genre eigenen Rechts eher denn eine Mischform. Es ist kaum anzunehmen, dass sich für die vielen Kombinationen, Abweichungen und Erweiterungen von Genremustern ähnliche fundamentale Verbindungen finden lassen, wie Carroll sie für die Horrorkomödie zeigt; in vielen Fällen mag das Spiel mit den Regelsystemen und Versatzstücken von Genres an sich schon ein Reiz für Filmemacher (und das Publikum) sein, ohne dass es intrikater konzeptueller Parallelen bedürfte.

2. Der Begriff ›Horrorkomödie‹ summiert eine äußerst diverse Genrelandschaft und kann vergessen machen, dass damit etikettierte Filme nicht viel gemein haben müssen. Das trifft in gewissem Maße auf jede Genrebezeichnung zu – sie greift eine Gemeinsamkeit der kategorisierten Filme heraus und ignoriert andere, die für die individuelle Faktur eines Films wichtiger sein mögen. Aber im Falle hybrider Formen wie der Horrorkomödie ist das besonders deutlich, weil wir die Position einzelner Filme zwischen den Genrepolen so gut verstehen. Auf der einen Seite gibt es Filme wie Tim Burtons THE NIGHTMARE BEFORE CHRISTMAS (USA 1993, Henry Selick) oder CORPSE BRIDE (CORPSE BRIDE – HOCHZEIT MIT EINER LEICHE, USA/GB 2005, Tim Burton/Mike Johnson), die im Rahmen von Plots in der Tradition romantischer und musikalischer Komödien Versatzstücke der Horrortradition dekorativ einsetzen, ohne auf mehr als marginale horrible Wirkung zu zielen. Am anderen Pol finden sich Filme wie z.B. BLACK SHEEP (Neuseeland 2006, Jonathan King), die sich eine komische Prämisse vornehmen – hier genetisch manipulierte Killer-Schafe –, diese jedoch ohne komödiantisches Wimpernzucken trocken in einem Horrorplot durchspielen. Zwischen den Polen liegt eine vielgestaltige Landschaft von Möglichkeiten, Elemente unterschiedlicher Horror- und Komödientraditionen mehr oder weniger glatt miteinander zu kombinieren – was ein Generalschlüssel wie Carrolls kategoriale Interstitialität zum Kartieren dieser Landschaft beitragen kann, ist notwendigerweise begrenzt.[18]

---

18 Oft bilden solche Filme nicht wirklich Hybridformen aus, sondern importieren einzelne Fremdelemente in einen im Grunde stabilen Genrerahmen. Zur Kritik von ›Hybridität‹ als Konzept der Gattungstheorie siehe z.B. Martina Allen: »Against ›Hybri-

3. Das dritte Problem geht auf die oben angesprochene Blickverengung kognitiver Theorien von Humor (oder Horror) zurück: Horror ist eine Emotion, und Humor erzeugt eine emotionale Reaktion[19], und in unserem Erleben sind diese emotionalen Komponenten viel eindrücklicher als die kognitiven Prozesse, die ihnen zugrunde liegen mögen. Das spricht nicht gegen kognitive Theorien von Horror, Humor und ihren Gemeinsamkeiten; es besteht lediglich darauf, den offensichtlichen Reiz von Horrorkomödien nicht zu vergessen: dass sie uns auf eine emotionale Achterbahnfahrt schicken, in der das wiederholte Umschlagen von Horror in Amüsiertheit und umgekehrt eine eigene Erlebnisqualität entwickelt.

4. Und schließlich ein Einwand, der für die filmische (und filmmusikalische) Analyse von Horrorkomödien wichtig ist: Eine abstrakte Gemeinsamkeit zwischen Horror und Humor, wie Carroll sie zu zeigen versucht, hilft nicht, die Mechanismen zu verstehen, in denen Horror und Humor in den Filmen zusammenkommen, einander ausbalancieren oder in die Parade fahren. So ingeniös sein Argument begründen mag, warum Horror und Humor einander nicht nur Antithesen, sondern auch Geschwister sind, so wenig lässt er sich dabei auf die konkreten Mittel des Genres ein. Das ist umso problematischer, wenn es um ein funktionales Element filmischen Erzählens wie die Musik geht: Hier ist genaueres Hinschauen und -hören erforderlich, und das Kartieren von Möglichkeiten des Kombinierens von Genreelementen ist ebenso notwendig wie das Konstatieren einer fundamentalen Gemeinsamkeit.

---

dity‹ in Genre Studies: Blending as an Alternative Approach to Generic Experimentation«, in: *Trespassing Journal: an online journal of trespassing art, science, and philosophy* 2 (Winter 2013), online unter: http://trespassingjournal.com/?page_id=488 [letzter Zugriff: 21.10.2016]. Zur Idee von Genrekombinationen als methodologisches Problem der Filmtheorie siehe Rick Altman: *Film/Genre*, London 1999, S. 123–143.

19 Die Humortheorie hat unterschiedliche Begriffe verwendet, um diese Emotion zu bezeichnen, im Englischen etwa »mirth« (Fröhlichkeit), »hilarity« (Ausgelassenheit), »merriment« (Fröhlichkeit oder Belustigung) oder »amusement« (Belustigung); siehe Martin, *The Psychology of Humor* (Anm. 7), S. 6–9. Carroll selbst spricht von »comic amusement«; siehe z. B. das Zitat aus »Horror and Humor« in Anm. 17, oder Carroll: *A Very Short Introduction to Humor* (Anm. 7), passim. Allerdings verstehen nicht alle Humortheoretiker unsere Reaktion auf Humor als klassische Emotion, siehe z. B. John Morreall: »Humor and Emotion«, in: *The Philosophy of Laughter and Humor*, hrsg. von John Morreall, Albany 1987, S. 212–224.

II   Beispiele 1: Busse und andere Erwartungsenttäuschungen

Bevor ich einige Beispiele näher in Augen- und Ohrenschein nehme, ist eine Einschränkung zu machen: Ich konzentriere mich dabei auf Momente, die die generische Identität der Horrorkomödie verkörpern, an denen Horror und Humor also auf charakteristische oder interessante Art und Weise zusammenfinden oder -stoßen. Solche Momente machen nur einen kleinen Anteil der Musik in den Filmen aus; die meiste Musik in Horrorkomödien tut, was Musik in Filmen sonst auch tut, und erfüllt gängige tektonische, syntaktische, rhythmische, narrative, semantische oder affektive Funktionen, ohne die generische Doppelnatur der Filme zu bedienen. Und auch der Großteil der Musik, die mit den namensgebenden Gattungspolen zu tun hat, fällt relativ eindeutig auf die Horror- oder die Komödienseite. Ich würde aber behaupten, dass musikalische Momente, die Genreelemente zusammenbringen und so den generischen Sinn der Filme artikulieren, deutlicher herausstehen, dass sie bemerkbarer sind (auch wenn das eine Wahrnehmungsverzerrung sein mag: Die lässt sich kaum vermeiden, wenn man Filme mit einem bestimmten Erkenntnisinteresse sieht).

Eine diegetische Enthüllung wie in Wallace and Gromit: The Curse of the Were-Rabbit ist ein besonders effektiver audiovisueller Gag, weil er eine Metalepse einschließt: einen Kurzschluss zwischen Erzählebenen. Solche Kurzschlüsse sind starke Inkongruenzen, weil sie mit der Grundstruktur narrativer Texte spielen (ein Spiel, das so reizvoll ist, dass es andererseits eine Fülle solcher Grenzübertritte gibt, nicht zuletzt in der Musik von Filmen).

Aber das Auf-den-Kopf-Stellen musikalischer Erwartungen in Horrorkomödien braucht keine derart deutlichen narrativen Grenzübertretungen, sondern kann sich auch auf die Parodie von Genreklischees kaprizieren. Ein Beispiel bietet The Ghost Train (Der Geisterzug, GB 1941, Walter Forde), in einer Szene, die die Hauptfigur des Films, den Vaudeville-Komiker Tommy Gander (gespielt von Komiker Arthur Askey), in Szene setzt. Eine Gruppe von Reisenden findet sich abends in einer entlegenen Bahnstation, nachdem der letzte Zug abgefahren ist. Der Stationsvorsteher, der sie hinauszuwerfen sucht, weil er heimgehen will, erzählt, dass es im Bahnhof spukt, und prompt hören wir einen schwer zu lokalisierenden Basston, der bald einen rhythmischen Puls entwickelt. Dann tritt eine klagende Stimme hinzu, auf die nun auch die Reisenden reagieren. Aber das sich entwickelnde musikalische Gruseln verfliegt, sobald sich die Tür öffnet und wir Tommy Gander sehen, mit ausgestreckten Armen und in absurder Verkleidung, die Parodie einer Gespenstererscheinung – sein Versuch, die missmutige Reisegruppe ein wenig aufzuheitern.

Was nach gut 20 eher undramatischen Filmminuten den Umschlag zu einem unheimlichen Handlungsabschnitt anzudeuten schien, verwandelt sich in einen lokalen und (mäßig) komischen Moment. Auch hier gibt es zumindest das Echo einer diegetischen Enthüllung: Es ist nicht klar, woher die Musik *vor* der Geisterstimme stammt (die sich eindeutig Tommy Gander zuordnen lässt) – es ist, als ob auch die nichtdiegetische Musik des Films seinen Anforderungen gehorcht (wenn wir nicht annehmen, dass er einen Plattenspieler im Nachbarraum hat; nicht unmöglich angesichts der Tatsache, dass Gander etwas später einen Plattenspieler zur Untermalung eines von ihm gesungenen Songs verwendet). Die Szene legt es jedoch nicht auf den metaleptischen Effekt an, und er ist für die Wirkung nicht wichtig.

Szenen wie die in THE CURSE OF THE WERE-RABBIT und THE GHOST TRAIN sind Komödienvarianten eines gängigen Horrorfilmtricks, manchmal mit

Abb. 1:
THE GHOST TRAIN:
Tommy Gander
(Arthur Askey)
spielt Gespenst

Abb. 2: CAT PEOPLE: Wir hören das Fauchen ...   ... und sehen den Bus

dem von Produzent Val Lewton geprägten Begriff ›Bus‹ bezeichnet. Der Begriff leitet sich ab von der Urszene solcher Momente im Lewton-produzierten CAT PEOPLE (KATZENMENSCHEN, USA 1942, Jacques Tourneur).[20] Musik kommt nicht vor; die Szene lebt von der Interaktion von Bildschnitt und Sounddesign. Katzenfrau Irena (Simone Simon) ist eifersüchtig auf Alice (Jane Randolph), die Assistentin ihres Mannes (Kent Smith). Nachdem sie die beiden in einem Restaurant gesehen hat, folgt sie Alice auf deren Heimweg durch einen Straßentunnel. Die Szene zeigt eine Reihe von Schnitten von der einen Frau (oder ihren Beinen) zur anderen und vom Geräusch eines Paares hochhackiger Schuhe zum anderen. Dann aber verstummt eines der Schuhpaare. Als Alice dessen gewahr wird, hält sie an, schaut sich beunruhigt um und geht immer schneller weiter. Schließlich hören wir (und Alice) ein Fauchen und sind davon überzeugt, dass sich Irena in einen Panther verwandelt hat und zuschlägt – bevor sich das Fauchen in das Bremsgeräusch eines Busses verwandelt, der neben Alice anhält und in den sie einsteigt.

---

20   Ein anderer gängiger Begriff für einen filmischen Schreck, der sich als harmlos herausstellt, ist »cat scare«. Die Unterscheidung zwischen »cat scare« und »Lewton bus« ist allerdings nicht eindeutig; siehe online unter: http://tvtropes.org/pmwiki/pmwiki.php/Main/CatScare [letzter Zugriff: 21.10.2016].

Es ist ein klassisches Verfahren der Spannungsökonomie eines Horrorfilms: das plötzliche Abbiegen eines vorbereiteten und deshalb erwarteten Schockeffekts – der Film macht deutlich, dass wir nicht wissen, wann er mit dem Schrecken Ernst machen wird. Diese Verunsicherungsstrategie ist Teil einer typischen Vorgehensweise von Horrorfilmen, die man als psychologischen Parallelismus bezeichnen könnte: Der Film versetzt uns in eine Unsicherheit, die zumindest partiell derjenigen einer Figur in der Welt der Geschichte ähnelt und uns so ein Stück weit Einblick in deren Situation gewährt.[21] (Im Falle von CAT PEOPLE ist es allerdings auch ein effektiver Trick für einen Film, der aus Budgetgründen nicht viele Möglichkeiten hatte, Horror visuell manifest zu machen.)

Aber in Horrorkomödien ändert sich die Funktion von Bussen – sie sind nicht Zwischenstufen im Horroraufbau, sondern Zielpunkte der Gattungsidentität, weil sie sich dazu eignen, Horror in Humor umschlagen zu lassen. Musik und/oder Sounddesign spielen in fast allen solchen Momenten eine Rolle, wenn auch selten eine so wichtige wie in CAT PEOPLE. Drei Beispiele:

Beispiel 1: CAT PEOPLE spielt mit einander ähnlichen diegetischen Geräuschen. Ein Beispiel, das ebenfalls auf Musik verzichtet, aber die Geräusche zudem mit einer diegetischen Enthüllung verbindet, kommt vor in GINGER SNAPS 2: UNLEASHED (GINGER SNAPS II – ENTFESSELT, Kanada 2004, Brett Sullivan). Wie alle drei Filme der GINGER SNAPS-Serie ist auch dieser ein Horrorfilm eher als eine Horrorkomödie, aber mit genug Genrebewusstsein und Humor, um die Gattungsgrenze in den Blick kommen zu lassen. In der Szene, um die es geht, sehen wir, wie Brigitte (Emily Perkins) – vom Werwolf gebissen und im Versuch, ihre Verwandlung in einen ebensolchen hinauszuzögern – ein Gegenmittel nimmt, eine Eisenhutlösung. In Ermangelung einer Spritze verwendet sie eine Pipette, um sich die Lösung ins Auge zu träufeln, von wo aus sie schnell in die Blutbahn übergeht. Wenn Brigitte die Lösung mit der Pipette aus dem Fläschchen zieht, hören wir elektronisches Knistern, das uns für den folgenden Trick auf die falsche Fährte lockt. Brigittes junge Freundin ›Ghost‹ (Tatiana Maslany) schaut zu, fasziniert und

---

21   Siehe dazu auch Heldt: *Music and Levels of Narration in Film* (Anm. 2), S. 180f.

entsetzt. Wenn der erste Tropfen zu fallen droht, sagt sie: »Krank, ich kann nicht hinschauen«, und wir hören ein fürchterliches Knirschen, das wir in diesem Moment als Fortsetzung und Intensivierung der elektronischen Geräusche verstehen und für einen nichtdiegetischen Effekt halten, einen Geräusch-Stinger, der Ghosts Entsetzen Ausdruck verleiht. Aber dann folgt ein Schnitt samt Raum- und Zeitsprung, und wir sehen die beiden Mädchen auf dem Fußboden liegen, während Ghost gemütlich Chips knuspert, und wir re-interpretieren das Knirschgeräusch zum Fallen des Tropfens als Vorwegnahme des Chips-Knusperns, oder genauer: als Vorwegnahme, die als Stinger für den (von Ghost) erwarteten schrecklichen Moment fungiert, der sich in der Reinterpretation als harmlos herausstellt: ein Skriptumschlag im Sinne von Raksins SSTH-Modell, das für den Humor des Moments sorgt.

Beispiel 2: Scary Movie (USA 2000, Keenen Ivory Wayans) steigert die Erwartungsenttäuschung des Bus-Musters; Musik spielt hier allerdings nur eine Nebenrolle. In der Eröffnungsszene des Films wird Drew (Carmen Electra) von ›Ghostface‹ Doofy Gilmore (Dave Sheridan) angerufen und im Verlauf des Gesprächs immer nervöser. Schließlich droht sie ihm mit ihrem Freund, »und der ist schwarz und wird dir in den Hintern treten«[22], woraufhin Ghostface fragt, ob sie denjenigen meint, »der Make-Up trägt und sich wie eine Frau anzieht«[23] und sie auffordert, auf die Terrasse zu schauen. Der Moment wird von einem mit zwei scharfen Stingern punktierten crescendierenden Cluster untermalt, der uns Schreckliches erwarten lässt, aber wenn Drew hinausschaut, sehen wir und sie einen gefesselten Jüngling im hautengen Goldanzug, der um Hilfe schreit.

Bis hierhin ist es ein halber Bus: Die Musik erfüllt die Konvention, die einen grauenhaften Anblick verspricht (oder besser: verspräche, wenn wir nicht wüssten, dass wir eine Horrorparodie sehen), aber der Anblick, der sich bietet, ist lächerlich eher als schrecklich (und die komische Wirkung beruht auf dieser Lächerlichkeit, nicht auf einem Skriptwechsel wie in The Curse of the Were-Rabbit oder Ginger Snaps 2). Trotz der momentanen Erleichterung setzt der Anblick jedoch die Bedrohungseskalation von

---

22   Original: »and he's black and he'll kick your ass«.
23   Original: »the one who wears make-up and dresses like a woman«.

Abb. 3:

SCARY MOVIE:

ein halber Bus

Ghostface fort: Immerhin sehen wir ein gefesseltes Opfer und wissen nicht, was mit ihm geschehen wird. Es geschieht jedoch nichts; stattdessen wird die Erwartungsenttäuschung in anderer Stoßrichtung fortgesetzt, wenn Drew – trocken und ohne Musikbegleitung – sagt: »Oh, das ist nicht mein Freund. Ok, ich habe ihn ein paar Mal gevögelt, aber das ist alles.«[24] Ghostfaces Taktik läuft ebenso ins Leere wie Drews Versuch, mit ihrem großen, schwarzen Freund zu drohen – einstweilen steht es 1:1 zwischen den beiden.

Der Grund für diese Abstufung des Bus-Musters ist natürlich, dass eine Parodie wie SCARY MOVIE weiß, dass wir wissen, wie ein solcher Moment normalerweise funktioniert, und es sich und uns schuldig ist, ihn so zu variieren, dass er nicht langweilig wird und dass Genrebewusstheit selbst zur Crux des Seh- und Hörvergnügens wird.

Beispiel 3: Eine elaborierte Version dieser Strategie findet sich in LESBIAN VAMPIRE KILLERS (GB 2009, Phil Claydon) – sozusagen ein Doppeldecker-Bus, wenn nicht ein zweieinhalbfacher. Wiederum spielt Musik nur eine unterstützende Rolle, aber diese ist wichtig für den Effekt der Szene. Wir sehen Heidi, Trudi, Anke und Lotte (Tiffany Mulheron, Ashley Mulheron, Louise Dylan und MyAnna Buring) in ihrem VW-Bully durch Cragwich Forest fahren und hören sie laut und falsch mit dem Autoradio mitsingen: *I Like You So Much Better When You're Naked* der norwegischen Sängerin Ida Maria. Der ausgelassene Song liefert die Fallhöhe für die unvermeidliche Motorpanne mitten im dunklen Wald, von einem Donnerschlag parodis-

---

24   Original: »Oh, that's not my boyfriend. I mean, I fucked him a couple of times, but that's it.«

tisch untermalt. An der folgenden Diskussion, was zu tun sei, beteiligt sich die wie immer bekiffte Trudi nur mit einem gelegentlichen gedehnten »Jaah!«. Daran knüpft sich bereits ein erster Minibus: Ein kurzes Orchestercrescendo und ein Schnitt auf Trudi lassen erwarten, dass sie endlich etwas Gewichtiges sagen wird ... aber es folgt wieder nur »Jaah«.[25] Auf der zweiten Steigerungsstufe deuten Geräusche von draußen und vom Wagendach, verstärkt von anschwellender Orchestermusik, darauf hin, dass Horror bevorsteht. Wenn Lotte es wagt, den Vorhang vor dem Seitenfenster aufzuziehen, sehen wir ... nichts, und alle seufzen erleichtert auf. Ein lauter Schlag gegen die Scheibe lässt die Stimmung wieder umkippen und die Mädchen in Panik aufschreien, begleitet von instrumentalem Rock aus unklarer Quelle (dass die Lichter im Wagen wieder angehen, weist darauf hin, dass der Schlag die Motorpanne behoben hat, sodass die Musik aus dem Radio kommen könnte), aber wenn die Tür von außen geöffnet wird, sehen wir lediglich die harm- und ahnungslosen Helden des Films, Fletch und Jimmy (James Corden und Mathew Horne).

Alles an der Szene ist auf eine Übertreibung angelegt, die die klischierten Mechanismen des Horrorfilms lächerlich macht, beginnend mit dem *establishing shot*, der aus großer Höhe ein riesiges Waldgebiet mit dem verloren wirkenden Scheinwerferlicht des Wagens zeigt – eine Grusellandschaft wie aus dem Bilderbuch, die mit Nebel, Mondlicht und Blitzschlag weiter ausgemalt wird. Und Musik artikuliert überdeutlich die Phasen der Spannungs- und Überraschungsdramaturgie: der lärmende Rock-Song für die Ausflugsstimmung; das Orchestercrescendo zur Vorbereitung von Trudis Minibus; die horrortypische Spannungsmusik zur Untermalung der vermuteten Bedrohung vor dem ersten Bus; der instrumentale Rock zur Verstärkung der Krise nach dem Schlag und zur Vorbereitung des zweiten Busses. Die Häufung von Bussen schließlich ist Kern des Humors der Szene: Ein Bus

---

25 Der Film kommt später auf diesen Moment zurück. Wenn Trudi, Heidi und Anke sich in lesbische Vampire verwandelt haben und – zur Begleitung horrortypisch pseudoreligiösen textlosen Chorgesangs – zusammen mit Vampirkönigin Carmilla unsere Helden Lotte, Fletch und Jimmy zugleich locken und bedrohen, hören wir die anderen Vampirinnen Unverständlich-Dämonisches zischen und murmeln, Trudi dagegen sagt immer noch deutlich hörbar »Jaah!«.

kann dramaturgisch effektiv sein, zweieinhalb Busse in kurzer Folge führen die Mechanismen des Tricks so überdeutlich vor, dass er lächerlich wird. Auf musikalischer Seite ist es die eklektische Kombination unterschiedlicher Stile und die Überdeutlichkeit, mit der sie eingesetzt werden, der den Komödienaspekt der Szene unterstützt – das Klischee wird zur Regel.

Die oben diskutierte Szene in GINGER SNAPS 2: UNLEASHED funktioniert genauso wie die aus WALLACE & GROMIT: THE CURSE OF THE WERE-RABBIT: als audiovisueller Witz mit einem klaren Skript-Zusammenstoß. In den Fällen von Multibussen wie in SCARY MOVIE und LESBIAN VAMPIRE KILLERS ist Inkongruenz nicht ganz so leicht zu finden, aber wollte man es versuchen, könnte man sagen, dass die konkurrierenden Skripte hier nicht unterschiedliche Erzählebenen sind, sondern unterschiedliche Herangehensweisen an Film. Der Horror-Normalfall verlangt eine großzügige »willing suspension of disbelief«, die die Gemachtheit von Grusel, Spannung und Schock hinter der Wirkung der Effekte verschwinden lässt (und die Suspension der »willing suspension« in der Einsicht, »das ist ja nur ein Film«, ein Kunstprodukt, vor dem man keine Angst haben muss, ist ein probates Mittel, sich aus dem Horror auszuschalten). Werden diese Effekte jedoch derart überdeutlich vorgeführt, tritt die Gemachtheit in den Vordergrund und verschlingt die Effekte – der Zauberer hinter dem Vorhang wird sichtbar und verliert seine Macht. Die Skripte wären hier (a) »Das ist ja grauenhaft« und (b) »Das ist ja nur ein Film«: eine Balance, die in unserer Wahrnehmung jedes fiktionalen Films eine Rolle spielt (denn die Würdigung des gut Gemachten ist Teil des Filmerlebens), die in den oben beschriebenen Fällen aber so deutlich in Richtung von Skript (b) kippt, dass Skript (a) nicht mehr funktioniert. Genreidentität realisiert sich in solchen Szenen in der Verwandlung vermuteten oder bevorstehenden Horrors in einen komischen Moment (oder zumindest in Erleichterung), und das ist in der Tat viel charakteristischer für Horrorkomödien als die Umkehrung, die Verwandlung von Humor in Horror, aus zwei Gründen:

1. Witze – und das gilt für verbale wie für audiovisuelle – beruhen auf dem sorgfältigen Aufbau, der den Skriptzusammenstoß im Moment der Pointe erlaubt. Aber das Muster ist nicht reversibel: Es ist kaum möglich,

eine längere Strecke von Humor zu konstruieren, die dann in Schrecken umschlagen kann.

2. Der zweite Grund liegt darin, dass der Umschlag von wenn schon nicht Humor, so doch zumindest von Normalität, von Harmlosigkeit in Schrecken das ist, was echte Horrorfilme ohnehin tun – zur Genreabgrenzung der Horrorkomödie eignen sich solche Augenblicke also nicht. Horrorkomödien setzen sie natürlich dennoch ein: zum einen unironisch auf der Horrorseite ihrer Doppelnatur, zum anderen zur Bloßstellung eines kanonischen Gattungselements. Ein Beispiel bietet CARRY ON SCREAMING! (IST JA IRRE – ALARM IM GRUSELSCHLOSS, GB 1966, Gerald Thomas), die Horrorparodie der 1958 bis 1992 laufenden britischen CARRY ON-Reihe. In der fraglichen Szene sehen wir den nicht sehr hellen Detective Constable Slobotham (Peter Butterworth) in dem Zimmer im Gruselschloss herumspazieren, in dem er und sein Vorgesetzter Detective Sergeant Sidney Bung (Harry H. Corbett) auf die Hausherrin Valeria Watt (Fenella Fielding) warten. Slobothams Besichtigung wird von Musik begleitet, die angemessen harmlos ist, aber verrät, dass da noch etwas kommt: Eine gemächlich punktierte Figur wird nacheinander von Fagott, Oboe und Klarinette gespielt und von kurzen Harfenarpeggien und Signalmotiven in Blechbläsern bzw. Flöten konterkariert – die musikalischen Kontraste und die Steigerungsdramaturgie der Instrumentenfolge zielen unüberhörbar auf etwas ab, und wir wissen, auf was, sobald Slobotham einen ägyptischen Sarkophag erblickt und sich am Deckel zu schaffen macht, der natürlich bald aufgeht und die Mumie enthüllt, begleitet von einem scharfen orchestralen Stinger und Slobothams Zurückschrecken.

Der Schreck wirkt jedoch nicht wirklich als solcher, sondern als Scherz, weil er so vorhersagbar ist. Wenn die Szene beginnt, wissen wir bereits, wie sie ungefähr verlaufen wird, und sobald wir die Mumie sehen, wissen wir es genau. Die konkurrierenden Skripte beziehen sich hier auf den Moment der Enthüllung: Der Schock, der zum Horrorarsenal gehört, steht hier gegen die Erwartbarkeit, die ihn nicht nur harmlos, sondern in seiner Konventionalität lächerlich macht.

III   Beispiele 2: Der Horror hinter der Fassade

Die bisher diskutierten Beispiele arbeiten mit der Bewegung von Horror zu Humor – sie nutzen Aspekte der Horrortradition als Gegenstand von Parodie. Aber der Begriff ›Horrorkomödie‹ wird auch für Filme verwandt, in denen Horror das Ziel darstellt, der von der Fallhöhe einer komischen oder – häufiger und leichter zu machen – von einer heiteren oder harmlosen Situation aus erreicht wird. Eine häufige Bewegung in solchen Filmen ist die Enthüllung des Grauens hinter der Fassade. Musik kann dabei zum Eindruck von Harmlosigkeit beitragen, kann aber auch die Bewegung zum Grauen hin mitmachen. Zwei Beispiele:

Beispiel 1: Das Erste stammt aus MUMSY, NANNY, SONNY AND GIRLY (MORD NACH ART DES HAUSES, GB 1970, Freddie Francis), einer britischen Horrorkomödie, die aufgrund zeitgenössischer Diskussionen um Sex in den Medien in Großbritannien so gut wie keinen Erfolg hatte, jedoch unter dem Titel GIRLY in den USA einen gewissen Kultstatus erlangte. Die Titelfiguren Mumsy (Ursula Howells), Nanny (Pat Heywood), Sonny (Howard Trevor) und Girly (Vanessa Howard) laden Männer als »neue Freunde« auf ihren malerisch verfallenen Landsitz ein, wo sie mit ihnen Kinderspiele spielen, die früher oder später im Tod der Gäste enden, wonach ein neuer »neuer Freund« gefunden werden muss. Der Film arbeitet mit einer Form von schwarzem Humor – Humor nicht zur satirischen Bloßstellung der grauenhaften Wirklichkeit, sondern als Kontrastfolie zur Verstärkung des Grauens. Die ausgestellte Stilisiertheit des Lebens, der Sprache und der Spiele von Mumsy, Nanny, Sonny und Girly erzeugt eine Atmosphäre ostentativ falscher Unschuld, die das Umschlagen in Brutalität umso schockierender macht (weil sich die Spannung zwischen Spielen und Brutalität nicht auflösen lässt). Andererseits wirkt die Brutalität in diesem Kontext aber auch als konsequenter Endpunkt, weil sie selbst wie ein Spiel erscheint, das die vier nicht wirklich ernst nehmen. Eine typische Instanz ist um den englischen Kinderreim *Oranges and Lemons* und das dazugehörige Spiel herum arrangiert, das sie mit dem aktuellen »neuen Freund« (Michael Bryant) spielen:

»Oranges and lemons«, say the bells of St. Clement's.
»You owe me five farthings«, say the bells of St. Martin's.
»When will you pay me?«, say the bells of Old Bailey.
»When I grow rich«, say the bells of Shoreditch.
»When will that be?«, say the bells of Stepney.
»I'm sure I don't know«, says the old bell at Bow.
Here comes a candle to light you to bed,
And here comes a chopper to chop off your head!
Chop, chop, chop, chop …

Zwei Spieler (in diesem Falle Mumsy und Nanny) bilden mit ihren erhobenen Armen einen Bogen, unter dem die anderen im Kreis durchlaufen müssen; zum letzten »chop« lassen sie die Arme fallen, und der gefangene Spieler hat verloren – in diesem Fall allerdings auf radikale Weise, weil Girly, die sich kurz vor Schluss aus dem Spiel zurückgezogen hat, ihn kurzerhand erschlägt.[26]

Der Verlauf der Szene ist vom Text vorgegeben: Was als harmloses Reimspiel um die Namen von Kirchen in und um die City of London beginnt, wird schrittweise zur Geschichte einer Auseinandersetzung um Geld, und in den Schlusszeilen (die nicht mehr gesungen, sondern nur noch rhythmisch gesprochen werden) bricht das Grauen schließlich durch. Der Film tut nichts, als dieses im Kinderspiel fiktive Grauen in der Realität auszuspielen.

Der musikalische Aspekt der Szene liegt darin, dass Rhythmus und Melodie des Kinderreims, einfach und repetitiv (und im Film verstärkt durch eine nichtdiegetische Spieluhr), entscheidend zu jener falschen Unschuld beitragen, die zum abschließenden Totschlag oberflächlich quer steht, ihn aber zugleich ankündigt. Es ist eine Schachtelung zweier Inkongruenzen: auf erster Ebene die zwischen Kinderreim und Totschlag, auf zweiter Ebene die zwischen dieser Inkongruenz erster Ebene und der Tatsache, dass in MUMSY, NANNY, SONNY AND GIRLY Kinderspiel und Totschlag sehr wohl zusammengehören. Diese Inkongruenzen wirken jedoch nicht komisch, sondern bestenfalls grotesk und verstärken eher den Schock des Mordes.

---

26   Wird das Spiel mit mehr Teilnehmern gespielt, läuft man in Paaren; das gefangene Paar bildet einen weiteren Bogen, sodass sich nach und nach ein Tunnel bildet, der immer länger wird.

Um zu erklären, warum die Inkongruenz hier Horror statt Humor erzeugt, kann man auf eine Idee von Michael Apter und Ken Smith zurückgreifen: dass eine der Grundbedingungen für Humor (und für Spiele) ein »paratelischer« Zustand ist, ein Zustand, in dem wir uns befinden, wenn wir eine Sache um ihrer selbst willen tun. Im »telischen« Zustand dagegen sind wir, wenn wir ein Ziel verfolgen, das uns wichtig und von außen – also nicht von uns selbst – vorgegeben scheint.[27] Nun befinden wir uns beim Sehen, Hören, Lesen von Fiktionen immer in einem paratelischen Zustand (anderenfalls wären Horror u. a. fiktionale Darstellungen von Gefahr und Grauen kaum zu ertragen); auf dieser Ebene ist die Unterscheidung von telischem und paratelischem Zustand also nicht hilfreich. Aber Fiktionen können innerhalb dieses paratelischen Grundzustands unterschiedlich funktionieren. Horrorfilme, Thriller, Dramen etc. erfordern und erzeugen innerhalb des paratelischen Rezeptionsrahmens eine Immersion in die Geschichte, die Gefahr, Grauen und Tragik bis zu einem gewissen Grade ›fiktional real‹ erscheinen lässt und uns dazu bringt, die fiktionalen Vorgänge ernst – oder zumindest ›ernst‹ – zu nehmen. (Das gegenläufige Mantra ›Das ist ja nur ein Film‹ ist ein Mittel, dieser Immersion momentan zu entkommen, wenn das Erlebnis zu intensiv wird.) Auch wenn wir uns selbst beim Anschauen eines Films grundsätzlich in einem paratelischen Zustand befinden, weisen wir den Figuren fiktional-telische Zustände zu, und in dem Maße, in dem wir uns in sie hineinversetzen können, nehmen wir an ihrem Erleben des Ernstes der Lage teil. Komödien dagegen – auch die meisten Horrorkomödien – erinnern uns immer wieder an ihre Konstruiertheit und ›derealisieren‹ so ihre Geschichten und die Motivationen ihrer Figuren. Die fiktionale Wirk-

---

27 Siehe Apter / Smith: »Humour and the Theory of Psychological Reversals« (Anm. 7), S. 95 f. Ein wichtiger Unterschied ist, dass im telischen Zustand der von uns bevorzugte Grad von Erregung typischerweise niedrig ist (niedrige Erregung meint hier Entspannung, hohe Erregung Angst), im paratelischen Zustand dagegen hoch (gleichbedeutend mit Anregung, während hier ein niedriger Grad an Erregung Langeweile bedeutet). Diese Differenzierung war eine Reaktion auf Humortheorien, die mit dem in den 1960er und 1970er Jahren in der Psychologie viel untersuchten Konzept physiologischer Erregung arbeiteten, wie z. B. die von Daniel Ellis Berlyne; siehe etwa Berlyne: »Humor and its kin«, in: *The Psychology of Humor. Theoretical Perspectives and Empirical Issues*, hrsg. von Jeffrey H. Goldstein und Paul E. McGhee, New York – London 1972, S. 43–60.

lichkeit ist hier nicht geschlossen, und die Figuren sind nicht fiktional-real genug, um uns zum gleichen Grad an Miterleben zu bringen – der paratelische Zustand affiziert auch das Innenleben der Fiktion und lässt uns nicht so leicht vergessen, dass Figuren und Plot Funktionen der komischen Intention sind. In der *Oranges and Lemons*-Szene aus Mumsy, Nanny, Sonny and Girly bringt uns die Drastik der Brutalität dazu, das Grauen fiktional ernst zu nehmen, und verhindert so jenen paratelischen Zustand zweiter Ordnung, der für die Rezeption von Komödien typisch ist.[28]

Beispiel 2: Das zweite Beispiel stammt aus dem japanischen Film ハウス (Hausu = Haus, 1977, Nobuhiko Obayashi). Der Film erzählt von einer Gruppe weiblicher Teenager, die das Landhaus der kranken Tante eines der Mädchen besuchen und nach und nach übernatürlichen Vorgängen im Haus zum Opfer fallen. Das »haunted house« oder Spukschloss ist einer der klassischen Topoi (im wörtlichen wie im übertragenen Sinne) von Horrorfilm und Horrorkomödie; was Hausu von anderen Beispielen absetzt, ist die Fantastik von Geschichte und *mise-en-scène*. Die Verwendung von Animation und simpler Tricktechnik ist nicht zuletzt dem beschränkten Budget des Films geschuldet, passt aber perfekt in eine Geschichte, deren Realität so sehr von der überbordenden Imagination der Mädchen verschlungen zu werden scheint wie diese vom Haus. Eine Quelle für die Fantastik des Films liegt darin, dass Regisseur Nobuhiko Obayashi Ideen seiner Tochter einarbeitete, um erwachsener Rationalität zu entgehen.[29]

Ob man Hausu als Horrorkomödie bezeichnen soll, ist noch weniger klar als im Falle von Mumsy, Nanny, Sonny and Girly, auch wenn es immer wieder komische Momente gibt und er insgesamt als Verwandlung einer Teen-Komödie in einen Horrorfilm angelegt ist.[30] Aber der Horror stößt sich

---

28   Überdrastisches Grauen dagegen kann zur Parodie werden und diesen Ernst gleichsam dekonstruieren, etwa in Splatstick (sic)-Horrorfilmen wie z. B. Braindead (Neuseeland 1992, Peter Jackson).

29   Siehe das Interview mit Obayashi in Constructing a »House«, einem Begleitfilm zur 2009 veröffentlichten Criterion-DVD-Ausgabe von Hausu.

30   Die englischsprachige Wikipedia nennt Hausu schlicht einen »horror film« (https://en.wikipedia.org/wiki/House_(1977_film)), IMDb klassifiziert ihn dagegen mit den Genrebegriffen »Comedy«, »Fantasy« und »Horror« (http://www.imdb.com/title/tt0076162/); AllMovie verwendet die Genre-Bezeichnungen »Avantgarde/Experimen-

nicht nur an Komik, sondern auch am (verwandten) Absurden, am Fantastischen und am Romantischen: Generische Uneindeutigkeit vervielfacht sich.

Die gemeinte Szene ist eine derjenigen, die auf einer Idee von Obayashis Tochter Chigumi beruht. Wir sehen Gorgeous (Kimiko Ikegami; die Mädchen sind nur mit ihren Spitznamen benannt), das Mädchen, dessen Tante (Yōko Minamida) das Haus gehört, vor dem Spiegel eines Schminktisches sitzen, während in der Etage darunter Melody (Eriko Tanaka) ein Stück auf dem Klavier spielt, dessen Noten sie auf dem Instrument findet. Gorgeous zieht die Schubladen des Schminktisches auf und bewundert die Kämme und Haarspangen und probiert schließlich einen Lippenstift aus, während unter ihr Melodys Spiel die einfache Melodie immer extravaganter ausziert. Die klischiert ›romantische‹ Musik passt zum Bild von Gorgeous vor dem Schminkspiegel, aber dann schert die Szene mehr und mehr aus der etablierten Situation aus:

- Zuerst mischen sich in Melodys Klavierspiel Windgeräusche und Gelächter, ohne dass es eine naheliegende Quelle dafür gäbe.
- Dann verschwindet Gorgeous' Spiegelbild, und wir sehen stattdessen ein weißes Tuch, das vom Wind getrieben wird, während eine Stimme sagt »Willkommen, mein lieber Engel. Ich habe Jahre darauf gewartet, einen Brief von dir zu bekommen. Also komm, um mich zu sehen, mein lieber Engel. Komm und besuche mich. Komm und besuche mich«, während Gorgeous fortfährt, sich zu schminken. Mit der Verwandlung des Bildes im Spiegel scheint Melody wieder bei der unverzierten Melodie angekommen zu sein, mit der sie begonnen hatte; aber nach einigen Sekunden tritt ein Synthesizer dazu, und es ist nicht mehr klar, ob die Musik ihre Quelle wirklich noch in Melodys Spiel hat.
- Dann sehen wir und Gorgeous im Spiegel nicht mehr ihr Bild, sondern das einer jungen Frau, während Gorgeous sich umdreht und »Tante?« fragt. Wenn sie sich zurückdreht, sieht sie wieder ihr Spiegelbild, aber

tal« und »Horror« und die Sub-Genres »Haunted House Film« und »Horror Comedy« (http://www.allmovie.com/movie/v146852). Auch RottenTomatoes nennt »Horror« und »Comedy« in einer längeren Liste von Genrebegriffen (https://www.rottentomatoes.com/m/hausu/) [letzter Zugriff jeweils: 24.10.2016].

Abb. 4: Hausu: Magie im Spiegel (1) – die junge Tante (links) und das Vampirmädchen (rechts)

nur für einen Augenblick, bevor es vom Bild eines Mädchens mit Vampirzähnen ersetzt wird (während der diagonale Seitenspiegel immer noch Gorgeous zeigt), bevor dieses wiederum vom Bild der jungen Tante ersetzt wird.

— Das Gesicht der Tante verzerrt sich in Entsetzen (und für einen Moment sehen wir die weiße Hauskatze und das grüne Blinken in ihren Augen, das immer wieder übernatürliche Heimsuchungen ankündigt), bevor mit lauten Donnerschlägen der Spiegel zu splittern beginnt. Wir hören Jammergeräusche, während aus den Augen der Tante und den Rissen im Spiegel Blutstropfen laufen.

— Die Kamera schneidet zurück auf Gorgeous, die all das erstarrt angesehen hat. Aber nun beginnt ihr eigenes Bild – nicht das im Spiegel, sondern das Bild von ihr, das die Kamera uns zeigt – zu zerbrechen. Stück für Stück fallen immer mehr Splitter heraus, und dahinter werden Flammen sichtbar. Nach dem nächsten Schnitt, der uns das Mädchen in Seitenansicht zeigt, sind sowohl der Umriss von Gorgeous wie das Bild im Spiegel ganz von Flammen verzehrt (auch wenn sie immer noch ihre Hand wie erschrocken zum Gesicht hebt).

— Ein Schnitt bringt uns wieder zurück zu Melody, die immer noch die Melodie auf dem Klavier spielt und also vermutlich die ganze Szene hindurch gespielt hat, auch wenn wir die Musik seit dem Beginn der Erscheinungen im Spiegel mit Synthesizer(-Zusatz) gehört haben. Hatte hier für eine Weile das Haus die Musik übernommen? Haben wir gehört, was

Abb. 5: HAUSU: Magie im Spiegel (2) – die Flammen greifen um sich

Gorgeous in ihrem Kopf gehört hat? Oder ist beides das gleiche? Gorgeous nimmt in der Szene keinen (sichtbaren) Schaden, aber das Rätsel wird auch nicht gelöst.

Die Szene spielt mit einem klassischen Horrormotiv: dem Erwachen sexueller Regungen oder Handlungen, das bestraft wird; aber beide Aspekte sind hier so ungewöhnlich realisiert, dass die Realisierung mehr als das Motiv selbst im Gedächtnis bleibt. Der Effekt der Szene liegt in der Spannung zwischen der substanziell immer gleichen – wenn auch über die Szene hin variierten – Musik mit der abgestuften Derealisierung auf der Bildebene. Je mehr die Bilder aus dem Ruder laufen, desto weiter wird der Riss zwischen dem verträumten musikalischen Ton und dem sichtbaren Grauen – eine Absurdität, in der auch der Restbestand an Komik liegt, den die Szene hat (auch wenn einem das Lachen vor lauter Erstaunen im Halse steckenbleibt).[31]

Es gibt auch einfachere Beispiele solcher Enthüllungen des Grauens hinter der Fassade. In STITCHES (STITCHES – BÖSER CLOWN, GB 2012, Conor McMahon) geht es um den Clown Richard ›Stitches‹ Grindle (Ross Noble), der auf einem Kindergeburtstag durch einen Streich seines gelangweilten Publikums versehentlich zu Tode kommt und im weiteren Verlauf der Filmhand-

---

31 Nicht lange danach liefert HAUSU eine drastischere Version der gleichen Idee, wenn das Klavier Melody – die immer noch die gleiche Melodie spielt – zuerst daran hindert, die Finger von den Tasten zu nehmen, bevor es diese abbeißt und schließlich Melody mit Haut und Haar verschlingt.

lung die Verantwortlichen heimsucht. Einige Tage nach dem Unfall besucht Geburtstagskind Tommy (Ryan Burke) Stitches' Grab. Dabei sieht er, wie eine Gruppe von Clowns in einer Prozession zu einem nahegelegenen Turm zieht und dabei immer wieder »Hahaha, hihihi« skandiert: ein Sprechchor, dessen ritualistische Verwendung der konventionellen Lachsilben die Sache umso unheimlicher macht. Tommy beobachtet die Clowns bei einer Zeremonie, bis er erwischt und gewarnt wird, dass ein Clown, der eine Kinderparty nicht zu Ende bringt, nicht in Frieden ruhen kann, und dass ein Witz beim zweiten Mal nicht mehr lustig ist – eine Vorahnung dessen, was noch kommen wird.

Der Clown als Monster ist ein Horrortopos[32], und die Szene in STITCHES spielt das auch auf der musikalischen Ebene aus: Aus dem Gelächter, das wir mit Clowns verbinden, wird hier eine Art von Choral in der Horrortradition religiös konnotierter Musik. Vom Komischen ist nur noch die Fassade der Lachsilben geblieben, hinter der eine ganz und gar unkomische Wirklichkeit steht; Musik steht hier nicht auf der Seite der Harmlosigkeit, sondern in ihrer freudlosen Parodie von Gelächter auf der des Horrors.

IV Beispiele 3: Inkongruenz als Zustand

Zurück zum Humor. Geht es in der ersten Beispielgruppe um Umschlagpunkte zwischen Horror und Humor, kombinieren die Beispiele der zweiten Gruppe inkongruente filmische Elemente in weniger pointierter Weise. Und in der Tat ist die simultane oder konsekutive Kombination von filmi-

---

32 Für Beispiele siehe http://tvtropes.org/pmwiki/pmwiki.php/Main/MonsterClown [letzter Zugriff: 24.10.2016]. Auch Noël Carroll hat den Clown in den Begriffen der Interstitialität, der Kategorienverletzung diskutiert, die für ihn das Wesen fiktionaler Monster ausmacht; siehe Carroll: »Horror and Humor« (Anm. 6), S. 250 f. In einer jüngst veröffentlichten empirischen Studie, in der die Versuchspersonen in einer hypothetischen Situation das typische Verhalten, den Beruf, die Hobbies und Eigenschaften eines »creepy« (also eines »unheimlichen«) Fremden beschreiben sollten, war »Clown« der Beruf mit der höchsten Creepiness-Wertung (vor Tierpräparator, Sexshop-Inhaber und Bestatter); siehe Francis T. McAndrew / Sara S. Koehnke: »On the nature of creepiness«, in: *New Ideas in Psychology* 43 (Dezember 2016), S. 10–16.

schen Elementen unterschiedlicher generischer, stilistischer oder semantischer Konnotation eine verbreitete Strategie in Horrorkomödien (und ihrer Musik), üblicher als schwieriger zu arrangierende audiovisuelle Gags im engeren Sinne. Solche Kombinationen haben dennoch oft eine komische Wirkung. Sie funktionieren nicht wie ein Witz mit seinem punktgenauen Zusammenstoß unverträglicher Skripte, sondern konstruieren Inkongruenz als Zustand.[33] Neben Komik erzeugen solche Inkongruenzen aber nicht zuletzt Unsicherheit und bestätigen so die Identität eines Genres, das seinen Reiz aus der Spannung zwischen unterschiedlichen Bezugssystemen gewinnt. Die charakteristische Reaktion ist hier nicht das explosive Lachen, das eine gelungene Pointe auslöst, sondern ein amüsiertes Schmunzeln, vielleicht mit verwundert oder beunruhigt gehobener Augenbraue.

Die einfachste Form solcher Kombinationen ist ›unpassende Musik‹, das heißt in den meisten Fällen Musik, die sich weigert, den Ernst der horriblen Lage anzuerkennen, und auf einer Leichtigkeit besteht, die der Szene ungehörig oder absurd Hohn zu sprechen scheint. Als »unempathetic music«, also nicht-empathische, nicht-mitfühlende Musik, ist das ein gängiger filmmusikalischer Trick weit über die Horrorkomödie hinaus. Die typische Form, solch unpassende Musik in eine Szene zu integrieren, ist ›zufällig‹ erklingende diegetische Musik – wobei der Zufall in den meisten Fällen transparent genug auf das Wirken des ›impliziten Autors‹ verweist, d. h. auf die Konstruiertheit der fiktionalen ›Fakten‹ der Geschichte.

Ein Beispiel findet sich in den ersten Minuten von Død Snø 2 (Dead Snow: Red vs. Dead, Island/Norwegen 2014, Tommy Wirkola), dem Sequel zum 2009 in die Kinos gekommenen Død snø (Dead Snow, Tommy Wirkola). In beiden Filmen geht es um eine Gruppe von Nazi-Zombies, die aus

---

33   Einige Theorien komischer Inkongruenz, besonders solche, die auf Witzen oder Cartoons als komischem Material basieren, sehen in der Pointe eine Auflösung der Inkongruenz und in dieser Auflösung ein notwendiges Merkmal von Humor. Andere Inkongruenztheorien verneinen die Notwendigkeit der Auflösung und sehen in der *Erzeugung* der Inkongruenz selbst den wesentlichen (wenn auch nicht einzigen) komischen Mechanismus. Für knappe Zusammenfassungen dieser Diskussion siehe Martin: *The Psychology of Humor* (Anm. 7), S. 62–75, und Salvatore Attardo: Art. »Incongruity and Resolution«, in: ders., *Encyclopedia of Humor Studies*, 2 Bde., Los Angeles u. a. 2014, Bd. 1, S. 383–385.

ihrem seit der deutschen Besetzung Norwegens während des Zweiten Welt-
kriegs andauernden Schlaf gerissen werden und auf der Jagd nach einem
Schatz sind, den sie zusammengeraubt, in einem Aufstand der lokalen Bevöl-
kerung aber wieder verloren hatten. Am Anfang von Død Snø 2 wird Martin (Vegar Hoel) von den Nazi-Zombies in seinem Auto überfallen, weil er
bei der Rückgabe des Schatzes eine Münze vergessen hat. Als er es im
Getümmel schafft, den Wagen anzulassen, schaltet sich auch das Autoradio
ein, und für einige Sekunden wird der Kampf vom *Ding Dong Song* begleitet,
einem 2004 in Norwegen erschienenen Nonsense-Song von Günther & The
Sunshine Girls (die Coverversion eines 1984 erschienenen niederländischen
Songs), der Eurodance-Musik der 1990er Jahre parodiert.[34] Eine Textprobe:

> *Oh, you touch my tralala, mmm … my ding ding dong. la la la la la la la, la la la la*
> *la la, la la la la la la. Oh, you touch my tralala la la la la la la, la la la la la.*
> *Mmm … my ding ding dong. la la la la la la, la la la la la. Deep in the night, I'm*
> *looking for some fun, deep in the night, I'm looking for some love …*

Es ist klassische nichtempathische Musik, aber das diegetische Liedzitat ist so
kurz, dass es wohl nur für ein skandinavisches Publikum überhaupt erkenn-
bar ist – der angestrebte Effekt ist nicht der einer eklatanten Inkongruenz
zwischen Handlung und Musik, sondern der eines esoterischen Zitats, das
sich an ein bestimmtes Publikum wendet.

Trotz der Inkongruenz bewahrt das Textzitat einen kleinen Anteil an
Passgenauigkeit: In dem Moment, in dem das Radio angeht, hören wir
gerade »oh, you touch my tralala«, während der Oberst der Nazi-Zombies
(Ørjan Gamst) nach Martin greift, der wiederum versucht, an die Gang-
schaltung zu kommen (aber, als er es nicht schafft, damit Vorlieb nimmt, das
Radio auszustellen, vielleicht, um nicht länger den lächerlichen Song anhö-
ren zu müssen). Diese Passgenauigkeit im Unpassenden ist oft ein Aspekt
solcher Musikverwendung – zum einen ein Weg, die Verwendung unpassender Musik auf einer zweiten Ebene dennoch zu rechtfertigen, zum anderen aber auch eine Betonung der Konstruiertheit des diegetischen ›Zufalls‹.

---

34   Siehe und höre https://www.youtube.com/watch?v=z13qnzUQwuI [letzter Zugriff:
     22.9.2016].

Ein mittlerweile klassisches Beispiel ist *Don't Stop Me Now* von Queen aus der – auf Zufallswahl gestellten – Jukebox im Pub in Shaun of the Dead (GB/Frankreich/USA 2004, Edgar Wright), während unsere Helden (Simon Pegg, Nick Frost und Kate Ashfield) mit Pool-Queues einen Zombie verprügeln und sich dabei von nichts stoppen lassen.[35]

›Unpassende Musik‹ muss jedoch nicht als diegetische eingesetzt werden. Eine Form der inkongruenten Verwendung nichtdiegetischer Musik zielt auf einen Slapstick-Effekt, z. B. in Lesbian Vampire Killers, wenn Jimmy und Fletch (Mathew Horne und James Corden) mit Jimmys in eine lesbische Vampirin verwandelter Ex-Freundin Judi (Lucy Gaskell) kämpfen, während dieser eine Axt im Schädel steckt, wobei sie vom ›Can-Can‹ aus Jacques Offenbachs *Orphée aux enfers* (1858) begleitet werden. Der Topos der ›lustigen Musik‹ im Rahmen einer sorgfältig choreografierten, absurden Slapstick-Sequenz reicht hier aus, um die unpassende Musik auf einer zweiten Ebene passend zu machen.[36]

Es gibt auch elegantere Beispiele unpassender nichtdiegetischer Musik in Horrorkomödien. Eines der schönsten findet sich im Troma-Film Screamplay (USA 1985, Rufus Butler Seder). Edgar Allen (Rufus Butler Seder), der naive Held des Films, der gerne Drehbuchautor werden möchte, ist in Hollywood angekommen und wandert beglückt durch die Straßen. Auf dem

---

35   Shaun of the Dead ist voll von solchen Fällen ›zufällig‹ passender diegetischer Musik; andere Songs, die so eingesetzt werden, sind The Specials' *Ghost Town* (als Vorausnahme der Zombie-Apokalypse); Chicagos *If You Leave Me Now*, nachdem Liz (Kate Ashfield) Shaun (Simon Pegg) verlassen hat; The Smiths' *Panic on the Streets of London*, wenn Shaun durch die Fernsehkanäle zappt und nicht begreift, dass all die sekundenlangen Schnipsel, die er sieht, mit dem Zombie-Ausbruch zu tun haben; *Mister Mental* von Eighties Matchbox B-Line Disaster aus dem Autoradio, ein Doppelkommentar sowohl auf Eds (Nick Frost) rasanten Fahrstil wie auf die Tatsache, dass sie den kürzlich von einem Zombie gebissenen Philip (Bill Nighy) im Auto haben.

36   Die Probe aufs Exempel dieser musikbasierten Verwandlung von Grauen in Slapstick macht ein Beispiel aus der Youtube-Reihe »Honest Trailers« (Parodie-Trailer, die im Gewand der Kurzform einen kritischen Blick auf die jeweiligen Filme werfen). Der Trailer zum Saw-Franchise (USA 2004 ff.) enthält in der Mitte einen knapp 30 Sekunden langen Zusammenschnitt von Momenten extremer Brutalität, geschnitten auf ein fröhliches Kinoorgelstück; im Verein stellen Musik und rhythmischer Schnitt die alberne Seite der »Torture porn«-Exzesse bloß. (Siehe https://www.youtube.com/watch?v=7b-KPl7jhiw; von ca. 2:30 bis 3:07 [letzter Zugriff: 22.9.2016]).

Hollywood Walk of Fame bewundert er die Sterne für Boris Karloff, Bela Lugosi und Peter Lorre; dann findet er sich vor einem Kino, das eine »Triple Horror Bill« anbietet, die er sich natürlich anschaut: Mit einem großen Bottich Popcorn in der Hand sieht er Nosferatu – Eine Symphonie des Grauens (D 1922, Friedrich Wilhelm Murnau), Der Golem, wie er in die Welt kam (D 1920, Paul Wegener und Carl Boese) und Das Cabinet des Dr. Caligari (D 1920, Robert Wiene). Die ganze Szene wird begleitet von heiter-zurückhaltendem Klavier-Jazz. Der passt natürlich zu Edgar Allens Freude über die Ankunft in der Traumfabrik, steht oberflächlich jedoch eklatant quer zu den Horrorfilmen, die er im Kino sieht (und von denen Screamplay uns kleine Ausschnitte zeigt). Aber auch hier ist die Musik letzten Endes ganz richtig als Darstellung von Edgar Allens guter Laune beim Anschauen dieser Filme. Der Effekt hier ist nicht Komik, sondern das Kontrastieren von Schrecken und Freude – die musikalische Illustration der Tatsache, dass uns Noël Carrolls »art horror« neben oberflächlichem Schrecken auf einer tieferen Ebene großen Spaß bereitet.

Neben solchen relativ einfach strukturierten Momenten ›unpassender Musik‹ gibt es jedoch auch komplexere Konstruktionen von Inkongruenz als Zustand. Ein typischer Ort für solche Überlagerungen und Wechselduschen sind die Titelsequenzen von Filmen: naheliegenderweise, denn eine der Aufgabe von Titelsequenzen besteht darin, »den Ton und die Atmosphäre zu etablieren, die uns auf den kommenden Film vorbereiten«[37], und im Falle von Horrorkomödien ist das oft die Vorbereitung auf Verunsicherung. Vier Beispiele:

Beispiel 1: Grad und Art der Verunsicherung, die die Kombination inkohärenter filmischer Elemente erzeugt, kann unterschiedlich sein. Ein Beispiel, das paradoxerweise im Eindruck von Stabilität resultiert, ist der Anfang von The Rocky Horror Picture Show (GB/USA 1975, Jim Sharman) – umso überraschender, da er vier verschiedene generische Bezugs-

---

37   Original: »to set the tone and atmosphere that prepares us for the film to come.« Thomas Elsaesser / Malte Hagener: *Film Theory. An Introduction through the Senses*, New York 2010, S. 42.

räume ins Spiel bringen muss. Die Komödie wird mit dem Firmenlogo von 20th-Century Fox abgehandelt: Visuell klassisch, wird Alfred Newmans Fanfare nicht vom üblichen Orchester gespielt, sondern von der Showband der Musik des Films. Die Realisierung der Vorspanntypografie mit ihrer Andeutung von tropfendem Blut steht für den Horroraspekt ein, während der Titelsong Science-fiction-Topoi durchspielt und so sowohl die Sci-fi-Parodie wie den Musicalaspekt des Films vertritt. Die Tatsache schließlich, dass wir geschminkte weibliche Lippen sehen (die der Darstellerin von Magenta, Patricia Quinn), aber eine männliche Stimme hören (die von ROCKY HORROR-Drehbuchautor Richard O'Brien), deutet auf den Gender-bending-Aspekt der Filmhandlung. Die Fülle unterschiedlicher Bezüge wirft die Frage auf, was das für ein Film werden wird, der all dies zusammenzubringen sucht; aber die wohlgeordnete Art, in der die unterschiedlichen Bezüge ins Spiel gebracht werden, verrät uns zugleich, dass allzu Verstörendes nicht zu erwarten ist.

Beispiel 2: Die Titelsequenz von THE LITTLE SHOP OF HORRORS (USA 1960, Roger Corman) ist in sich ähnlich stabil, aber in anderer Hinsicht überraschender, weil sie einen anderen Film anzukündigen scheint als den, dem sie vorausgeht. Die Musik und Einschussloch-Grafik zum Namen der Produktionsfirma Filmgroup weisen auf einen Thriller hin; der Jazz und das Voice-Over zur Titelsequenz selbst scheinen das zu bestätigen, allerdings in so verspielt-übertriebener Weise und über einer so heiter-pastellfarbenen Grafik, dass wir nun eher eine Thrillerparodie vermuten mögen, kaum aber das

Abb. 6: THE LITTLE SHOP OF HORRORS: SKID ROW

botanische Creature-Feature, das folgen wird. Der Titel des Films trägt zur Unklarheit bei: Er fügt mit dem »Horror« ein neues Gattungselement bei, nimmt es mit dem »Little Shop« aber sogleich wieder zurück.

Beispiel 3: Passend zum schwarzen Humor des Films zielt der Vorspann von MUMSY, NANNY, SONNY AND GIRLY stärker auf Verunsicherung, und das wesentliche Mittel dazu ist ein sorgfältig abgestufter Prozess von Bild-Musik-Beziehungen. Der Film beginnt mit Bildern des Landsitzes, auf dem die vier Titelfiguren ihren ›Spielen‹ frönen, von einer Gesamtansicht mit künstlichem See im Vordergrund zu Details des Parks und der Räume. Dazu hören wir Mozart-Pastiche (Musik: Bernard Ebbinghouse), und die abgezirkelte Präzision der klassizistischen Phrasen passt perfekt zur Wanderung der Kamera durch die prächtige Anlage. Auch in Details scheinen Bilder und Musik in Übereinstimmung: Just wenn uns die Kamera eine Sandkiste und Kinderschaukel zeigt, bringt die Musik eine Glockenspiel-Passage.

Aber je länger die Titelsequenz dauert, desto beunruhigender wird sie. Das beginnt bereits mit der Sandkiste: Achtlos hingeworfene Spielzeuge und eine verdrehte Puppe passen nicht ganz zur Noblesse, die Haus und Musik ausstrahlen (sollen). Dann, nach der Titelgrafik des Films, hören wir zwei körperlose Stimmen, die einander als »Mumsy« und »Nanny« anreden und über den »entzückenden Morgen« und »die Kinder« sprechen, die schon zum Spielen gegangen sind. Auch die stilisierte Sprechweise der Stimmen passt zum Anblick des Hauses und zum Ton der Musik, übertreibt aber die Künstlichkeit der Szene in einem Maße, das sich der Eindruck von Fassadenhaftigkeit immer stärker aufdrängt.

Dann folgt ein radikaler Bruch: Wir sehen Bilder aus einem Zoo und zwei durchs Bild huschende Personen in Schuluniform, begleitet von instrumentalem Easy-Listening-Pop, der für das Jahr 1970 (in dem der Film ins Kino kam) ganz und gar zeitgemäß ist. Uns ist klar, dass uns hier Sonny und Girly gezeigt werden; vor allem aber der musikalische Bruch ist so brachial, dass wir nicht mehr wissen, was wir uns als »Ton und Atmosphäre« des kommenden Films vorstellen sollen. Die Rückkehr zum Landsitz und Mozart-Pastiche machen die Dinge nicht klarer, denn die Passgenauigkeit zwischen Musik und Bildern geht nun verloren; mehr und mehr sehen wir, dass das Haus vernachlässigt und in Teilen verfallen ist – irgendetwas stimmt hier nicht, und dass die erste halbe Filmminute lang versucht wird, etwas anderes vorzutäuschen, macht uns nur umso skeptischer.

Der Effekt der Titelsequenz liegt in der Verwandlung scheinbarer Passgenauigkeit in ein Rätsel. Wir wissen nicht, wie wir die stattliche Noblesse von Haus und Musik mit den Andeutungen von Achtlosigkeit und Verfall zusammenbringen sollen und wie das musikalische Klassik-Pastiche mit Easy Listening; wir wissen nicht, was die seltsame Sprechweise zu bedeuten hat und wo wir die Sprecher lokalisieren sollen. »Ton und Atmosphäre«, die erzeugt werden, sind die von Verunsicherung, und das ist just, was der Film an seinem Anfang braucht.

Beispiel 4: Auf die Spitze getrieben wird die Strategie eines Wechselbades filmischer Bezugsräume in der Titelsequenz von Takashi Miikes カタクリ 家の幸福 (KATAKURI-KE NO KŌFUKU, THE HAPPINESS OF THE KATAKURIS, DAS GLÜCK DER KATAKURIS; Japan 2001): eine gut fünfminütige Achterbahnfahrt durch unterschiedliche Filmformen, Figuren, Ereignisse und Musikstile – nicht untypisch für Miikes Werk, aber selbst in der Wunderkammer der Horrorkomödie ein außergewöhnliches Exponat. Auf dem Papier lässt sich kaum ein Eindruck von der Sequenz vermitteln; eine grobe Zusammenfassung der unterschiedlichen Ebenen muss reichen:

a. Figuren und Ereignisse: Die Sequenz beginnt mit vier Frauen in Wanderkleidung, die durch ein Restaurant marschieren (aber keine weitere Rolle in der Szene spielen und erst später im Film wiederkehren). Dann sehen wir eine junge Frau, die sich auf die vor ihr stehende Suppe freut, aber darin auf Widerstand stößt und schließlich ein Minimonster daraus hervorzieht, auf das sie mit einem Entsetzensschrei reagiert. Der Schrei bietet dem Minimonster den Anblick ihres herzförmigen Gaumenzäpfchens, in das es sich verliebt, das es deshalb herausreißt und mit dem es aus dem Restaurant und über die Dächer der Stadt davonfliegt.

Das Minimonster frisst das Gaumenzäpfchen und wird selbst von einem Raben gefressen, bevor dieser einer aus grobem Sackstoff genähten Puppe zum Opfer fällt, die sich vorher eines der herausgefallenen Augen des Minimonsters in die eigene, leere Augenhöhle gesteckt hat. Der tote Rabe wird als Zeichnung dargestellt, die sich in ein Plakat verwandelt, das sich in ein Ei verwandelt, das von einer Schlange gefressen wird. Die Schlange wird von

Abb. 7: The Happiness of the Katakuris: Minimonster
und Gaumenzäpfchen

einem Vogel gefangen, der sie seinen Jungen als Futter bringt (wobei er über
einen Vulkan fliegt, der später im Film eine Rolle spielen wird); das Ei fällt
zu Boden, und heraus schlüpft ein neues (oder das alte?) Minimonster, das
sogleich von einem weiteren Raben gefressen wird, der danach über das
Haus der Katakuri-Familie fliegt. Der Rabe macht Großvater Jinpei (Tetsurō
Tamba) auf den Kopf, der daraufhin wütend mit einem Stock nach dem
Vogel wirft und ihn vom Himmel holt und vom Hund der Familie apportie-
ren lässt. Daneben sitzt seine kleine Enkelin Yurie (Tamaki Miyazaki) – die
Erzählerin der Geschichte –, die gerade einen toten Goldfisch beerdigt und
sich dabei fragt, was eine glückliche Familie ausmacht. Sie kommt zu keiner
Antwort, schließt aber mit der Feststellung: »Bei meiner Familie weiß ich,
dass ich einmal sehr cool sein werde«, bevor sie uns die Mitglieder ihrer
Familie vorstellt.

b. Filmformen: Die Sequenz wechselt zwischen Realfilm und Clayma-
tion (zuzüglich einer gezeichneten Einlage für das Bild des toten Raben, das
sich in ein Plakat verwandelt, das dann wieder Teil der Animation wird).
Der Wechsel von Realfilm zu Animation unterstreicht den Moment des
Schreckens, wenn die junge Frau des Suppenmonsters ansichtig wird.

Danach dient die Animation den absurden Teilen der Geschichte; erst bei
der Ankunft auf dem Grundstück der Katakuris kehren wir zum Realfilm
zurück. (Animation und Realfilm werden jedoch auch kombiniert, etwa
wenn das Minimonster mit dem Gaumenzäpfchen über die Stadt fliegt.)

167

Abb. 8: THE HAPPINESS OF THE KATAKURIS: erster Wechsel von Realfilm
zu Animation

Abb. 9:
THE HAPPINESS OF
THE KATAKURIS:
animiertes Mini-
monster und reale
Landschaft

Wie in HAUSU hilft die Animation, anderenfalls schwierig zu realisierende
Teile der Handlung auf die Leinwand zu bringen (das ist wichtig im weiteren Verlauf der Filmhandlung, wo die Animation z. B. einen Vulkanaus-
bruch bebildert). Der jähe Wechsel zwischen den Modi unterstreicht jedoch
auch die Absurdität der Ereignisfolge, und die Metaabsurdität eines Films,
der eine Familiengeschichte mit märchenhaften, grausigen und absurden
Ereignissen und mit Musiknummern verwebt.

c. Musik und andere Sounds: Der Film beginnt mit einer Klavierkadenz,
die in einen opernhaft gesungenen, akkordeonbegleiteten Tango für die Res-
taurantszene übergeht – stilisierte Exotik für ein westlich-bürgerliches (d. h.
im japanischen Kontext exotisches) Ambiente. Mit dem Schreckensschrei der
jungen Frau bricht der Tango jäh ab. Sobald das Minimonster ihr Gaumenzäpfchen erblickt, beginnt das Vorspiel zu einem instrumentalen Folk-Pop-
Stück, dessen Hauptteil den Flug über die Stadt begleitet (ebenfalls mit

Akkordeon). Das Stück läuft in horrortypischen Geräuscheffekten aus, als das Minimonster das Gaumenzäpfchen frisst. Zum Auftritt der Sackpuppe beginnt ein langsamer Moll-Walzer, wiederum mit Akkordeon, der zum Flug des Vogels in einen zweiten, etwas schnelleren Walzer übergeht, melodisch dem ersten Folk-Stück verwandt. Zur (Wieder-)Geburt des Minimonsters setzt dieses wieder ein. Zu Yuries Goldfisch-Beerdigung spielt das Akkordeon eine langsamere, ein wenig elegische Melodie, die auch in einem Western zu Hause sein könnte und die in die folgende Vorstellung der Mitglieder ihrer Familie überleitet.

Noch mehr als MUMSY, NANNY, SONNY AND GIRLY basiert der Effekt der Titelsequenz in THE HAPPINESS OF THE KATAKURIS auf ihrem Prozesscharakter, in diesem Falle allerdings zu manischer Dichte gesteigert. Wenn es die Aufgabe von Titelsequenzen ist, auf Ton und Atmosphäre des kommenden Films vorzubereiten, werden wir in diesem Falle darauf vorbereitet, dass alles Mögliche passieren könnte; Bruchstücke von Horror, Märchen und Familienfilm geben einander die Klinke in die Hand. Dieses Weiterreichen ist allerdings wichtig, denn trotz der verwirrenden Abfolge von inkongruenten Ereignissen, filmischen Techniken und musikalischen Stilen ist die Sequenz keineswegs inkohärent: Jedes Ereignis ist mit dem folgenden verbunden, der Wechsel der filmischen Techniken ist auf der Handlungsebene durch den Wechsel von ›realistischen‹ zu fantastischen oder märchenhaften Ereignissen gerechtfertigt, und die musikalischen Blöcke sind zum einen durch die Dominanz von Folk-Elementen und zum anderen durch das Akkordeon verbunden. Diese Dialektik der Kohärenz des Inkongruenten verstärkt aber nur die Verwirrung – der Film sagt uns, dass all dies irgendwie zusammengehört, aber er verrät uns nicht, wie das funktionieren kann, und macht uns gespannt auf den Film, der das versuchen wird.

Natürlich ist solches Zusammenbringen inkongruenter Elemente nicht auf Titelsequenzen beschränkt, sondern auch im Hauptkörper der Filme ein gern verwendeter Aspekt des Genres. Von zahlreichen Beispielen hier nur zwei, die darauf hinweisen, dass die Technik auf ganz unterschiedlichen Ebenen filmischer Struktur eingesetzt werden kann, in einer einzelnen Szene ebenso wie in Bezug auf die Form eines Films im Ganzen:

Beispiel 1: BOY EATS GIRL (ZOMBIE CITY: EINE STADT ZUM ANBEISSEN, Irland/GB 2005, Stephen Bradley) verbindet, wie der Titel andeutet, Teen- und Zombiefilm. Die ersten 20 Filmminuten stellen den Teenfilm dar, die übrigen 60 den Zombiefilm, und Musik hilft, die Unterscheidung zwischen den beiden Teilen zu artikulieren: Die Teenfilm-Phase ist durchsetzt von Popsongs, wie sie in diesem Genre zu erwarten sind: *Hanging Around* von Future Kings of Spain für die Titelsequenz; *Tongue* von Bell XI, *Spitting Games* von Snow Patrol und *Stop* von Turn als nichtdiegetische Musik im weiteren Verlauf. Der Wendepunkte kommt mit dem ersten diegetischen Song, *Harder* von Turn, dem Nathan (David Leon) zuhört, während er mit – nicht sehr ernst gemeinten – Selbstmordgedanken spielt. Auf dem Höhepunkt des Gedankenexperiments legt er sich eine Schlinge um, die an seiner Zimmertür hängt, als seine über die laute Musik verärgerte Mutter (Deirdre O'Kane) hereinkommt und aus dem Spiel unwillkürlich Ernst macht. Der Zombie-Teil des Films beginnt mit ihrem Versuch, Nathan zurück ins Leben zu holen, wozu sie sich eines Buches bedient, das sie in der Krypta der Kirche gefunden hat, in der sie gerade als Restauratorin arbeitet. Und im Zombie-Teil des Films kommt nur noch ein einziges Popstück vor, und dieses stilistisch sehr verschieden: *It's a Wonderful Night* (Fatboy Slim & Lateef Dumont) als diegetische Musik für eine Party. Stattdessen wird der Soundtrack des Films nun beherrscht von horrortypischen Soundscapes – der Spaß hat ein Ende gefunden, auch der musikalische.

Beispiel 2: Eine weitere Zombie-Komödie liefert ein gutes Beispiel für das Spiel mit widerstreitenden musikalischen Signifikanten in einer einzelnen Szene: COCKNEYS VS ZOMBIES (GB 2012, Matthias Hoene), in der es um einen Zombieausbruch im Londoner East End geht, ausgelöst von Bauarbeiten, die eine verschüttete Grabstätte freilegen. Unsere Helden stehen im Hof eines Lagerhauses und haben gerade einen Zombie erschossen, der Mental Mickey (Ashley Thomas) gebissen hat, da biegt schon der nächste um die Ecke – eine Mutter mit Buggy und Baby. Dazu erklingt, im Spieldosen-Sound, eine Moll-Version von *Twinkle, Twinkle, Little Star* (auch bekannt als *The Alphabet Song, Ah, vous dirais-je maman* oder *Morgen kommt der Weihnachtsmann*). Mickey schießt der Mutter in den Kopf und hebt das Baby aus dem Buggy, bis auch dieses sich als Zombie entpuppt und er es entsetzt mit dem

Abb. 10:
Cockneys vs Zombies:
Targeting cruelty

Fuß gegen eine Plakatwand kickt (auf der eine Kampagne »Targeting Cruelty against Children« annonciert wird, mit einer großen Zielscheibe um das Wort »Targeting«).

Wir haben es mit einer Überlagerung unterschiedlicher Inkongruenzen zu tun: (a) Die Erste ist diejenige zwischen der grausigen Szene und dem Kinderlied. (Andererseits wissen wir natürlich, dass die Verwendung von Kinderliedern oder -stimmen in Horrorfilmen traditionsversichert ist.) (b) Die Zweite besteht zwischen der Dur-Version der Melodie, die wir kennen, und der Moll-Version, die wir hier hören. (c) Und die Dritte, gewissermaßen eine Meta-Inkongruenz, ist die zwischen Inkongruenz (a), d. h. der Unangemessenheit des Kinderliedes in diesem Kontext, und seiner Angemessenheit aufgrund der Horror-Tradition von Kinderliedern und aufgrund der Tatsache, dass die Moll-Variante der Melodie artikuliert, dass es sich hier um ein Zombie-Baby handelt.

Solche Überlagerungen von Inkongruenzen sind ein wirksames Mittel in Horrorkomödien mit ihrem Oszillieren zwischen generischen Bezugssystemen und der resultierenden Unklarheit über den Status von Musik als ›passend‹ oder ›unpassend‹. Cockneys vs Zombies nutzt den gleichen Trick ein zweites Mal, wenn unsere Helden einen Bus als Fluchtmittel kapern und damit einfach durch eine Gruppe von Zombies hindurchbrausen. Dazu ertönt, nichtdiegetisch, die Titelmelodie der britischen TV-Sportsendung Grandstand (BBC1 bzw. BBC2, 1958–2007).[38] Die Inkongruenzen hier sind: (a) die zwischen aufgeräumter Musik aus einer harmlosen Sportsen-

---

dung für eine Szene, in der ein Bus eine Gruppe von Menschen (nun ja: Zombies) überfährt; (b) die zwischen der Unangemessenheit der Musik im Sinne dieser ersten Inkongruenz und ihrer Angemessenheit, denn sie artikuliert die selbstbewusste ›Englishness‹ der Figuren, ihre Kenntnis von Populärkultur und den Moment positiver Aktion, in dem sie den Bus zum Fluchtmittel umfunktionieren.

V   Beispiele 4: Die wahre Natur des Horrors

Eine letzte Gruppe von Beispielen: Manchmal deuten Horrorkomödien an, dass die wahre Natur des Horrors nicht in den typischen Monstern und Schrecken der Horrortradition liegt, sondern ganz woanders. Im Ansatz kann diese Idee ein Aspekt der Verwendung unpassender Musik sein – der *Ding Dong Song* in DØD SNØ 2 ist auf seine Weise nicht weniger furchterregend als die Zombies, die hinter Martin her sind. Andere Filme machen die Sache deutlicher. Ein drastisches Beispiel kommt in ADDAMS FAMILY VALUES (DIE ADDAMS FAMILY IN VERRÜCKTER TRADITION, USA 1993, Barry Sonnenfeld) vor, dem Sequel zu THE ADDAMS FAMILY (DIE ADDAMS FAMILY, USA 1991, Barry Sonnenfeld). Wednesday und Pugsley Addams (Christina Ricci und Jimmy Workman) sind von ihren Eltern ins Sommercamp Chippewa geschickt worden, wo sie und einige andere ethnisch, figürlich oder religiös ›unpassende‹ Kinder unter der vorgeschriebenen guten Laune und dem Rassismus und der Arroganz der überwiegend weiblichen, blonden und gut situierten WASP[39]-Kundschaft und der Camp-Leiter Gary und Becky (Peter MacNicol und Christine Baranski) leiden. Diese statuieren schließlich an Wednesday, Pugsley und am jüdischen Joel Glicker (David Krumholtz) ein Exempel: In der »Harmoniehütte« werden sie einen ganzen Abend lang der gnadenlosen Harmlosigkeit von Kinder- und Familienfilmen ausgesetzt. Gary und Becky zeigen ihren Opfern zuerst die Instrumente: VHS-Kassetten von BAMBI (USA 1942, David Hand), LASSIE COME HOME (HEIMWEH,

---

39   WASP = White Anglo-Saxon Protestant, also »weißer angelsächsischer Protestant«.

USA 1943, Fred M. Wilcox) und THE LITTLE MERMAID (ARIELLE, DIE MEERJUNGFRAU, USA 1989, Ron Clements und John Musker) (worauf Wednesday sagt »Hört auf!« und Joel, mit Blick auf Pugsley, »Er ist nur ein Kind«). Die Realität des fröhlichen Grauens wird jedoch erst durch Songs aus weiteren Filmen begreiflich, die aus der Hütte herausschallen wie Schläge aus dem Folterkeller: *The Hills Are Alive with the Sound of Music* aus THE SOUND OF MUSIC (MEINE LIEDER – MEINE TRÄUME, USA 1963, Robert Wise), der Titelsong zur Fernsehserie THE BRADY BUNCH (DREI MÄDCHEN UND DREI JUNGEN, USA 1969–1974) und *Tomorrow* aus ANNIE (USA 1982, John Huston).

Im Horrorkomödien-Universum der Addams Family ist diese Umkehrung der filmischen Werte natürlich Konsequenz der invertierten Logik ihrer Welt, in der Theater-Grusel die Normalität darstellt und das wirkliche Grauen in der bürgerlichen Vorortwelt lebt, in die Debbie Jellinsky (Joan Cusack) Addams-Onkel Fester (Christopher Lloyd) ver- und entführt, und in der Verwandlung von Familienzuwachs Pubert Addams (Cheryl Chase) vom Addams-Baby samt Schnurrbart, ganz wie der Papa, in einen goldgelockten Wonneproppen. Im Rahmen eines Hollywood-Unterhaltungsfilms ist die Kritik an der Kulturindustrie, die in der Bloßstellung von Disney, Musicals und Familien-TV liegt, aber auch ein dialektischer Schwenker eigener Ironie.

Ein letztes Beispiel: Die bereits erwähnte Episode: ›And now the fearing …‹ aus der BBC-Serie DR TERRIBLE'S HOUSE OF HORRIBLE geht nach Dr. Terribles einleitendem Witz über den Abend im Büro seines alten Schulleiters zur eigentlichen Handlung der Episode über (in der es um drei Fahrgäste eines Aufzugs geht, die einander ihre Albträume erzählen). Auf Dr. Terribles Satz »Ich selbst bevorzuge Albträume« folgt ein Schnitt auf den Eingang eines typischen Bürohochhauses der Zeit (die Episode spielt in den 1970er Jahren), dann kippt die Kamera zu einer starken Untersicht des Gebäudes, und dann springt das Bild zum Innenraum, komplett mit leise wisperndem, konturlosem Muzak.

Hier, in der wohlorganisierten Fadheit der kapitalistischen Arbeitswelt, ist die Heimat der wirklichen Albträume, so die unvermeidliche Schlussfolgerung aus der Verbindung von Dialog, Bildschnitt und Musik. Der Theaterdonner des Retro-Horrors der Serie ist im Vergleich dazu nichts als amü-

Abb. 11: Dr Terrible's House of Horrible, Episode 4, ›And now the fearing ...‹: Der Horror der modernen Arbeitswelt

sante Erholung – wie in den meisten Horrorkomödien, die sich an die generisch etablierten Formen des Schreckens halten und damit (wie reine Horrorfilme auch) auf einer zweiten Ebene beruhigend traditionell sind.

VI   Schluss (mit lustig)

Die diskutierten Beispiele zeigen einige Formen des Musikeinsatzes in Horrorkomödien (oder zumindest in Filmen, die mit diesem Begriff beschrieben worden sind), die mit der Natur der Gattung und ihrer Oszillationen und Instabilitäten zu tun haben. Aber sie schöpfen die Liste musikalischer Techniken in solchen Filmen natürlich noch lange nicht aus, und es gibt eine Menge anderer Aspekte, über die zu sprechen wäre.

Janet Halfyard hat z. B. gezeigt, dass traditionelle musikalische Horrorzeichen – der Tritonus, das *Dies irae*, die Geige des Teufels – in jüngeren Horrorkomödien gerne eingesetzt werden, um eher den Eindruck amüsanter Skurrilität zu erzeugen als den Horror, mit dem sie einmal unmittelbar assoziiert waren – eine Konsequenz des Alterns der Kunstmittel, die ihre Verwendbarkeit auf der Genre-Landkarte verschiebt.[40] Man könnte mehr

---

40   Janet K. Halfyard: »Mischief Afoot. Supernatural horror-comedies and the *Diabolus in Musica*«, in: *Music in the Horror Film. Listening to Fear*, hrsg. von Neil Lerner, New York – London 2010, S. 21–37.

sagen zur Übertreibung konventioneller Mittel der Horrormusik zur Kenntlichkeit ihrer wahren Gestalt (das spielt in der diskutierten Verwendung von Lewton-Bussen in Horrorkomödien eine Rolle, ist jedoch eine sehr viel breiter eingesetzte Technik). Man könnte etwas sagen zur Verwendung – gehörter oder ungehörter – Liedtexte, die in vielen Komödien für Anspielungen ausgenutzt werden, in Horrorkomödien jedoch besonderes Potenzial für Doppeldeutigkeit bieten. Man könnte schließlich mehr sagen zur choreografischen Koordination von Musik, Figurenbewegung und Bildschnitt, ebenfalls wichtig in vielen Komödien, in Horrorkomödien jedoch mit interessanten Möglichkeiten der Verbindung von Bedrohung und Humor.

Aber dieser Text ist lang genug, und man muss sich auch noch etwas für die Zukunft aufsparen. Forschung zur Musik im Horrorfilm ist in den vergangenen Jahren eifrig betrieben worden, Arbeiten zur Musik in der Filmkomödie dagegen sind noch rar, und solche zur Musik in der Horrorkomödie noch viel seltener. Aber sowohl die theoretischen Fragen wie die Fülle an Möglichkeiten, die die Filme zeigen, sollten die weitere Arbeiten eher zum Vergnügen machen als zum Schrecken.

Gesamtbibliografie

Adinolfi, Francesco: *Mondo Exotica: Sounds, Visions, Obsessions of the Cocktail Generation*, hrsg. und übersetzt von Karen Pinkus und Jason Vivrette, Durham 2008.

Adorno, Theodor W.: »Zeitlose Mode. Zum Jazz [1953]«, in: *Adorno, Theodor W. Gesammelte Schriften 10. 1. Kulturkritik und Gesellschaft I. Prismen. Ohne Leitbild*, hrsg. von Rolf Tiedemann, Frankfurt/M. 1977, S. 123–137.

Ahern, Eugene A.: »Selections from What and How to Play for Pictures [1913]«, in: *Celluloid Symphonies. Texts and Contexts in Film Music History*, hrsg. von Julie Hubbert, Berkeley – Los Angeles – London 2011, S. 45–52.

Alexandrow, Grigori: *Epokha i kino*, Moskau 1976.

Allen, Martina: »Against ›Hybridity‹ in Genre Studies: Blending as an Alternative Approach to Generic Experimentation«, in: *Trespassing Journal: an online journal of trespassing art, science, and philosophy* 2, Winter 2013, online unter: http://trespassingjournal.com/?page_id=488 [Stand: 22.9.2016].

Altman, Rick: *Film/Genre*, London 1999.

Altman, Rick: *Silent Film Sound*, New York 2004.

Anderson, Trudy: »Why Stalinist Musicals?«, in: *Discourse* 17 (1995) 3, S. 38–48.

(Anonym): »Lubin Advertisement«, in: *The New York Clipper* LII (2), 27.8.1904, S. 613.

(Anonym): »This Week. Great Comedy Film: ›The Dancing Nig‹«, in: *The Moving Picture World* 30 (1), 28.9.1907, S. 475.

Apter, Michael J. / Smith, Ken C. P.: »Humor and the Theory of Psychological Reversals«, in: *It's a Funny Thing, Humor*, hrsg. von Antony J. Chapman & Hugh C. Foot, Oxford 1977, S. 95–100.

Aristoteles: *Vom Himmel – Von der Seele – Von der Dichtkunst*, hrsg. von Olof Gigon, München 1983.

Attardo, Salvatore: *Linguistic Theories of Humor*, Berlin – New York 1994.

Attardo, Salvatore: *Humorous Texts: A Semantic and Pragmatic Analysis*, Berlin – New York 2001.

Attardo, Salvatore: Artikel »Incongruity and Resolution«, in: ders., *Encyclopedia of Humor Studies*, 2 Bde., Los Angeles u. a. 2014, Bd. 1, S. 383–385.

Attardo, Salvatore / Raskin, Victor: »Script theory revis(it)ed: Joke similarity and joke representation model«, in: *Humor* 4 (1991) 3–4, S. 293–347.

Austen, Jake: »Hidey Hidey Hidey Ho … Boop-Boop-A-Doop! The Fleischer Studio and Jazz Cartoons«, in: *The Cartoon Music Book*, hrsg. von Daniel Goldmark und Yuval Taylor, Chicago 2002, S. 61–66.

Bachmeier, Helmut (Hrsg.): *Texte zur Theorie der Komik*, Stuttgart 2005.

Baraka, Amiri: *Digging. The Afro-American Soul of American Classical Music* (= Music of the African Diaspora Bd. 13), Berkeley – Los Angeles – London 2009.

Barrier, Mike / Gray, Milton / Spicer, Bill: »An Interview with Carl Stalling [1971]«, in: *The Cartoon Music Book*, hrsg. von Daniel Goldmark und Yuval Taylor, Chicago 2002, S. 37–60.

Bateson, Gregory: »Humor in Human Communication«, in: *Cybernetics, Ninth Conference*, hrsg. von Heinz v. Foerster, New York 1953.

Berendt, Joachim Ernst: *Das Jazzbuch. Von Rag bis Rock*, Frankfurt/M. ⁴1973.

Bergson, Henri: *Das Lachen*, Wiesbaden 2014.

Berlyne, Daniel Ellis: »Humor and its kin«, in: *The Psychology of Humor. Theoretical Perspectives and Empirical Issues*, hrsg. von Jeffrey H. Goldstein und Paul E. Mc-Ghee, New York – London 1972, S. 43–60.

Biancorosso, Giorgio: »The Harpist in the Closet. Film Music as Epistemological Joke«, in: *Music and the Moving Image* 2 (2009) 3, S. 11–33.

Bolivar, Valerie J. / Cohen, Annabel J. / Fentress, John C.: »Semantic and Formal Congruency in Music and Motion Pictures: Effects on the Interpretation of Visual Action«, in: *Psychomusicology* 13, 1/2, Special Volume on Film Music, 1994, S. 28–59.

Booth, Wayne: *The Rhetoric of Fiction*, Chicago – London 1961.

Bordwell, David: *Narration in the Fiction Film*, Madison 1985.

Bordwell, David / Thompson, Kristin: *Film Art: An Introduction*, New York 2001.

Bregman, Albert S.: *Auditory Scene Analysis. The Perceptual Organization of Sound*, Cambridge 1990.

Brendel, Alfred: »Gibt es eigentlich lustige Musik? Das umgekehrte Erhabene«, in: *LiTheS* Nr. 8, Februar 2013, S. 5–26.

Broyard, Anatole: »A Portrait of the Hipster [1948]«, in: *Reading Jazz*, hrsg. von David Meltzer. San Francisco 1993, S. 226–229.

Bullerjahn, Claudia: »Filmkomödie, filmmusikalische Komik«, in: *Lexikon der Filmmusik. Personen, Sachbegriffe zu Theorie und Praxis, Genres*, hrsg. von Manuel Gervink und Matthias Bückle, Laaber 2012, S. 166–168.

Carbine, Mary: »›The finest outside the Loop‹: Motion Picture Exhibition in Chicago's Black Metropolis, 1905–1928«, in: *Film Theory, Critical Concepts*. Vol. III, hrsg. von Philip Simpson, Andrew Utterson & Karin J. Shepherdson, London – New York 2004, S. 96–124.

Carroll, Noël: *The Philosophy of Horror, or: Paradoxes of the Heart*, New York – London 1990.

Carroll, Noël: »Notes on the Sight Gag«, in: ders., *Theorizing the Moving Image*, Cambridge 1996.

Carroll, Noël: »A note on film metaphor«, in: *Journal of Pragmatics* 26, 1996, S. 809–822.

Carroll, Noël: »Horror and Humor«, in: *Journal of Aesthetics and Art Criticism* 57 (1999) 2, S. 145–160.

Carroll, Noël: *Beyond Aesthetics. Philosophical Essays*, Cambridge 2001.

Carroll, Noël: *A Very Short Introduction to Humour*, Oxford 2014.

Clark, Katerina: *The Soviet Novel: History as Ritual*, Bloomington, ³2000.

Clark, Katerina: »Grigoriy Aleksandrov's VOLGA-VOLGA«, in: *Language and Revolution: Making Modern Political Identities*, hrsg. von Igal Halfin, Portland 2002, S. 215–248.

Crawford, Richard: *An Introduction to America's Music*, New York 2001.

Cripps, Thomas: *Making Movies Black*, Oxford – New York 1993.

Dapogney, James: »Jelly Roll Morton and Ragtime«, in: *Ragtime. Its History, Composers, and Music*, hrsg. von John Edward Hasse, London 1985, S. 257–267.

Dauer, Alfons M.: »Jazz und Film. Ein historisch-thematischer Überblick«, in: *Jazzforschung/Jazz Research* 12, 1980, S. 41–57.

Davin, Tom: »Conversation with James P. Johnson«, in: *Ragtime. Its History, Composers, and Music*, hrsg. von John Edward Hasse, London 1985, S. 166–177.

Descartes, René: *Die Leidenschaften der Seele*, Hamburg 1996.

Douglas, Mary: *Purity and Danger. An Analysis of Concepts of Pollution and Taboo*, London 1966.

Early, Gerald: »Pulp and Circumstance: The Story of Jazz in High Places«, in: *The Jazz Cadence of American Culture*, hrsg. von Robert G. O'Meally, New York 1998, S. 393–430.

Eco, Umberto: *Einführung in die Semiotik*, Paderborn 2002.

Elsaesser, Thomas / Hagener, Malte: *Film Theory. An Introduction through the Senses*, New York 2010.

Evans, Mark / Burgess, Matt: »Beyond the Valley of the Ultra Cliché. Erotic Plenitude in the Films of Russ Meyer«, in: *Earogenous Zones. Sound, Sexuality, and Cinema*, hrsg. von Bruce Johnson, London – Oakville 2010, S. 38–53.

Evans, Mark / Hayward, Philip (Hrsg.): *Sounding Funny. Sound and Comedy in Cinema*, London – Oakville 2016.

Fish, Stanley: *Is There A Text In This Class? The Authority of Interpretive Communities*, Cambridge – London 1980.

Fitzpatrick, Sheila: *Everyday Stalinism. Ordinary Life in Extraordinary Times. Soviet Russia in the 1930s*, New York 1999.

Foucault, Michel: *Power/Knowledge: Selected Interviews and Other Writings, 1972–1977*, New York 1980.

Freud, Sigmund: »Der Witz und seine Beziehung zum Unbewussten (1905)«, in: ders., *Gesammelte Werke*, hrsg. von Anna Freud u. a., London 1940–1952, Bd. 6.

Freud, Sigmund: »Das Unheimliche«, in: ders., *Gesammelte Werke*, hrsg. von Anna Freud u. a., London 1940–1952, Bd. 12, S. 227–278.

Freud, Sigmund: *Die Traumdeutung*, Frankfurt/M., ungekürzte Ausgabe 1961.

Freud, Sigmund: *Der Witz und seine Beziehung zum Unbewußten*, Frankfurt/M. 2009.

Friedwald, Will: »Sublime Perversity. The Music of Carl Stalling«, in: *The Cartoon Music Book*, hrsg. von Daniel Goldmark und Yuval Taylor, Chicago 2002, S. 137–140.

Gabbard, Krin: *Jammin' at the Margins. Jazz and the American Cinema*, Chicago – London 1996.

Gabbard, Krin (Hrsg.): *Jazz Among the Discourses*, Durham 1995.

Gabbard, Krin (Hrsg.): *Representing Jazz*, Durham 1995.

Gates, Henry Louis Jr.: *The Signifying Monkey. A Theory of African-American Literary Criticism*, Oxford & New York 1988.

Geier, Manfred: *Worüber kluge Menschen lachen. Kleine Philosophie des Humors*, Reinbek bei Hamburg 2006.

Giddins, Gary: *Satchmo. The Genius of Louis Armstrong*, New York 2001.

Gold, Django: »Sonny Rollins: In His Own Words«, in: *The New Yorker*, 31.7.2014.

Goldmark, Daniel: *Tunes for ›Toons‹. Music and the Hollywood Cartoon*, Berkeley – Los Angeles – London 2005.

Grant, Barry K.: »Jazz, Ideology, and the Animated Cartoon [1989]«, in: *Film's Musical Moments*, hrsg. von Ian Conrich und Estella Tincknell, Edinburgh 2006, S. 17–27.

Halfyard, Janet K.: »Mischief Afoot. Supernatural horror-comedies and the *Diabolus in Musica*«, in: *Music in the Horror Film. Listening to Fear*, hrsg. von Neil Lerner, New York – London 2010, S. 21–37.

Hanich, Julian: *Cinematic Emotion in Horror Films and Thrillers. The Aesthetic Paradoxes of Pleasurable Fear*, New York – Abingdon 2010.

Hanslick, Eduard: »Vom Musikalisch-Schönen: ein Beitrag zur Revision der Ästhetik der Tonkunst [1854]«, in: *Basistexte Musikästhetik und Musiktheorie*, hrsg. von Werner Keil, Paderborn 2007, S. 230–245.

Haynes, John: *New Soviet Man: Gender and Masculinity in Stalinist Soviet Cinema*, Manchester 2003.

Heldt, Guido: *Music and Levels of Narration in Film. Steps Across the Border*, Bristol – Chicago 2013.

Hill, Carl: *The Soul of Wit*, Lincoln 1993.

Hobbes, Thomas: *Vom Menschen. Vom Bürger*, hrsg. von Günter Gawlick, Hamburg 1959.

Horton, Andrew: *Inside Soviet Film Satire. Laughter with a Lash*, Cambridge 1993.

Hutcheson, Francis: *Hibernicus' Letters*, London 1734.

Jahn, Konstantin: *Hipster, Gangster, Femmes Fatales. Eine cineastische Kulturgeschichte des Jazz*, München 2016.

Jahn, Konstantin: »Paul Whitemans Symphonic Jazz und seine Spuren im Hollywoodmusical – exemplifiziert anhand der Filme KING OF JAZZ und 42ND STREET«, in: *Kieler Beiträge zur Filmmusikforschung* 8, 2012, S. 186–199.

James, Billy: *Frank Zappa und die Mothers of Invention. Die frühen Jahre*, Höfen 2007.

Jentsch, Ernst: »Zur Psychologie des Unheimlichen«, in: *Psychiatrisch-neurologische Wochenschrift* 22, 1906, S. 203–205.

Jiránek, Jaroslav: *Zu Grundfragen der musikalischen Semiotik*, Berlin 1985.

Jones, LeRoi: *Blues People. Negro Music in White America*, London 1965.

Joseph, Ben: »The 9 Most Racist Disney Characters«, in: *cracked*, 16.11.2007, o. S., online unter: http://www.cracked.com/article_15677_the-9-most-racist-disney-characters.html [Stand: 23.5.2016].

Jost, Ekkehard: *Sozialgeschichte des Jazz*, 1. Aufl. der erweiterten Neuaufl., Frankfurt/M. 2003.

Kaganovsky, Lilya: *How the Soviet Man Was Unmade: Cultural Fantasy and Male Subjectivity under Stalin*, Pittsburgh 2008.

Kindt, Tom / Müller, Hans-Harald: *The Implied Author. Concept and Controversy*, Berlin – New York 2006.

Koestler, Arthur: *The Act of Creation*, London 1976 ([1]1964).

Kupfer, Peter Anthony: *Music, Ideology and Entertainment in the Soviet Musical Comedies of Grigory Aleksandrov and Isaak Dunatevsky*, Diss., University of Chicago, 2010.

Kupfer, Peter: »VOLGA-VOLGA, ›The Story of a Song‹, Vernacular Modernism, and the Realization of Soviet Music«, in: *Journal of Musicology* 30/4, 2013, S. 530–576.

Lang, Edith / West, George: *From Musical Accompaniment of Moving Pictures: A Practical Manual for Pianists and Organists and an Exposition of the Principles Underlying the Musical Interpretation of Moving Pictures*, Boston 1920.

Lehman, Christopher P.: *The Colored Cartoon. Black Representation in American Animated Short Films 1907–1954*, Amherst u. a. 2007.

Lissa, Zofia: *Ästhetik der Filmmusik*, Berlin 1965, darin bes. »Das Komische in der Filmmusik«, S. 345–352.

Livers, Keith A.: *Constructing the Stalinist Body: Fictional Representations of Corporeality in the Stalinist 1930s*, Lanham, 2004.

Lopes, Paul: »Signifying Deviance and Transgression. Jazz in the Popular Imagination«, in: *American Behavioral Scientist* 48 (2005) 11, S. 1468–1481.

Lott, Eric: *Love and Theft: Blackface Minstrelsy and the American Working Class*, 20. Jubiläums-Aufl., Oxford – New York 2013.

Mahabir, Cynthia: »Wit and popular music: the calypso and the blues«, in: *Popular Music* 15 (1996) 1, S. 55–81.

Martin, Rod A.: *The Psychology of Humor. An Integrative Approach*, Burlington – San Diego – London 2007.

Mazzola, Guerino: »Semiotics of music«, in: *Semiotik/Semiotics. Ein Handbuch zu den zeichentheoretischen Grundlagen von Natur und Kultur/A Handbook on the Sign-Theoretic Foundations of Nature and Culture*, Teilbd. 3, hrsg. von Roland Posner, Klaus Robering und Thomas A. Sebeok, Berlin – New York 2003, S. 3119–3188.

McAndrew, Francis T. / Koehnke, Sara S.: »On the nature of creepiness«, in: *New Ideas in Psychology* 43, 2016, S. 10–16.

Mera, Miguel: »Is Funny Music Funny? Contexts and Case Studies of Film Music Humor«, in: *Journal of Popular Music Studies* 14, 2002, S. 91–113.

Metz, Christian: *Semiologie des Films*, übersetzt von Renate Koch, München 1972.

Miles, Barry: *Frank Zappa*, London 2004.

Morreall, John: »Humor and Emotion«, in: *The Philosophy of Laughter and Humor*, hrsg. von John Morreall, Albany 1987, S. 212–224.

Mouëllic, Gilles: *Jazz et cinema*, Paris 2000.

Musser, Charles: *Before the Nickelodeon: Edwin S. Porter and the Edison Manufacturing Company*, Berkeley – Los Angeles – London 1991.

Ogren, Kathy I.: *The Jazz Revolution: Twenties America and the Meaning of Jazz*, Oxford – New York 1989.

Ostendorf, Berndt: »Minstrelsy and Early Jazz«, in: *The Massachusetts Review* 20 (1979) 3, S. 574–602.

Paech, Joachim: »Überlegungen zum Dispositiv als Theorie medialer Topik [1997]«, in: *Texte zur Theorie des Films*, hrsg. von Franz-Josef Albersmeier, Stuttgart 2003, S. 465–498.

Patterson, Joseph M.: »The Nickelodeons: the Poor Man's Elementary Course in the Drama«, in: *The Saturday Evening Post*, 23.11.1907, S. 10–11.

Paul, William: *Laughing Screaming. Modern Hollywood Horror & Comedy*, New York 1994.

Peyton, Charles: »The Musical Bunch: Bad Habits«, in: *The Chicago Defender* 21 (39), 30.1.1926, S. 6.

Peyton, Charles: »The Musical Bunch: Modern Orchestra Formation«, in: *The Chicago Defender* 22 (2), 15.5.1926, S. 6.

Peyton, Charles: »The Musical Bunch: Standard Music«, in: *The Chicago Defender* 22 (5), 05.06.1926, S. 6.

Peyton, Charles: »The Musical Bunch: Things in General«, in: *The Chicago Defender* 22 (15), 14.8.1926, S. 6–7.

Peyton, Charles: »The Musical Bunch: Things in General«, in: *The Chicago Defender* 22 (23), 09.10.1926, S. 6.

Peyton, Charles: »The Musical Bunch: How to Play Picture Music«, in: *The Chicago Defender* 23 (15), 13.8.1927, S. 8; S. 10.

Peyton, Charles: »The Musical Bunch: Things in General«, in: *The Chicago Defender* 23 (18), 3.9.1927, S. 8.

Peyton, Charles: »The Musical Bunch: Things in General«, in: *The Chicago Defender* 23 (20), 17.9.1927, S. 8.

Powell, Larson: »Der Witz und seine Beziehung zur Filmmusik«, in: *Filmmusik: Beiträge zu ihrer Theorie und Vermittlung*, hrsg. von Victoria Piel, Knut Holtsträter und Oliver Huck, Hildesheim 2008, S. 73–102.

Rapée, Ernö: *Encyclopedia of Music for Pictures. As Essential As the Picture*, New York 1925.

Raskin, Victor: *Semantic Mechanisms of Humor*, Dordrecht – Boston – Lancaster 1985.

Ross, Alex: *The Rest is Noise: Das 20. Jahrhundert hören*, ungekürzte Taschenbuchauflage, München 2013.

Schlegel, Hans-Joachim: »Das stalinistische Hollywood. Zu Grigorij Aleksandrovs Musikfilmkomödien«, in: *Als die Filme singen lernten. Innovation und Tradition im Musikfilm 1928–1938*, hrsg. von Malte Hagener und Jan Hans, München 1999, S. 138–149.

Schuller, Gunther: *Early Jazz: Its Roots and Musical Development. The History of Jazz 1*, Oxford – New York 1968.

Schuller, Gunther: *The Swing Era. The Development of Jazz 1930–1945. The History of Jazz 2*, Oxford – New York 1989.

Schumjazki, Boris: *Kinematografiya millionov*, Moskau 1935.

Schumjazki, Boris: »Za sovershenstvo masterstva«, in: *Iskusstvo kino* 7, Juli 1936.

Shadduck, Jim: »The Ku-ku Song Man! [1972]«, in: *Film Music: From Violins to Video*, hrsg. von James L. Limbacher, Metuchen 1974, S. 176–181.

Siders, Harvey: »The Jazz Composers in Hollywood. A Symposium with Benny Carter, Quincy Jones, Henry Mancini, Lalo Schifrin and Pat Williams [1972]«, in: *Celluloid Symphonies. Texts and Contexts in Film Music History*, hrsg. von Julie Hubbert, Berkeley – Los Angeles – London 2011, S. 349–358.

Sinyavsky, Andrey (Abram Terts): *The Trial Begins and On Socialist Realism* (Übersetzung Max Hayward und George Dennis), New York 1965.

Smith, Jeff: »That Money Making ›Moon River‹ Sound. Thematic Organization and Orchestration in the Film Music of Henry Mancini«, in: *Music and Cinema*, hrsg. von James Buhler, Caryl Flinn und David Neumeyer, Hanover 2000, S. 247–274.

Sontag, Susan: *Kunst und Antikunst: 24 literar. Analysen*, übersetzt von Mark W. Rien, Frankfurt/M. 1982.

Stille, Michael: *Möglichkeiten des Komischen in der Musik*, Frankfurt/M. 1990.

Stott, Andrew: *Comedy. The New Critical Idiom*, New York – London 2005.

Tagg, Philip: »Tritonal Crime and ›Music as Music‹«, in: *tagg*, 1998, S. 1–24, online unter: http://www.tagg.org/articles/xpdfs/morric70.pdf [Stand: 5.12.2015].

Tagg, Philip / Clarida, Bob: *Ten Little Title Tunes. Towards a Musicology of the Mass Media*, New York – Montreal 2003.

Taylor, Richard / Christie, Ian (Hrsg.): *The Film Factory. Russian and Soviet Cinema in Documents 1896–1939*, London 1988.

Townsend, Peter: *Jazz in American Culture*, Jackson 2000.

Tucholsky, Kurt [alias Peter Panter]: »Pariser Tage«, in: *Vossische Zeitung* 30 (16), 18.1.1925, S. 8.

Vettin, Julia / Todt, Dietmar: »Laughter in conversation: Features of occurrence and acoustic structure«, in: *Journal of Nonverbal Behavior* 28 (2004) 2, S. 93–115.

Wells, Paul: *Understanding Animation*, London – New York 1998.

Whitehead, Kevin: »Carl Stalling, Improviser & Bill Lava, Acme Minimalist«, in: *The Cartoon Music Book*, hrsg. von Daniel Goldmark und Yuval Taylor, Chicago 2002, S. 141–150.

Willis, Corin: »Blackface Minstrelsy and Jazz Signification in Hollywood's Early Sound Era«, in: *Thriving on a Riff. Jazz and Blues Influences in African American Literature and Film*, hrsg. von Graham Lock und David Murray, Oxford – New York 2009, S. 40–61.

Winkler, Max: »The Origin of Filmmusic [1951]«, in: *Film Music: From Violins to Video*, hrsg. von James L. Limbacher, Metuchen 1974, S. 15–24.

Winner, Jeff E.: »Looney Tunes. Raymond Scott Melodies in Warner Bros. Cartoons«, in: *The Raymond Scott Archives*, o. S., 1996–2012, online unter: http://raymondscott.com/#looney-tunes. [Stand: 05.12.2015].

Zentner, Marcel / Grandjean, Didier / Scherer, Klaus R.: »Emotions Evoked by the Sound of Music: Characterization, Classification, and Measurement«, in: *Emotion* 8 (2008) 4, S. 494–521.

Zhdanov, Andrei: *Essays on Literature, Philosophy, and Music*, New York 1950.

Autorinnen und Autoren

Lindsay Carter ist Doktorandin am Department of Music der University of Bristol und arbeitet an einer Dissertation zu Filmmusik in der Sowjetunion und im Dritten Reich, insbesondere zur Frage von Filmmusik als ideologischem Instrument; dabei verbindet sie Musikwissenschaft, Filmwissenschaft und Kulturgeschichte. Ihre Forschungs- und Lehrinteressen sind Filmmusik und Politik, Intertextualität und Musik und Komödie.

Jörg Heuser, geb. 1964, zurzeit freiberuflicher Musiker und Musikpädagoge, erhielt Unterricht in Klavier (Klassik), Gitarre (Blues, Rock) und Tenorsaxofon (Jazz). Erste Banderfahrungen in Schulbands (Saxofon in der Big Band, akustische und elektrische Gitarre in der Combo und im Duo), weit gefächerte Stilistik von Count Basie über Jimi Hendrix und Neil Young bis George Benson. Mit 17 die ersten semiprofessionellen Bands: SNAPSHOT (Funk), CURARE (Jazz), TINA CROSSMAN Band (Folk-Pop-Jazz). 1986–1993 Musikstudium an der Universität Mainz. Promotion über den Jazzgitarristen Pat Martino (2 Bde., Bd. 1 Musikanalyse, Bd. 2 Transkriptionen). Veröffentlichte über 40 Transkriptionsbücher (darunter Pat Martino, Wes Montgomery, George Benson, Kenny Burrell, Joe Pass). 1994 als Berklee-Stipendiat Studium der Gitarre und Komposition/Arrangement am Berklee College of Music in Boston, MA (USA), u. a. bei Bret Willmott, Joe Pass, Phil Wilson, Bob Mintzer, Ken Pullig, Peter Herbolzheimer, Jerry Bergonzi, Joanne Brackeen und Ray Brown.

Heuser spielte u. a. mit bzw. bei Leszek Zadlo, Christopher Hollyday, Benny Bailey, Phil Wilson, Benny Bailey, Snapshot, Nightpassage, Sheik Yerbouti, Tina Crossman, Midnight Blue, Chaka Khan, Napoleon Murphy Brock, Ed Mann, Mike Keneally, Jimmy Carl Black und Robert Martin. Zurzeit unterrichtet er Gitarre (von Jazz über Blues bis Rock) an verschiedenen Musikschulen im Rhein/Main-Gebiet (u. a. an der MUK-Geisenheim). Seit 1996 Dozent für Jazz-Harmonielehre und -arrangement am Fachbereich

Musik (Jazzabteilung) der Universität Mainz. Seit 2001 Dozent für Jazzgitarre, Ensemble, Jazzgeschichte und Transkription an der Frankfurter Musikwerkstatt (Studium zum staatlich anerkannten Berufsmusiker und Instrumentalpädagogen für Jazz und Popularmusik).

Konstantin Jahn arbeitet als Komponist, Saxofonist und Pädagoge in Dresden und Berlin. Als Musikwissenschaftler schreibt und forscht er u. a. über Jazz, Musik und Medien, computergestützte Komposition, musikalische Semantik und Semiotik. 2016 erschien seine Monografie *Hipster, Gangster, Femmes Fatales. Eine cineastische Kulturgeschichte des Jazz* (München, edition text + kritik).

Herausgeber

Guido Heldt ist Senior Lecturer in Music an der University of Bristol. Studium in Münster, am King's College London und in Oxford. Wissenschaftlicher Mitarbeiter an der Freien Universität Berlin (1997–2003) und Gastdozent an der Wilfrid Laurier University, Waterloo/Kanada (2003). Mitherausgeber von *Plurale. Zeitschrift für Denkversionen* und der *Kieler Beiträge zur Filmmusikforschung* (seit 2008). Veröffentlichungen u. a. zur britischen Musik im 20. Jahrhundert, zur Filmmusiktheorie (Monografie *Music and Levels of Narration in Film. Steps across the Border*, 2013), zu Komponistenfilmen, Musik in deutschen Filmen u. a. Filmmusikthemen. Zur Zeit Arbeit an einer Monografie zu Musik in der Filmkomödie.

Tarek Krohn studierte Musikwissenschaft, Psychologie und Soziologie an der Christian-Albrechts-Universität zu Kiel. Er ist Mitherausgeber der *Kieler Beiträge zur Filmmusikforschung* und Autor verschiedener Publikationen zum Thema Filmmusik. Daneben wirkt er seit mehreren Jahren als Kurator an der Koordination zahlreicher Konzerte, Festivals und Meisterklassen zur zeitgenössischen ernsten Musik im Mittleren Osten und Europa mit.

Peter Moormann ist seit 2013 Juniorprofessor für Medienästhetik mit dem Schwerpunkt Musik an der Universität zu Köln. Studium der Angewandten Medienwissenschaft, Publizistik und Filmwissenschaft an den Universitäten von Ilmenau und Mainz. 2007 Promotion zu *Spielberg-Variationen. Die Filmmusik von John Williams* (Nomos 2010), ausgezeichnet mit dem Johannes-Gutenberg-Preis der Universität Mainz 2008. 2008–2013 Wissenschaftlicher Mitarbeiter am Seminar für Musikwissenschaft der Freien Universität Berlin in den Sonderforschungsbereichen (SFB) *Kulturen des Performativen* und *Ästhetische Erfahrung im Zeichen der Entgrenzung der Künste*. Zu seinen Forschungsgebieten zählen Musik in Film, Fernsehen und Computerspielen sowie Interpretations- und Aufführungsanalyse. Mitherausgeber der *Kieler*

Beiträge zur Filmmusikforschung. Zahlreiche Publikationen zur Filmmusik, u. a. *Klassiker der Filmmusik* (Reclam 2009). Derzeit Arbeit an einem Buch über den Dirigenten Gustavo Dudamel.

Willem Strank ist wissenschaftlicher Mitarbeiter am Institut für Neuere deutsche Literatur und Medien der Christian-Albrechts-Universität zu Kiel. Er ist Mitherausgeber der E-Journale *Kieler Beiträge zur Filmmusikforschung* und *Rock and Pop in the Movies* sowie Gründungs- und Vorstandsmitglied der Kieler Gesellschaft für Filmmusikforschung. 2013/14 promovierte er zum Thema *Twist Endings. Umdeutende Film-Enden*; derzeit arbeitet er über Kapital und Kontrolle im US-amerikanischen und deutschen Kino der 1980er Jahre.

Register

13 Hippies   39
25TH HOUR   102
42ND STREET   86

A HARD DAY'S NIGHT   110
ADDAMS FAMILY, THE (Film)   172
ADDAMS FAMILY, THE (TV-Serie)   94
ADDAMS FAMILY VALUES   172
Adorno, Theodor W.   100
ADVENTURES OF TINTIN, THE   94
Alexandrow, Grigori   8, 43–47, 50,
   52–54, 56, 58 f., 62 f., 69, 71 f.
Allen, Woody   37 f., 42, 93, 97
Allers, Roger   98
ALL THIS AND RABBIT STEW   88
AMERICAN DAD   99
American Mutoscope and Biograph
   Company   79
Anderson, Gilbert M.   78
Anderson, John Murray   85, 101
ANGEL PUSS   88
ANNIE   173
Apter, Michael   135, 154
Argento, Dario   96
ARISTOCATS   98
Aristoteles   13, 20
– Poetik   13
Arlen, Harold
– Ding-Dong! The Witch Is Dead   76
Armstrong, Louis   81, 84, 92, 99, 103 f.
Arnold, Jack   134

ARTISTS & MODELS   92
Ashfield, Kate   162
Askey, Arthur   143
Attardo, Salvatore   66, 136
AUF DER ALM, DA GIBT'S KOA SÜND   95
Avery, Tex   85, 87 f., 89

BACK TO THE FUTURE PART III   140
Baker, Josephine   100
Bakshi, Ralph   93
BALLET MÉCANIQUE   87
Balling, Erik   94
BAMBI   172
BAND CONCERT, THE   65, 85
BAND WAGON, THE   92
BANJO'LIZE   78
Baranski, Christine   172
Basie, Count   83, 96
Bateson, Gregory   28
BATMAN   93
Baudry, Jean-Louis   106
Beethoven, Karl van   70
Beethoven, Ludwig van   38, 41, 70
– 5. Sinfonie   38, 41
BEGONE DULL CARE   87, 91, 99
Bell X1   170
– Tongue   170
Berendt, Joachim-Ernst   76, 81, 107
Bergson, Henri   22, 28 f., 42
– Le Rire   22, 29
Berkeley, Busby   86

190

Berlyne, Daniel Ellis   154
Biancorosso, Giorgio   140
Bikel, Theodore   113
BIRD   97
Bitzer, G. W.   78
BLACK SHEEP   141
Blackwell, Carlyle   82
BLAZING SADDLES   35, 96
Boese, Carl   163
Booth, Wayne   132
Böttcher, Martin   95
Box, Steve   138
BOY EATS GIRL   170
Bradley, Stephen   170
BRADY BUNCH, THE   173
BRAINDEAD   155
Bregman, Albert S.   32
Brendel, Alfred   106
Brooks, James L.   89
Brooks, Mel   35, 96
Brumble, Wilfried   110
Bryant, Michael   152
BUCKET OF BLOOD, A   94
Burton, Tim   141
Butterworth, Peter   151

CABINET DES DR. CALIGARI, DAS   163
CAKE-WALK INFERNAL, LE   79
CAKE WALK ON THE BEACH AT CONEY
   ISLAND, A   79
Calloway, Cab   84, 101
Captain Beefheart   109
Carroll, Noël   48, 58, 63, 71, 130,
   133–136, 140–142, 159, 163
CARRY ON SCREAMING!   151
CASABLANCA   76

Cassavetes, John   96
CATCH ME IF YOU CAN   94
CAT PEOPLE   145, 146
Chaplin, Charlie   49–51, 56 f., 72, 82
CHARLIE BROWN CHRISTMAS, A   98
CHARLIE BROWN'S ALL STARS!   91
Chase, Cheryl   173
Chicago
– If You Leave Me Now   162
CHINATOWN   96
Cicero   20
Clair, René   86
Clampett, Robert   87
Clarke, Shirley   96, 102
Clark, Katerina   52 f.
Claydon, Phil   148
CLEAN PASTURES   88
Clements, Ron   98, 173
Clucher, E. B.   94
COAL BLACK AND DE SEBBEN
   DWARFS   87 f.
COCKNEYS VS ZOMBIES   170 f.
COLOR BOX, A   87
COMEDY CAKE WALK   79
Comolli, Jean-Louis   106
Coney, John   102
CONGO JAZZ   83
CONNECTION, THE   102
Coogan, Steve   137
Cooper, Anthony Ashley   15 f.
– Essay on the Freedom of Wit and
   Humour   15
Corbett, Harry H.   151
Corman, Roger   94, 164
CORPSE BRIDE   141
Cosby, Bill   97, 104

Cosby Show, The   97, 104
Cowboys & Aliens   140
Craven, Wes   96, 134
Cream   110
Cream Farewell Concert   110
Creature from the Black Lagoon,
    The   134
Cromwell, Oliver   15
Cry-Baby   132
Curtiz, Michael   76
Cusack, Joan   173

Dancing Darkey Boy   78
Dancing Nig, The   78
de Funès, Louis   94
Demokrit   13
Depp, Johnny   132
Der Fuehrer's Face   88
Der Golem, wie er in die Welt
    kam   163
Descartes, René   13 f.
 – Leidenschaften der Seele   13
Diogenes   13
Disney, Walt   45, 50, 56 f., 63, 69, 83,
    85, 89, 91
Docter, Pete   99
Død snø   160
Død Snø 2   160 f., 172
Don Quijote   30
Douglas, Mary   133
Drei von der Tankstelle, Die   99
Drescher, Fran   97
Dresen, Andreas   39
Dr Terrible's House of Horrible   137,
    173 f.
Dr Terror's House of Horrors   137

Dumbo   98
Dunajewski, Isaak   45, 54, 71
Dunbar, Aynsley   109

Eastwood, Clint   97
Ebbinghouse, Bernard   165
Edwards, Blake   92
Ege, Ole   96
Eighties Matchbox B-Line Disaster
 – Mister Mental   162
Eisenstein, Sergei   50, 56
Ellington, Duke   89
Entr'acte   86
Etiévant, Henri   101

Fabulous Dorseys, The   86
Fantômas contre Scotland Yard   93
Fantômas se déchaîne   93
Fatboy Slim & Lateef Dumont
 – It's a Wonderful Night   170
Favreau, Jon   140
Fejös, Pál   101
Fidenco, Nico   96
Fielding, Fenella   151
Fights of Nations   78
Finger, Bill   93
Fish, Stanley   51
Fleischer, Dave   84, 88
Fleischer, Max   84
Fleming, Victor   76
Fontana, Tom   90
Forde, Walter   143
Fouts, R. S.   27
Francis, Freddie   137, 152
Freleng, Friz   88, 89, 90
Freud, Sigmund   20–29, 36, 106, 134

– *Der Witz und seine Beziehung zum Unbewußten* 20–22
– *Die Traumdeutung* 20 f.
Frost, Nick 162
Future Kings of Spain
– *Hanging Around* 170

Gamst, Ørjan 161
Gaskell, Lucy 162
Gasnier, Louis 92
Gatto a nove code, Il 96
gendarme de Saint-Tropez, Le 94
Ghost Train, The 143 f.
Gibson, Mel 97
Gilkyson, Terry
– *The Bare Necessities* 98
Gillespie, Dizzy 89
Ginger Snaps 2 Unleashed 146 f., 150
Girault, Jean 94
Glenn Miller Story, The 86
Glück, Das 45
Gogol, Nicolai 50
Goldilocks and the Jivin' Bears 88
Good For Nothing, The 82
Gottlieb, F. J. 95
Grandstand 171
Green, Alfred E. 86
Groening, Matt 89
Groos, Karl 23, 25
Grosse Chance, Die 99
Guaraldi, Vince 98 f.
– *Charlie Brown Theme* 98
– *Linus and Lucy* 98
Günther (Mats Olle Söderlund) 161
– *Ding Dong Song* 161, 172

Hair 122
Halbe Treppe 39, 41
Halfyard, Janet 174
Halletz, Erwin 95
Hand, David 172
Hanslick, Eduard 74
Happy Days in Dixie 78
Happy Harmonies 87
Hardy, Oliver 42, 82
Harman, Hugh 83, 87
Hassling, Catherine 86
Hatari! 93
Hatley, Marvin 82
Hausu 155, 157 f., 168
Hawks, Howard 93
Heise, William 78
Helle Weg, Der 43, 53 f.
Henson, Jim 98
– The Muppet Show 98
High Anxiety 35
Hill, George Roy 96
Hill, Terrence 93
Hirsch, Eike Christian 41
Hitchcock, Alfred 11
– Psycho 11 f.
Hittin' the Trail for Hallelujah Land 88
Hobbes, Thomas 14–16
– *De homine* 14
Hoel, Vegar 161
Hoene, Matthias 170
Hofbauer, Ernst 95
Huddleston, Floyd
– *Ev'rybody Wants to Be a Cat* 98
Huettner, Ralf 99
Humberstone, H. Bruce 86

Hunebelle, André 93
Hupfeld, Herman
– *As Time Goes By* 76
Huston, John 173
Hutcheson, Francis 16 f.

Ice-T 103
Ida Maria (Ida Maria Børli
  Sivertsen) 148
– *I Like You So Much Better When You're
  Naked* 148
Ikegami, Kimiko 156
Ilf, Ilja 44
I'LL BE GLAD WHEN YOU'RE DEAD YOU
  RASCAL YOU 84
I LOVE TO SINGA 85
Ising, Rudolf 83, 87 f.
ISLE OF PINGO PONGO, THE 88

Jackson, Peter 155
Jackson, Wilfred 85
Jacoby, Georg 99
JAZZCLUB – DER FRÜHE VOGEL FÄNGT DEN
  WURM 99
JAZZ FOOL, THE 83
JAZZ MAD 83
Jean Paul (Friedrich Richter) 17
– *Vorschule der Ästhetik* 17
Jentsch, Ernst 133
Jesus Christ Superstar 122
John, Elton
– *Hakuna matata* 98
Johnson, James P. 103
Johnson, Mike 141
Jones, Charles M. 88
Joplin, Scott 96

JUNGLE BOOK, THE 98
JUNGLE JITTERS 88
JUNGLE RHYTHM 83

Kant, Immanuel 17, 19 f., 58
– *Kritik der Urteilskraft* 20
Karloff, Boris 163
KATAKURI-KE NO KŌFUKU (THE HAPPINESS
  OF THE KATAKURIS) 166–169
KAUF DIR EINEN BUNTEN
  LUFTBALLON 99
Kazan, Elia 93
Keaton, Buster 42, 49, 56, 72
Kern, Jerome
– *I Won't Dance* 97
Kierkegaard, Søren Aabye 18
– *Abschließende unwissenschaftliche
  Nachschrift zu den Philosophischen
  Brocken* 18
King, Jonathan 141
KING OF JAZZ 85, 101
Kinney, Jack 88
Koestler, Arthur 136
Kraeplin, Emil 28
Krumholtz, David 172
Kupfer, Peter Anthony 70

Lambart, Evelyn 87, 91
LA Philharmonic Orchestra 109
Lasseter, John 99
LASSIE COME HOME 172
LAST HOUSE ON THE LEFT, THE 96
Laurel, Stan 42, 82
Lee, Spike 102
Lee, Stan 93
Léger, Fernand 87

Leon, David 170
LESBIAN VAMPIRE KILLERS 148, 150, 162
Lester, Richard 110
Lewton, Val 145, 175
Lickert, Martin 111
LIEBESGRÜSSE AUS DER LEDERHOS'N 95
LION KING, THE 98
Lipps, Theodor 22
– Komik und Humor 22
Lipsey, Matt 137
Liszt, Franz
– Ungarische Rhapsodie Nr. 2 65, 69
LITTLE HOUSE ON THE PRAIRIE 113
LITTLE MERMAID, THE 98, 173
LITTLE SHOP OF HORRORS, THE 164
Lloyd, Christopher 173
Lloyd, Harold 49, 56, 72, 82
Locane, Amy 132
Locke, John 15 f.
LOONEY TUNES 53, 87
Lords, Traci 132
Lorre, Peter 163
Lubin, Siegmund 78
LUDOLFS – VIER BRÜDER AUF'M
    SCHROTTPLATZ, DIE 100
Lugosi, Bela 163
LUSTIGE BURSCHEN 44–46, 50, 53–57,
    59 f., 62–65, 70, 72
LUXO JR. 99
Lye, Len 87

MacNicol, Peter 172
Majakowski, Wladimir 44
Malle, Louis 97
Mancini, Henry 92 f.
MANHATTAN 97

Mann, Anthony 87
MAN WITH THE GOLDEN ARM, THE 93
Marischka, Franz 95
Marsalis, Wynton 108
Martin, Paul 99
Martin, Trayvon 105
McCartney, Paul 110
McLaren, Norman 87, 91
McMahon, Conor 158
Medwedkin, Alexander 45
Mehta, Zubin 109
Méliès, Georges 62, 79
MÉLOMANE, LE 62 f.
Menken, Alan
– Under the Sea 98
MERRY MELODIES 87
Meyerhold, Wsewolod 46
Meyer, Russ 94 f.
– SUPERVIXENS 94
Meyers, Nancy 97
Miike, Takashi 166
Minamida, Yōko 156
Minkoff, Rob 98
MINNIE THE MOOCHER 84
MODERN TIMES 49
MONSTERS, INC. 99
Morton, Jelly Roll 82 f., 103
Moser, Frank 83
Mozart, Wolfgang Amadeus 70
Muchina, Wera 46
MUMSY, NANNY, SONNY AND
    GIRLY 152 f., 155, 165, 169
Mundi, Billy 109
MUPPET SHOW, THE 98
Murnau, Friedrich Wilhelm 163
MUSIC BOX, THE 82

Register

MUSIC LAND 85
Musker, John 98, 173
MUTINY ON THE BUNNY 90

NACHT IM MAI, EINE 99
NAKED GUN 2½ – THE SMELL OF
FEAR 76
Nalpas, Mario 101
NANNY, THE 97
NATURAL BORN GAMBLER, A 79
Nelson, David 132
Newman, Alfred 164
NIGHTMARE BEFORE CHRISTMAS,
THE 141
NIGHTMARE ON ELM STREET, A 134
Nighy, Bill 162
NON C'È DUE SENZA QUATTRO 93
Norton, Edward 102
NOSFERATU – EINE SYMPHONIE DES
GRAUENS 163

Obayashi, Chigumi 156
Obayashi, Nobuhiko 155
O'Brien, Richard 164
OCEAN'S ELEVEN 94
Offenbach, Jacques 162
– Orphée aux enfers 162
O'Kane, Deirdre 170
OLD MAN OF THE MOUNTAIN, THE 84
OLSEN-BANDEN 94
Olsen, Rolf 95
OMEGA MAN, THE 96
Orlowa, Ljubow 53, 55
Oz 90

Palmer, Tony 8, 110
PALOMA, LA 99
Parker, Trey 90
Park, Nick 138
Parks, Gordon 103
Patterson, June 93
Paul, William 134
Pegg, Simon 162
PETER GUNN 92
Petrow, Jewgeni 44
Peyton, Charles 81–83, 106
Picabia, Francis 86
PINK PANTHER, THE 92
PIRATES OF THE CARIBBEAN – DEAD
MAN'S CHEST 36, 40
Plato 12 f.
– Philebos 13
Plessner, Helmut 19
– Lachen und Weinen 19
Polański, Roman 96
Pope, Alexander 15
PORNOGRAFI – EN MUSICAL 96
Preminger, Otto 93
Preston, Don 109

Queen
– Don't Stop Me Now 162
Quest, Hans 99
Quinn, Patricia 164

RADIO DAYS 37, 40
Randolph, Jane 145
Raskin, Victor 136–138, 147
Ratchford, Moira 43
RED HOT RIDING HOOD 87
REEFER MADNESS 92

Reitherman, Wolfgang 98
Renoir, Jean 85 f.
RHAPSODY IN BLACK AND BLUE 103
Ricci, Christina 172
ROCKY HORROR PICTURE SHOW,
    THE 163 f.
Roddenberry, Gene 96
Rodgers, Richard
– *The Hills Are Alive with the Sound of Music* 173
Rossini, Gioachino
– *Guillaume Tell* 65, 69
'ROUND MIDNIGHT 97
Royal Philharmonic Orchestra 110

Sagal, Boris 96
Salys, Rimgaila 56, 69
Sandrich, Mark 86
SAW 162
SCARY MOVIE 147 f., 150
Scheler, Max 19
Schneider, Helge 99
Schopenhauer, Arthur 17 f.
– *Die Welt als Wille und Vorstellung* 17
Schroeder, Joachim 100
Schtschedrin, Michail 50
Schubert, Franz 70
SCHULMÄDCHEN-REPORT – WAS ELTERN
    NICHT FÜR MÖGLICH HALTEN 95
Schultz, Charles M. 98
Schumjazki, Boris 49 f., 54
Scorsese, Martin 96
Scotto, Aubrey 103
Scott, Raymond 90
SCREAMPLAY 162 f.
Seder, Rufus Butler 162

Selick, Henry 141
Semple jr., Lorenzo 93
Sennett, Mack 82
SEX AND THE CITY 97
SHAFT 103
Sharman, Jim 163
Sharpsteen, Ben 98
SHAUN OF THE DEAD 162
Sheridan, Dave 147
Silber, Daniel 100
Simmons, Jeff 110 f.
Simon, Sam 89
Simon, Simone 145
Sinatra, Frank 97
Sinjawski, Andrei 52
SIRÈNE DES TROPIQUES, LA 101
SKELETON DANCE, THE 91
Smith, Adam 16
Smith, Ken 135, 154
Smith, Kent 145
Smiths, The
– *Panic on the Streets of London* 162
Snoop Dogg 103
Snow Patrol
– *Spitting Games* 170
Soderbergh, Steven 94
Sonnenfeld, Barry 140, 172
SONS OF THE DESERT 82
SOUND OF MUSIC, THE 173
SOUS LE SIGNE DE MONTE-CRISTO 93
SOUTH PARK 90, 99
SPACE IS THE PLACE 102
Specials, The
– *Ghost Town* 162
Spencer, Bud 93
Spencer, Herbert 20, 22

Register

— *The Physiology of Laughter*   20
SPIDER BABY OR, THE MADDEST STORY
   EVER TOLD   94
SPIDERMAN   93
Spielberg, Steven   94
Stalin, Josef   46, 50, 54
Stalling, Carl   83, 89–91, 97
Star, Darren   97
Starr, Ringo   111, 113
STAR TREK   96
STEAMBOAT WILLIE   85
STING, THE   96
STITCHES   158
Stone, Andrew   101
Stone, Matt   90
STORMY WEATHER   101
Stott, Andrew   52 f.
STREETCAR NAMED DESIRE, A   93
Strouse, Charles
— *Tomorrow*   173
Styne, Jule
— *Put' em in a Box, Tie' em With a
   Ribbon, and Throw' em in the Deep Blue
   Sea*   90
Sullivan, Brett   146
SUNDAY GO TO MEETIN' TIME   88
Sun Ra   102
SUN VALLEY SERENADE   86
SUPERVIXENS   94 f.
SUR UN AIR DE CHARLESTON   85
SWEET CORN   78
SWEET SWEETBACK'S BAADASSSSS
   SONG   103
SWING WEDDING   87

TAKE THE MONEY AND RUN   93
Tanaka, Eriko   156
Tatum, Art   83
Tavernier, Bertrand   97
TAXI DRIVER   96
TEXAS – DOC SNYDER HÄLT DIE WELT IN
   ATEM   99
The Beatles   110
The Mothers of Invention   109, 112
THE SIMPSONS   11, 35, 40, 89, 99
The Turtles   118
THE WALTONS   113
Thiele, Wilhelm   99
Thomas, Ashley   170
Thomas, Gerald   151
Thomas, Peter   95
THREE LITTLE BOPS   89
TIN PAN ALLEY CATS   87 f.
Tisse, Eduard   56
TOM AND JERRY   91
TOP HAT   86
TOUCH OF EVIL   92
Tourneur, Jacques   145
Tschaikowski, Pjotr Iljitsch   71
— *Eugen Onegin*   71
Tschechow, Anton   50
Tucholsky, Kurt   86
Turn
— *Harder*   170
— *Stop*   170

UNCLE TOM'S BUNGALOW   88
Underwood, Ian   109, 117
Underwood, Ruth   109
Utjossow, Leonid   54

Van Peebles, Melvin   103
VANYA ON 42ND STREET   97
Varèse, Edgard   114 f., 119
– Ionisation   114
Verbinski, Gore   36
VIXEN!   94, 95
Vliet, Don   109
von Cziffra, Géza   99

Wagner, Richard   70
– Tristan und Isolde   70
WALLACE AND GROMIT – THE CURSE OF
   THE WERE-RABBIT   138, 143 f., 147,
   150
Waller, Fats   82
Walsh, Raoul   92
Waters, John   132
Wayans, Keenen Ivory   147
Weber, Max   106
Wegener, Paul   163
Weidt, A. J.   78
Welles, Orson   92
WENN ES NACHT WIRD AUF DER
   REEPERBAHN   95
WHAT WOMEN WANT   97
WHATEVER WORKS   37, 40
Wiene, Robert   163
Wilcox, Fred M.   173
Wilden, Gert   95
WILD HARE, A   89
WILD WILD WEST   140
Williams, Bert   79

Winkler, Max   81
Wirkola, Tommy   160
Wise, Robert   173
WIZARD OF OZ, THE   76
WOLGA-WOLGA   43, 46, 53–57, 59 f.,
   63, 65, 67, 70–72
Workman, Jimmy   172
Wright, Edgar   162

Young, Lester   89, 103
YOU'RE A SAP, MR. JAP   88

Zappa, Frank   8, 109–115, 117 f., 121,
   123, 129
– 200 MOTELS   8, 109, 110, 111, 115,
   128, 129
– BURNT WEENY SANDWICH   110
– Dance of the Rock & Roll
   Interviewers   118
– Fillmore East – June 1971   111
– Mystery Roach   116–118, 121
– Semi-Fraudulent   112–116
– The Yellow Shark   118
– This Town Is a Sealed Tuna
   Sandwich   121 f., 124, 127
– Tuna Fish Promenade   122 f., 125–128
– UNCLE MEAT   110
Zarchi, Natan   44 f.
Zemeckis, Robert   140
Zimmerman, George   105
ZIRKUS   44, 53–55
Zucker, David   76

Musik

in der edition text+kritik

Konstantin Jahn

Hipster, Gangster, Femmes fatales

Eine cineastische Kulturgeschichte des Jazz

304 Seiten,
zahlreiche Notenbeispiele

€ 39,–

ISBN 978-3-86916-501-1

Konstantin Jahns cineastische Kulturgeschichte des Jazz ist die erste deutschsprachige Darstellung des Jazz in der Filmmusik.

Sie folgt dem Aufstieg des Jazz aus den Hinterhöfen der Unterhaltung in die Säle der Massenkultur, den technischen und künstlerischen Revolutionen des Kinos und den Irrungen und Wirrungen interkultureller Beziehungen der letzten 100 Jahre. Die semiotisch, ästhetisch, film- und musikwissenschaftlich fundierten Analysen maßgeblicher Soundtracks öffnen den Blick auf den Jazz als einen Mythos, der mit popkulturellen Ikonen wie Betty Boop und den Beatniks, dem »Taxi Driver« und Lisa Simpson bevölkert ist.

et+k

edition text+kritik · 81673 München · www.etk-muenchen.de